김용식 · 강인옥 · 최기웅 지음

(주)광문각출판미디어

회계는 기업 활동을 기록하고 해석하는 가장 체계적인 언어다. 자산, 부채, 자본의 구조를 이해하고, 수익과 비용의 흐름을 정리하여 재무제표로 완성하는 과정은 기업의 현재를 진단하고 미래를 전망하는 핵심 절차다. 그러나 많은 학습자와 실무자에게 회계는 여전히 어렵고 부담스러운 분야로 남아 있다. 복식부기의 원리를 이해하는 것에서부터 수정분개와 시산표 작성, 손익계산서와 재무상태표, 자본변동표 및 현금흐름표를 완성하기까지 요구되는 논리적 사고와 계산 과정은 결코 단순하지 않다. 이론을 이해했다고 생각해도 실무에 적용하는 단계에서 다시 막히는 경험을 반복하기도 한다.

AI의 발전은 이러한 회계 학습과 실무 환경에 새로운 전환점을 제시하고 있다. 특히 ChatGPT와 같은 생성형 인공지능은 단순한 정보 검색을 넘어, 회계처리의 근거를 설명하고, 분개 과정을 단계별로 정리하며, 재무제표를 작성하고 분석하는 데까지 도움을 줄 수 있는 도구로 자리 잡고 있다. 그러나 AI는 만능 해결사가 아니다. AI가 제시하는 결과를 그대로 받아들이는 태도는 오히려 위험하다. 중요한 것은 인공지능을 활용하여 회계의 구조와 논리를 더 깊이 이해하고, 스스로 판단할 수 있는 역량을 기르는 일이다.

이 책은 이러한 문제의식에서 출발하였다. 회계등식의 기본 구조를 이해하는 단계에서 시작하여, 수정전 시산표와 수정분개, 수정후 시산표를 거쳐 손익계산서와 재무상태표, 자본변동표 및 현금흐름표 작성에 이르기까지 재무제표 작성의 전 과정을 체계적으로 설명한다. 또한 재고자산, 유형자산과 감가상각, 사채, 은행계정조정표 등 주요 주제를 실제 사례와 함께 다루고, 각 단계마다 ChatGPT를 활용한 실습을 제시한다. 독자는 단순히 정답을 확인하는 것이 아니라, 어떤 질문을 해야 하는지, AI의 응답을 어떻게 검토하고 수정해야 하는지, 그리고 그 결과를 어떻게 해석해야 하는지를 함께 학습하게 된다.

마지막으로 온라인 공개강좌 KMOOC(www.kmooc.kr)를 통해서 본서의 전체 내용을 저자가 직접 강의한 동영상을 모든 독자들이 필요할 때마다 수강할 수 있도록 하였다. 교재를 출간하면서 독자들이 저자의 강의를 접할 수 없다는 점이 아쉬웠는데, 교육부와 국가평생교육진흥원의 지원으로 동영상을 제작하여 독자들에게 수강의 편의성을 제공하였다.

AI 시대의 회계 역량은 더 이상 암기와 반복 계산에 머물지 않는다. 핵심은 적절한 질문을 설계하는 능력, 생성된 결과를 비판적으로 검토하는 능력, 그리고 재무정보를 종합적으로 해석하는 능력이다. 이 책이 회계 전공 대학생은 물론, 회계에 관심 있는 비전공자와 직장인에게도 실질적인 길잡이가 되어, 인공지능을 도구로 활용하면서도 회계의 본질을 놓치지 않는 균형 잡힌 역량을 갖추는 데 기여하기를 바란다.

2026년 2월 낙산 아래에서
저자 씀

목차

Chapter 1

회계등식 알아보기

1. 회계등식의 의의

2. ChatGPT를 활용한 회계처리 작성 실습

1. 회계등식의 의의

1.1 회계등식

회계 거래는 기업의 자산, 부채 및 자본의 변동에 영향을 미치는 경제적 거래이다. 부채와 자본은 각각 채권자와 투자자로부터 자본 조달의 원천이며, 자산은 조달한 자본을 운용한 결과이다. 이러한 관계를 식으로 표시한 것을 '재무상태표 등식' 또는 일반적인 '회계등식(accounting equation)'이라고 한다.

$$자산 = 부채 + 자본$$

회계등식의 본질은 '등식'이다. 따라서 어떤 거래가 발생하더라도 회계등식의 왼편과 오른편에 동일하게 영향을 미치기 때문에 회계등식의 등호는 유지된다.

이 등식에서 알 수 있는 것은 기업의 자산은 그 기업의 경제적 자원이고 부채와 자본은 그 자원에 대한 청구권으로, 경제적 자원과 그 자원에 대한 청구권의 금액이 동일하다는 것이다. 또한, 재무상태표를 자본의 원천과 운용 관점에서 도식화하면 다음 [그림 1-1]과 같다.

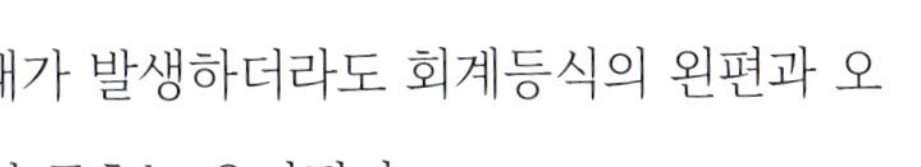

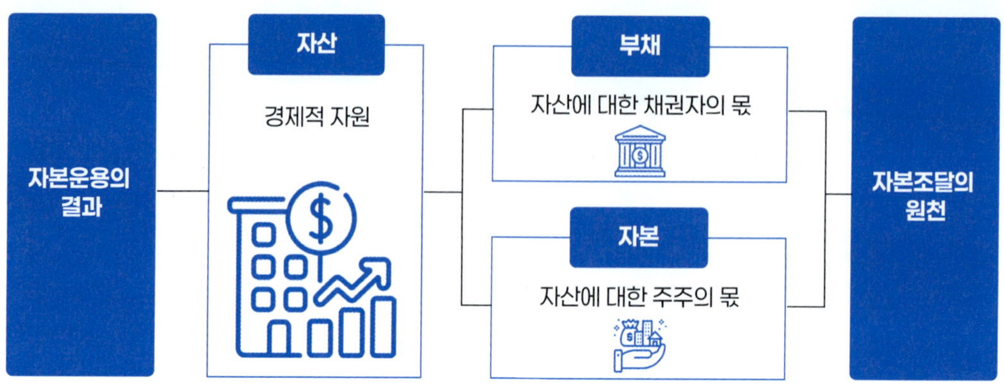

수익에서 비용을 차감한 금액을 당기순이익(net income)이라고 하고, 비용이 수익을 초과할 때는 당기순손실(net loss)이라고 한다. 따라서 다음의 등식을 '손익계산서 등식'이라고 한다.

수익 - 비용 = 당기순이익 또는 당기순손실

한국채택국제회계기준은 수익과 비용뿐만 아니라 기타포괄손익까지 반영된 포괄손익계산서를 작성하도록 요구하고 있다. 따라서 다음의 등식을 '포괄손익계산서 등식'이라고 한다.

수익 - 비용 ± 기타포괄손익 = 총포괄이익 또는 총포괄손실

수익이 발생하면 자산이 증가하거나 부채가 감소하면서 자본이 증가한다. 반대로 비용이 발생하면 자산이 감소하거나 부채가 증가하면서 자본이 감소한다. 또한, 배당금은 이익잉여금을 재원으로 주주들에게 지급된다. 따라서 재무상태표 등식과 손익계산서 등식을 결합하면 다음과 같은 '확장된 회계등식(expanded accounting equation)'이 성립된다.

자산 = 부채 + 자본 + 이익잉여금 (수익 - 비용 - 배당금)

1.2 계정

회계에서 특정 자산, 부채, 자본, 수익, 비용 등의 거래를 세부적으로 구분하여 기록하는 개별 단위를 계정(account)이라고 부른다. 기업이 사용하는 계정은 기업의 업종과 규모 등에 따라서 다를 수 있다. 일반적으로 기업이 사용하는 자산, 부채, 자본, 수익 및 비용의 계정들을 예시하면 [표 1-1]과 같다.

📁 [표 1-1] 계정의 예

구 분		계정의 예
재무상태표 계정	자산 계정	현금, 매출채권, 미수금, 상품, 토지, 건물, 비품 등
	부채 계정	매입채무, 미지급금, 미지급비용, 차입금 등
	자본 계정	자본금, 이익잉여금 등
손익계산서 계정	수익 계정	매출, 임대수익, 이자수익, 유형자산처분이익 등
	비용 계정	매출원가, 급여, 보험료, 임차료, 광고선전비, 이자비용, 유형자산처분손실, 법인세비용 등

1.3 분개

회계에서는 계정의 왼편을 차변(debit, Dr.), 계정의 오른편을 대변(credit, Cr.)이라고 부른다. 차변에 기록하는 것을 차기(차변기입, debit entry), 대변에 기록하는 것을 대기(대변기입, credit entry)라고 한다. 복식부기(double-entry bookkeeping)는 하나의 거래를 차변과 대변에 두 번 기록한다. 복식부기 회계에서 자산, 부채, 자본의 변동과 그 요인에 대해 요약, 정리하여 체계적으로 기록하는 것을 분개(journal entries)라고 한다. 분개를 기록하는 장부를 분개장(journal)이라고 한다.

분개를 하는 규칙은 다음 [표 1-2]와 같다.

자산		부채	
차변	대변	차변	대변
		-	+
		자본	
		차변	대변
		-	+
+	-	비용	수익
		차변	대변	차변	대변
		+	-	-	+

- 자산의 증가는 차변에, 감소는 대변에 기입한다.
- 부채의 증가는 대변에, 감소는 차변에 기입한다.
- 자본의 증가는 대변에, 감소는 차변에 기입한다.
- 수익의 발생(증가)은 대변에, 감소는 차변에 기입한다.
- 비용의 발생(증가)은 차변에, 감소는 대변에 기입한다.

자산 계정을 분개하는 규칙이 정해져 있다고 가정하면, 부채와 자본이 증가할 때 대변에 감소할 때 차변에 기입하는 이유는 부채와 자본이 증가하면서 자산이 증가하고 부채와 자본이 감소하면서 자산이 감소하기 때문이다. 예를 들어, 은행에서 돈을 빌리면 부채가 증가하지만 현금이 유입되기 때문에 자산도 증가한다. 또한, 유상증자를 실시하여 주주들로부터 현금을 납입받으면 자본이 증가하면서 자산도 증가한다.

한편, 수익의 발생(증가)은 대변에 감소는 차변에 기록하고, 비용의 발생(증가)은 차변에 감소는 대변에 기록한다. 수익이 발생(증가)하면 자본이 증가하고, 비용이 발생(증가)하면 자본이 감소하기 때문이다.

배달 서비스를 주요 영업으로 하는 서비스 기업인 HK 주식회사를 대상으로 20×1년도 12월에 발생한 일련의 거래들에 대한 분개를 다음의 (예 1)을 통하여 살펴보자.

서비스 기업은 서비스 제공을 통하여 영리를 추구하는 기업이다. 서비스 기업에서의 주요 수익은 용역을 제공하고 받게 되는 대가인데, 용역수익(용역매출 또는 용역수수료)이라 한다. 주요 비용 항목은 용역을 제공하기 위하여 발생하는 인건비 및 관리비 등이다.

[예 1] • 복식부기 회계처리

HK 주식회사는 20×1년 12월 1일에 영업을 개시하였고, 20×1년 12월에 발생한 거래는 다음과 같다. HK 주식회사의 결산일은 12월 31일이다.

거래	일자	발생 거래
[1]	12월 1일	액면금액이 ₩5,000인 보통주 120주를 발행하여 발행금액 ₩600,000을 현금으로 수령하였다.
[2]	12월 1일	은행에서 ₩300,000을 2년간 연 이자율 10%로 차입하였다.
[3]	12월 2일	사무실을 임차하면서 보증금 ₩100,000을 현금으로 지급하였다.
[4]	12월 3일	사무실에 대한 1년분 화재보험료 ₩24,000(월 보험료 ₩2,000)을 현금으로 지급하였다.
[5]	12월 5일	컴퓨터를 비롯한 사무용 비품 ₩300,000을 취득하면서 현금은 나중에 지급하기로 하였다.
[6]	12월 6일	사무용 소모품을 ₩70,000에 현금을 지급하고 구입하였다.
[7]	12월 8일	광고선전비 ₩50,000을 현금으로 지급하였다.
[8]	12월 10일	₩200,000의 배달 서비스를 고객에게 제공하고, 현금은 나중에 받기로 하였다.
[9]	12월 15일	12월 5일에 비품 취득 시 발생한 미지급금 중 ₩100,000을 현금으로 지급하였다.
[10]	12월 16일	거래업체에 1개월 동안 배달 서비스를 제공하기로 하고 현금 ₩80,000을 미리 수령하였다.
[11]	12월 30일	급여 ₩90,000이 발생하였으나 미지급하였다.
[12]	12월 31일	배당금 ₩10,000을 결정하고 현금으로 지급하였다.

일자별로 발생 거래를 분개하면 다음과 같다.

[1] 12월 1일: 액면금액이 ₩5,000인 보통주 120주를 발행하여 발행금액 ₩600,000을 현금으로 수령하였다.
    [분석]   현금이라는 자산이 증가(차변)하고, 보통주자본금이라는 자본이 증가(대변)한다.
    [분개]   (차변) 현　　　금　　600,000　(대변) 보 통 주 자 본 금　600,000

[2] 12월 1일: 은행에서 ₩300,000을 2년간 연 이자율 10%로 차입하였다.
    [분석]   현금이라는 자산이 증가(차변)하고, 장기차입금이라는 부채가 증가(대변)한다.
    [분개]   (차변) 현　　　금　　300,000　(대변) 장 기 차 입 금　300,000

[3] 12월 2일: 사무실을 임차하면서 보증금 ₩100,000을 현금으로 지급하였다.
    [분석]   보증금이라는 자산이 증가(차변)하고, 현금이라는 자산이 감소(대변)한다.
    [분개]   (차변) 보　증　금　　100,000　(대변) 현　　　　　금　100,000

[4] 12월 3일: 사무실에 대한 1년분 화재보험료 ₩24,000(월 보험료 ₩2,000)을 현금으로 지급하다.
    [분석]   선급비용이라는 자산이 증가(차변)하고, 현금이라는 자산이 감소(대변)한다.
    [분개]   (차변) 선 급 비 용　　24,000　(대변) 현　　　　　금　24,000

[5] 12월 5일: 컴퓨터를 비롯한 사무용 비품 ₩300,000을 취득하면서 현금은 나중에 지급하기로 하였다.
    [분석]   비품이라는 자산이 증가(차변)하고, 미지급금이라는 부채가 증가(대변)한다.
    [분개]   (차변) 비　　　품　　300,000　(대변) 미 지 급 금　300,000

[6] 12월 6일: 사무용 소모품을 ₩70,000에 현금을 지급하고 구입하였다.
    [분석]   소모품이라는 자산이 증가(차변)하고, 현금이라는 자산이 감소(대변)한다.
    [분개]   (차변) 소 모 품   70,000   (대변) 현 금   70,000

[7] 12월 8일: 광고선전비 ₩50,000을 현금으로 지급하였다.
    [분석]   광고선전비라는 비용이 발생(차변)하고, 현금이라는 자산이 감소(대변)한다.
    [분개]   (차변) 광 고 선 전 비   50,000   (대변) 현 금   50,000

[8] 12월 10일: ₩200,000의 배달 서비스를 고객에게 제공하고, 현금은 나중에 받기로 하였다.
    [분석]   매출채권이라는 자산이 증가(차변)하고, 용역매출이라는 수익이 발생(대변)한다.
    [분개]   (차변) 매 출 채 권   200,000   (대변) 용 역 매 출   200,000

[9] 12월 15일: 12월 5일에 비품 취득 시 발생한 미지급금 중 ₩100,000을 현금으로 지급하다.
    [분석]   미지급금이라는 부채가 감소(차변)하고, 현금이라는 자산이 감소(대변)한다.
    [분개]   (차변) 미 지 급 금   100,000   (대변) 현 금   100,000

[10] 12월 16일: 거래업체에 1개월 동안 배달 서비스를 제공하기로 하고 현금 ₩80,000을 미리 수령하였다.
    [분석]   현금이라는 자산이 증가(차변)하고, 선수수익이라는 부채가 증가(대변)한다.
    [분개]   (차변) 현 금   80,000   (대변) 선 수 수 익   80,000

[11] 12월 30일: 급여 ₩90,000이 발생하였으나 미지급하였다.
    [분석]   급여라는 비용이 발생(차변)하고, 미지급비용이라는 부채가 증가(대변)한다.
    [분개]   (차변) 급 여   90,000   (대변) 미 지 급 비 용   90,000

[12] 12월 31일: 배당금 ₩10,000을 결정하고 현금으로 지급하였다.
    [분석]   배당금이라는 자본이 감소(차변)하고, 현금이라는 자산이 감소(대변)한다.
    [분개]   (차변) 배 당 금   10,000   (대변) 현 금   10,000

위의 분개를 분개장에 정리·요약하면 다음과 같다.

거래	일자	계정	차변	대변
[1]	12월 1일	현금	600,000	
		보통주자본금		600,000
		액면금액이 ₩5,000인 보통주 120주를 발행		
[2]	12월 1일	현금	300,000	
		장기차입금		300,000
		은행에서 ₩300,000을 2년간 연 이자율 10%로 차입		
[3]	12월 2일	보증금	100,000	
		현금		100,000
		사무실을 임차하면서 보증금 ₩100,000을 현금 지급		

거래	일자	계정	차변	대변
[4]	12월 3일	선급비용	24,000	
		현금		24,000
		사무실에 대한 1년분 화재보험료 ₩24,000(월 보험료 ₩2,000)을 현금 지급		
[5]	12월 5일	비품	300,000	
		미지급금		300,000
		사무용 비품 ₩300,000을 취득하면서 현금 미지급		
[6]	12월 6일	소모품	70,000	
		현금		70,000
		소모품을 ₩70,000에 구입하면서 현금 지급		
[7]	12월 8일	광고선전비	50,000	
		현금		50,000
		광고선전비 ₩50,000을 현금 지급		
[8]	12월 10일	매출채권	200,000	
		용역매출		200,000
		₩200,000의 배달서비스 고객에게 제공하고, 현금 미수령		
[9]	12월 15일	미지급금	100,000	
		현금		100,000
		12월 5일에 비품 취득 시 발생한 미지급금 중 ₩100,000을 현금 지급		
[10]	12월 16일	현금	80,000	
		선수수익		80,000
		거래업체에 1개월 동안 배달 서비스를 제공하기로 하고 현금 ₩80,000을 미리 수령		
[11]	12월 30일	급여	90,000	
		미지급비용		90,000
		급여 ₩90,000이 발생하였으나 현금 미지급		
[12]	12월 31일	배당금	10,000	
		현금		10,000
		배당금 ₩10,000을 결정하고 현금 지급		

분개장을 이용하면 다음과 같은 장점이 있다.

첫째, 분개장에는 특정 거래 또는 사건과 관련된 모든 정보와 거래에 대한 설명이 나타난다. 따라서 특정 거래 또는 사건에 대한 정보를 추적하는 데 매우 용이하다.

둘째, 분개장에는 기업의 거래가 발생한 순서대로 기입된다. 따라서 특정 일자나 특정 기간의 거래에 대한 정보를 추적하는 데 매우 용이하다.

셋째, 회계처리 시에 분개장을 이용함으로써 오류를 방지할 수 있다. 거래를 직접 원장에 기입하면 차변이나 대변 중의 어느 하나를 누락하거나, 동일한 거래를 이중으로 기입하게 될 가능성도 있다. 반면에 분개장에는 항상 차변과 대변을 동시에 기입하도록 되어 있기 때문에 이와 같은 오류를 방지할 수 있다.

2. ChatGPT를 활용한 회계처리 작성 실습

2.1 ChatGPT를 활용한 회계처리 작성의 핵심 원칙

ChatGPT를 활용하여 회계처리를 수행할 수 있으며, 저자의 실습 경험에 비추어 볼 때 상당히 높은 수준의 회계처리까지 가능하다는 것을 확인하였다. 특히 거래, 사건 및 상황에 대한 정보를 체계적이고 정확하게 입력할수록 ChatGPT의 회계처리 완성도는 크게 향상된다. 예를 들어, '보통주를 발행하여 ₩600,000을 현금으로 수령하였다'라고 입력하는 것보다는 '액면금액이 ₩5,000인 보통주 120주를 발행하여 발행금액 ₩600,000을 현금으로 수령하였다'와 같이 액면금액, 발행주식 수, 발행금액 등을 구체적으로 제시하면, 자본금과 주식발행초과금을 구분하는 등 보나 성확한 회계처리 결과를 얻을 수 있다.

또한, ChatGPT가 제시한 회계처리는 사용자의 추가 지시에 따라 수정·보완이 가능하다. 예를 들어, ChatGPT가 차입거래를 회계처리하면서 '장기차입금' 계정을 '차입금' 계정으로 회계처리한 경우, '회계계정으로 "장기차입금"을 사용해서 회계처리해줘'라고 수정 지시하면 된다. 이를 통해 사용자는 자신이 의도한 회계 정책 및 표시 기준에 맞추어 회계처리를 조정할 수 있다.

다음 [표 1-3]은 ChatGPT를 활용한 회계처리 작성 실습에서 정확도를 높일 수 있는 핵심 원칙을 정리한 것이다.

📁 [표 1-3] ChatGPT를 활용한 회계처리 작성의 핵심 원칙

핵심 원칙	내 용
거래 내용을 빠짐없이 입력	거래일자, 거래 내용, 지급·수취 형태, 추가 조건 등을 정확히 입력
출력 형식 지정	[일자: (차변) 회계계정 금액 (대변) 회계계정 금액] 등 원하는 출력 형식을 명확히 지정
회계기준 제시	회계기준에 따라 회계처리가 달라지는 경우 한국채택국제회계기준 등 회계기준을 제시
수정·보완	잘못된 결과나 원하는 결과가 나오지 않은 경우 올바른 회계처리로 수정 지시
결과 검증 절차의 수행	ChatGPT의 출력 결과에 대해 계정의 적정성 및 금액의 정확성 등을 사용자가 직접 검토

2.2 회계처리 작성 실습

지금부터 ChatGPT를 활용하여 (예 1)에서 다루었던 복식부기 회계처리를 실습해 보자.

[예 1] • 복식부기 회계처리

HK 주식회사는 20×1년 12월 1일에 영업을 개시하였고, 20×1년 12월에 발생한 거래는 다음과 같다. HK 주식회사의 결산일은 12월 31일이다.

거래	일자	발생 거래
[1]	12월 1일	액면금액이 ₩5,000인 보통주 120주를 발행하여 발행금액 ₩600,000을 현금으로 수령하였다.
[2]	12월 1일	은행에서 ₩300,000을 2년간 연 이자율 10%로 차입하였다.
[3]	12월 2일	사무실을 임차하면서 보증금 ₩100,000을 현금으로 지급하였다.
[4]	12월 3일	사무실에 대한 1년분 화재보험료 ₩24,000(월 보험료 ₩2,000)을 현금으로 지급하였다.
[5]	12월 5일	컴퓨터를 비롯한 사무용 비품 ₩300,000을 취득하면서 현금은 나중에 지급하기로 하였다.
[6]	12월 6일	사무용 소모품을 ₩70,000에 현금을 지급하고 구입하였다.
[7]	12월 8일	광고선전비 ₩50,000을 현금으로 지급하였다.
[8]	12월 10일	₩200,000의 배달 서비스를 고객에게 제공하고, 현금은 나중에 받기로 하였다.
[9]	12월 15일	12월 5일에 비품 취득 시 발생한 미지급금 중 ₩100,000을 현금으로 지급하였다.
[10]	12월 16일	거래업체에 1개월 동안 배달 서비스를 제공하기로 하고 현금 ₩80,000을 미리 수령하였다.
[11]	12월 30일	급여 ₩90,000이 발생하였으나 미지급하였다.
[12]	12월 31일	배당금 ₩10,000을 결정하고 현금으로 지급하였다.

일자별로 발생 거래에 대한 ChatGPT 분개 결과는 다음과 같다.

[1] 12월 1일: 액면금액이 ₩5,000인 보통주 120주를 발행하여 발행금액 ₩600,000을 현금으로 수령하였다.

⑨ ChatGPT 결과

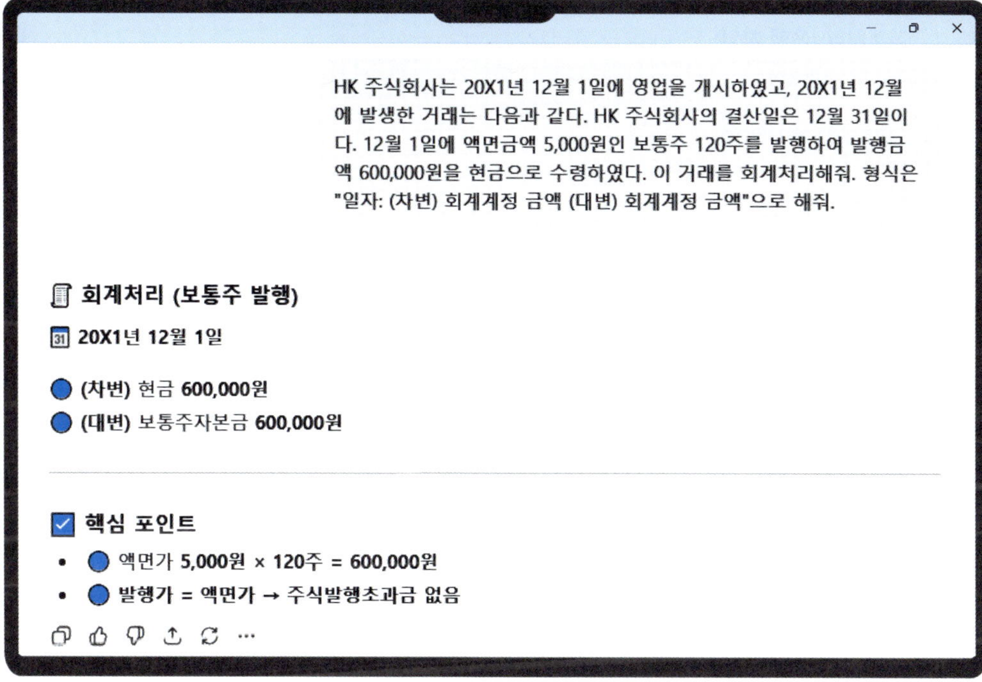

[표 1-3]에서 언급한 것처럼, 거래일자와 지급·수취 형태 등 거래 내용을 빠짐없이 입력하고, 원하는 출력 형식[일자: (차변) 회계계정 금액 (대변) 회계계정 금액]을 명확하게 지정해야 사용자가 원하는 형식대로 분개 결과를 얻을 수 있다. 또한, 분개 결과에 대한 설명이 없는 경우에는 자세한 설명을 제시하도록 요구하면 계산 내역과 회계처리 등에 대한 추가 설명까지 도출할 수 있다.

[1]에 대한 ChatGPT 결과에서 '보통주자본금'으로 정확하게 회계처리하였다. 만약 '자본금' 등의 계정을 사용하는 경우 '대변에 "보통주자본금" 회계계정으로 회계처리해'라고 수정 지시하면 올바른 분개 결과를 제시한다. ChatGPT가 설명한 바와 같이 발행금액과 액면금액이 동일하기 때문에 ₩600,000 전액을 보통주자본금으로 회계처리한다.

[2] 12월 1일: 은행에서 ₩300,000을 2년간 연 이자율 10%로 차입하였다.

ChatGPT 결과

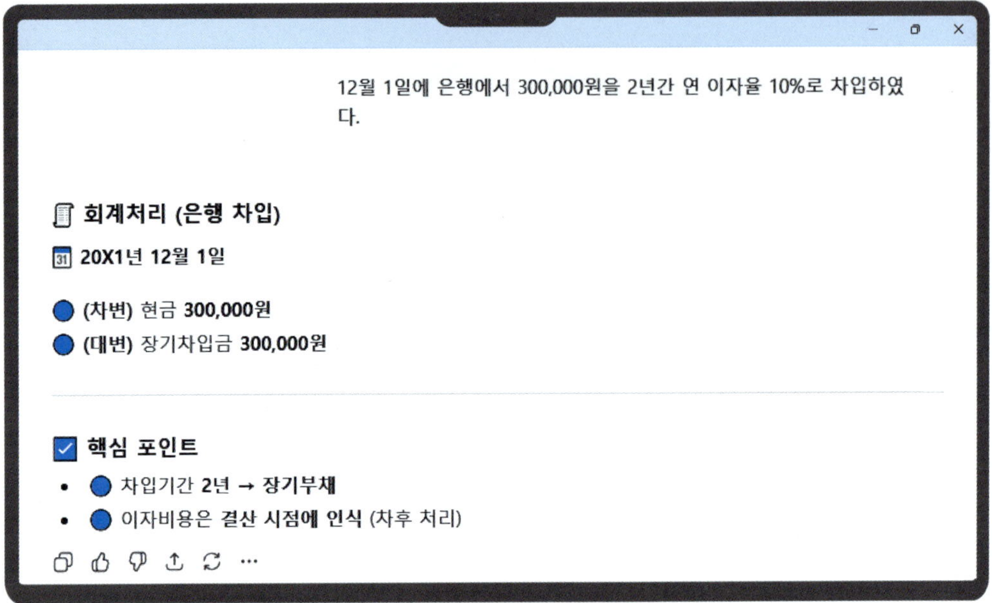

[2]에 대한 ChatGPT 결과에서 '장기차입금'으로 정확하게 회계처리하였다. 만약 '차입금' 등의 계정을 사용하는 경우 '대변에 "장기차입금" 회계계정으로 회계처리해'라고 수정 지시하면 올바른 분개 결과를 제시한다. ChatGPT가 설명한 바와 같이 결산 시점에 해당 차입금에 대한 이자비용을 인식하는 수정분개가 필요하다.

[3] 12월 2일: 사무실을 임차하면서 보증금 ₩100,000을 현금으로 지급하였다.

ChatGPT 결과

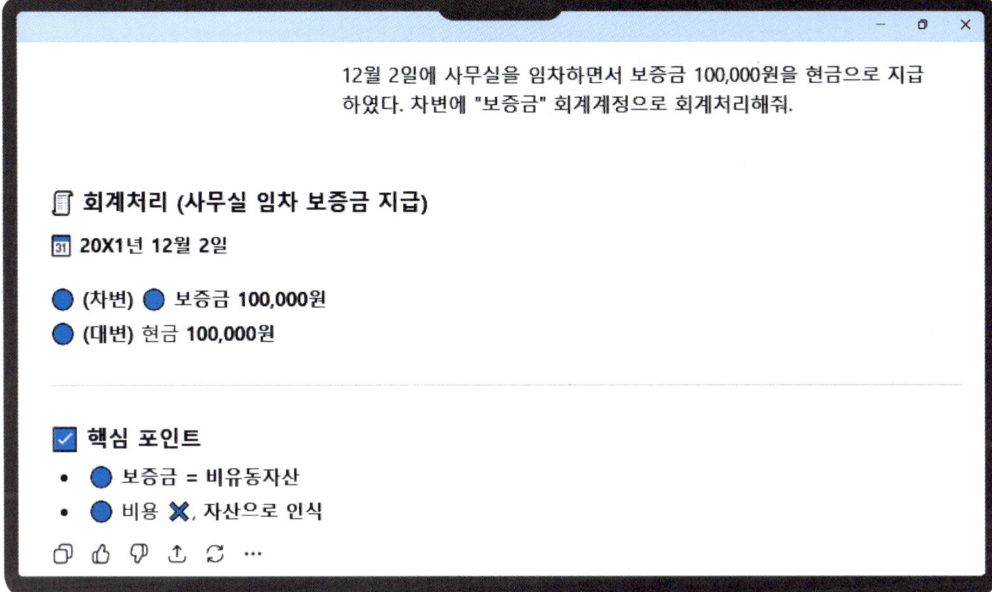

  [3] 거래 내용이 '사무실을 임차하면서 보증금 ₩100,000을 현금으로 지급하였다'이기 때문에 ChatGPT의 분개 결과 '임차보증금'을 사용하는 경우도 있다. 해당 거래에서도 사무실을 임차하기 위해 지급한 보증금으로 '임차보승금' 계정을 사용하는 것이 더 정확하지만, 다양한 보증금을 통합하여 '보증금' 계정을 사용할 수도 있다. 따라서 ChatGPT가 '보증금'으로 회계처리하도록 미리 '차변에 "보증금" 회계계정으로 회계처리해줘'라고 지시하였다. ChatGPT가 설명한 바와 같이 보증금은 비유동자산으로 분류한다.

[4] 12월 3일: 사무실에 대한 1년분 화재보험료 ₩24,000(월 보험료 ₩2,000)을 현금으로 지급
　　하였다.

　　[4] 거래 내용이 '사무실에 대한 1년분 화재보험료 ₩24,000(월 보험료 ₩2,000)을 현금으로 지급하였다'이기 때문에 ChatGPT의 분개 결과 '선급보험료'를 사용하는 경우도 있다. 해당 거래에서도 화재보험료를 선지급한 것이므로 '선급보험료' 계정을 사용하는 것이 더 정확하지만, 여러 선지급한 비용을 통합하여 '선급비용' 계정을 사용할 수도 있다. 따라서 ChatGPT가 '선급비용'으로 회계처리하도록 미리 '차변에 "선급비용" 회계계정으로 회계처리해줘'라고 지시하였다. ChatGPT가 설명한 바와 같이 결산 시점에 선급비용을 비용으로 인식하는 수정분개가 필요하다.

[5] 12월 5일: 컴퓨터를 비롯한 사무용 비품 ₩300,000을 취득하면서 현금은 나중에 지급하기로 하였다.

⑤ ChatGPT 결과

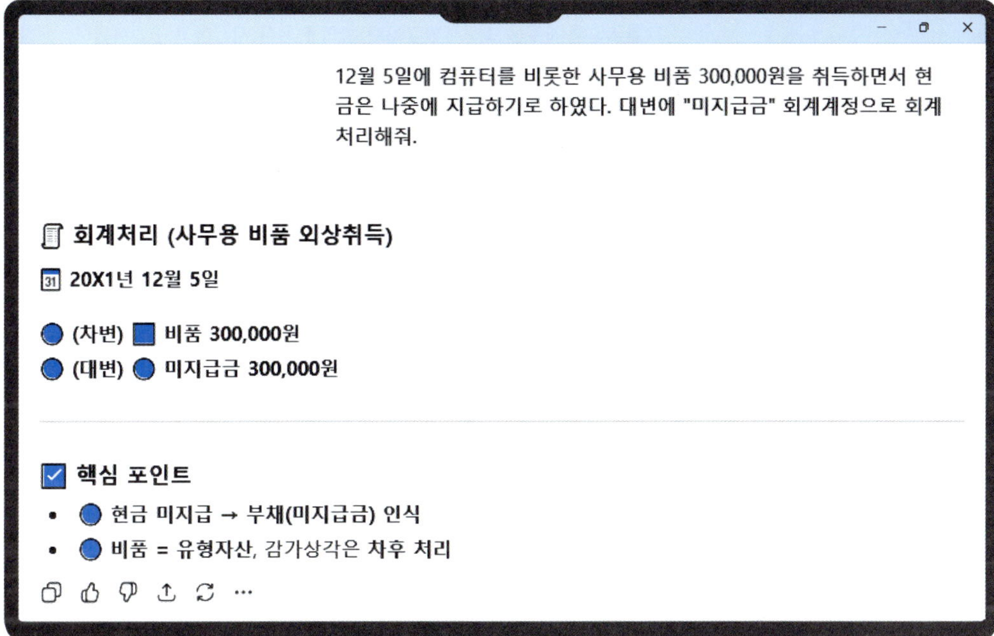

[5] 거래 내용이 '컴퓨터를 비롯한 사무용 비품 ₩300,000을 취득하면서 현금은 나중에 지급하기로 하였다'이다. ChatGPT의 분개 결과 '외상매입금'을 사용하는 경우가 있다. '외상매입금'은 판매를 목적으로 구입하는 상품이나, 제품을 만들기 위한 목적으로 구입하는 원재료 등을 외상으로 취득할 때 사용하는 계정이다. 따라서 유형자산인 '비품'을 외상으로 취득할 때는 '미지급금'을 사용해서 회계처리해야 한다. ChatGPT가 설명한 바와 같이 비품은 유형자산으로 분류되고 결산 시점에 비품에 대한 감가상각비를 인식하는 수정분개가 필요하다.

[6] 12월 6일: 사무용 소모품을 ₩70,000에 현금을 지급하고 구입하였다.

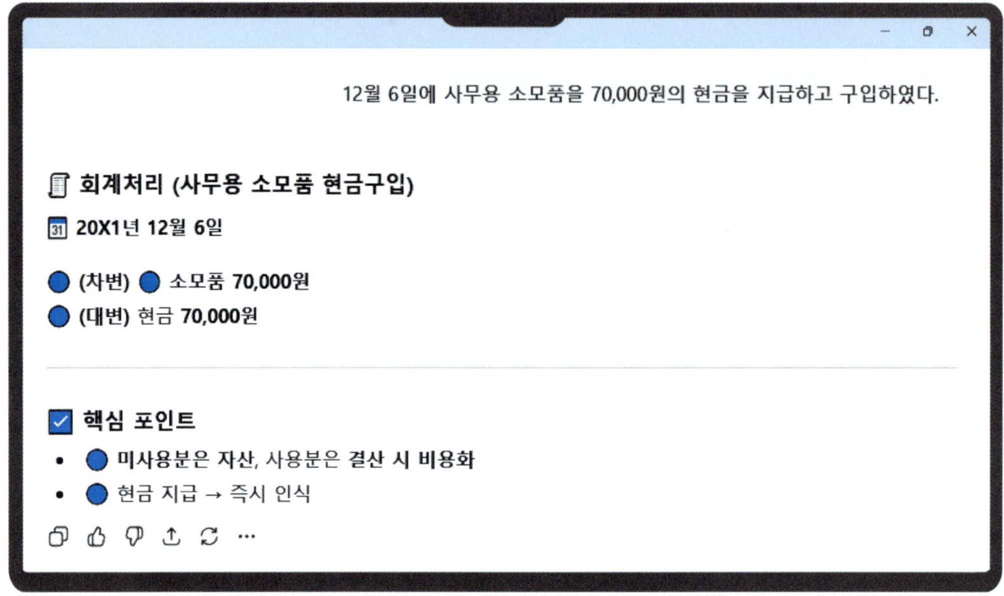

ChatGPT 결과

[6]에 대한 ChatGPT의 분개 결과 '소모품(자산)'을 사용하였고, '소모품비(비용)'를 사용하는 경우도 있다. ChatGPT가 설명한 바와 같이 '소모품(자산)'으로 회계처리한 경우에는 결산 시점에 실제 사용분만큼을 '소모품비(비용)'로 대체하는 수정분개를 해야 한다. 반대로 '소모품비(비용)'로 회계처리한 경우에는 결산 시점에 남아 있는 미사용분만큼을 '소모품(자산)'으로 대체하는 수정분개를 해야 한다.

[7] 12월 8일: 광고선전비 ₩50,000을 현금으로 지급하였다.

 ChatGPT 결과

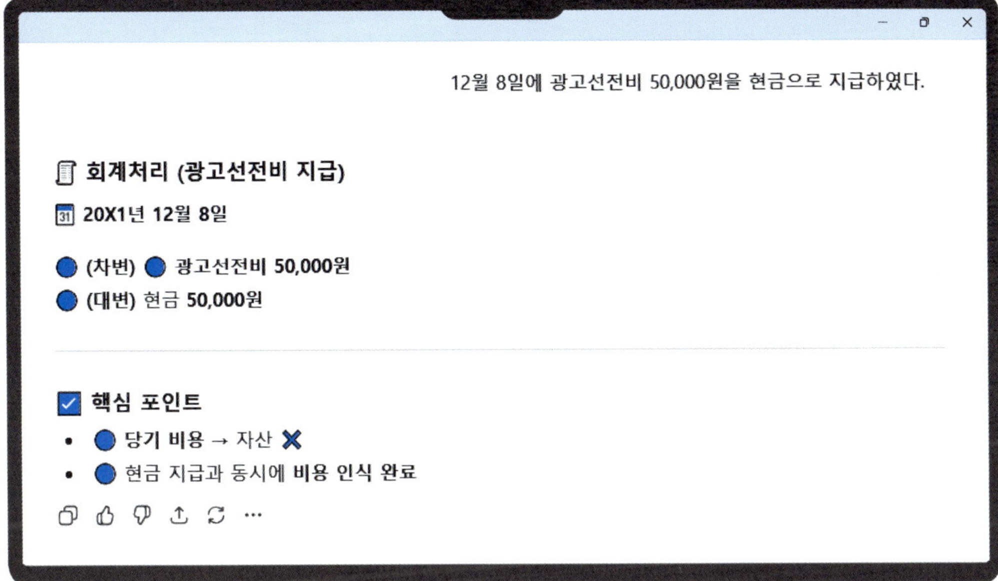

[7]에 대해 ChatGPT가 설명한 바와 같이 '광고선전비'는 당기 비용으로서 현금 지급과 동시에 비용으로 회계처리한다. [4]에서 1년분 화재보험료를 '선급비용'으로 회계처리한 이유는 그 효익이 미래 1년 기간에 걸쳐 발생하기 때문에 비용 인식을 이연시킨다. 그러나 광고선전비를 '비용'으로 회계처리한 이유는 소비자라는 불특정 다수에게 지출되는 비용으로서 그 효과가 비교적 즉각적으로 나타나기 때문이다.

[8] 12월 10일: ₩200,000의 배달 서비스 고객에게 제공하고, 현금은 나중에 받기로 하였다.

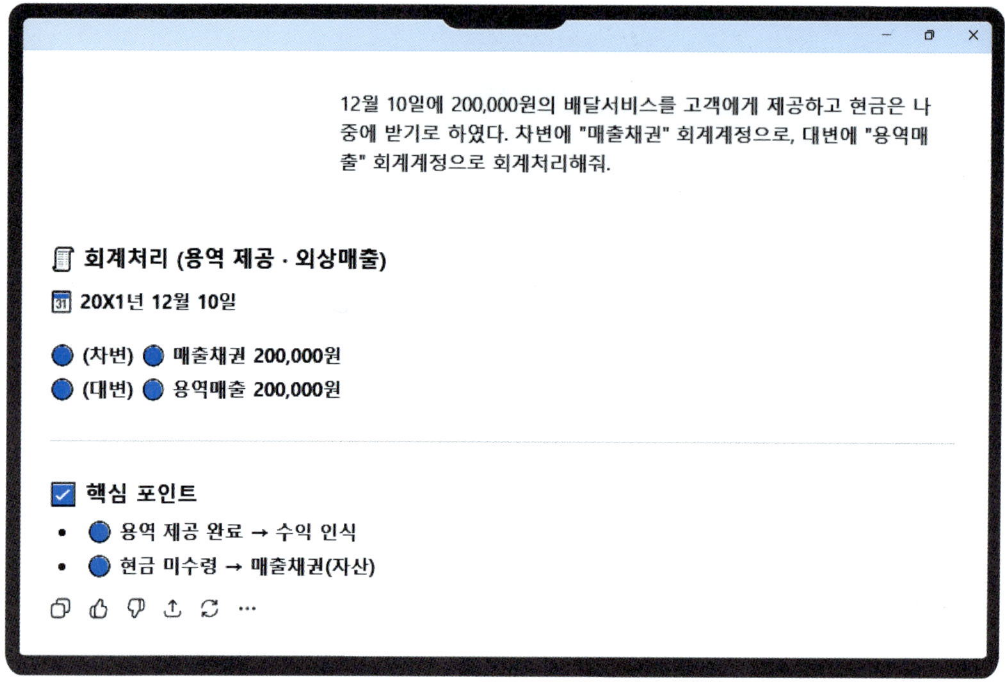

[8] 거래 내용이 '₩200,000의 배달 서비스 고객에게 제공하고, 현금은 나중에 받기로 하였다'이다. ChatGPT의 분개 결과 차변에 '미수수익'을 사용하는 경우가 있다. '미수수익'은 기업의 주된 영업과 관련 없는 활동에서 발생한 수익에 대한 현금 미수령분을 회계처리하는 계정이다. '매출채권'은 기업의 주된 영업과 관련된 활동에서 발생한 수익에 대한 현금 미수령분을 회계처리하는 계정이고, HK 주식회사의 주된 영업활동은 배달 서비스이기 때문에 '매출채권'으로 회계처리해야 한다. 또한, ChatGPT의 분개 결과 대변에 '서비스수익'을 사용하는 경우가 있다. '용역매출'과 동일한 계정이라고 할 수 있으며, 어느 것을 사용하더라도 문제는 없다. 일반적으로 '서비스수익'보다 '용역매출'을 더 많이 사용하기 때문에 '용역매출'을 사용하도록 지시하였다. ChatGPT가 설명한 바와 같이 용역 제공이 완료되었으므로 '용역매출'이라는 수익을 인식한다.

[9] 12월 15일: 12월 5일에 비품 취득 시 발생한 미지급금 중 ₩100,000을 현금으로 지급하였다.

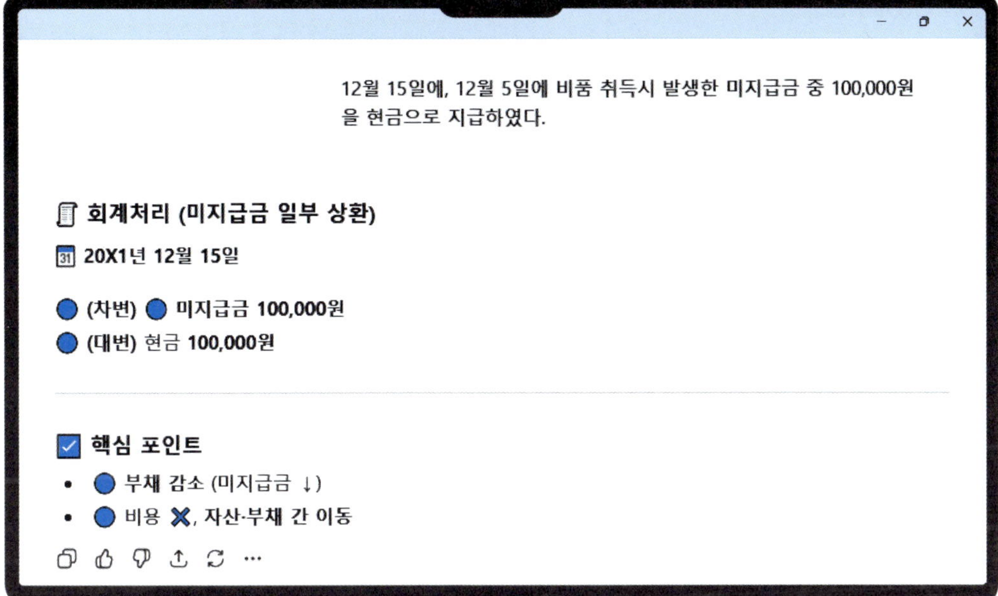 ChatGPT 결과

[9]에 대해 ChatGPT가 설명한 바와 같이 12월 5일 비품 취득 시 계상했던 미지급금 ₩300,000 중에서 ₩100,000을 상환하였기 때문에 미지급금이 감소하고 남은 미지급금은 ₩200,000이다. 부채의 상환으로 부재가 감소하기 때문에 미지급금을 차변에 회계처리한다.

[10] 12월 16일: 거래업체에 1개월 동안 배달 서비스를 제공하기로 하고 현금 ₩80,000을 미리
　　수령하였다.

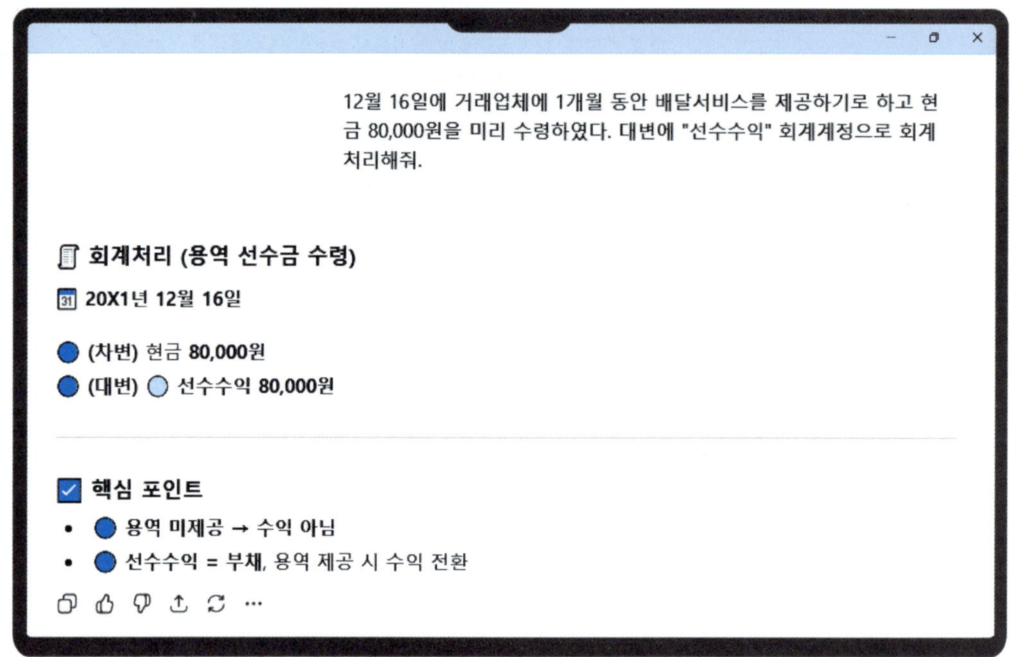

　　[10] 거래 내용이 '거래업체에 1개월 동안 배달 서비스를 제공하기로 하고 현금 ₩80,000을 미리 수령하였다'이다. ChatGPT의 분개 결과 대변에 '선수금'을 사용하는 경우가 있다. '선수금'은 제품이나 상품의 판매와 관련하여 계약금 성격으로 미리 받는 경우 사용하는 계정이다. '선수수익'은 서비스 제공 대가 중 미리 받는 경우 사용하는 계정이다. 따라서 배달 서비스 제공 대가를 미리 받았기 때문에 '선수수익' 계정을 사용한다. ChatGPT가 설명한 바와 같이 선수수익은 부채이며 용역 제공 시 수익으로 대체하는 분개를 해야 한다.

[11] 12월 30일: 급여 ₩90,000이 발생하였으나 미지급하였다.

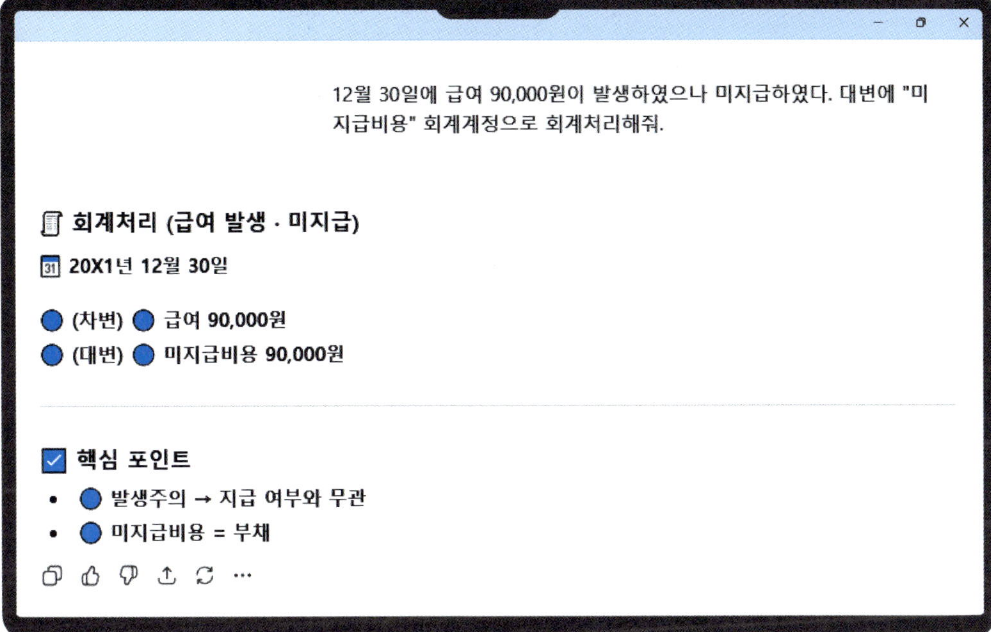

[11] 거래 내용이 '급여 ₩90,000이 발생하였으나 미지급하였다'이다. ChatGPT의 분개 결과 대변에 '미지급급어'를 시용하는 경우가 있고, 급여를 미지급한 것이기 때문에 '미지급급여' 계정을 사용하는 것이 더 정확하다. 그러나 여러 미지급한 비용을 통합하여 '미지급비용' 계정을 사용할 수도 있다. 따라서 ChatGPT가 '미지급비용'으로 회계처리하도록 미리 '대변에 "미지급비용" 회계계정으로 회계처리해 줘'라고 지시하였다.

[12] 12월 31일: 배당금 ₩10,000을 결정하고 현금으로 지급하였다.

⑤ ChatGPT 결과

[12]에 대해 ChatGPT가 설명한 바와 같이 배당금은 '비용'이 아니라 '이익잉여금'을 처분하여 주주들에게 지급하는 것으로서 이익잉여금을 감소시키는 계정이다. 따라서 배당금을 차변에 회계처리한다.

지금까지 ChatGPT 분개 결과를 요약·정리해 보자.

 ChatGPT 결과

지금까지 회계처리를 표로 요약 정리해줘.

📋 20X1년 12월 회계처리 요약표

📅 일자	차변	금액	대변	금액
12/01	현금	600,000	보통주자본금	600,000
12/01	현금	300,000	장기차입금	300,000
12/02	보증금	100,000	현금	100,000
12/03	선급비용	24,000	현금	24,000
12/05	비품	300,000	미지급금	300,000
12/06	소모품	70,000	현금	70,000
12/08	광고선전비	50,000	현금	50,000
12/10	매출채권	200,000	용역매출	200,000
12/15	미지급금	100,000	현금	100,000
12/16	현금	80,000	선수수익	80,000
12/30	급여	90,000	미지급비용	90,000
12/31	배당금	10,000	현금	10,000

⭐ 한눈에 보는 핵심

- 🔵 **수익 인식**: 용역매출 **200,000**
- 🔵 **비용 인식**: 광고선전비 **50,000**, 급여 **90,000**
- 🔵 **이연 항목**: 선급비용 **24,000**, 선수수익 **80,000**
- 🔵 **부채**: 장기차입금 **300,000**, 미지급금 잔액 **200,000**

👉 다음 단계 원하시면 **T-계정 / 시산표 / 재무제표** 바로 이어서 정리해드릴게요.

ChatGPT를 활용하여 복식부기 회계처리를 작성하였다. 'HK 주식회사는 20×1년 12월 1일에 영업을 개시하였고, 결산일은 12월 31일이다' 등과 같은 회사의 기본적인 정보를 제공하면 ChatGPT가 거래 내용을 이해하고 분개하는 데 도움을 줄 수 있다. 또한, '형식은 "일자: (차변) 회계계정 금액 (대변) 회계계정 금액"으로 해줘'라고 지시하여 사용자가 원하는 출력 양식을 지정하였다.

앞서 살펴본 바와 같이 ChatGPT는 사용자가 원하는 회계계정을 사용하지 않을 수도 있다. 예를 들어, '12월 2일에 사무실을 임차하면서 보증금 ₩100,000을 현금으로 지급하였다'라는 거래에서 ChatGPT는 차변 계정으로 '임차보증금'을 사용하는 경우도 있다. 이러한 경우 다양한 보증금을 통합하여 '보증금' 계정을 사용할 수도 있기 때문에 ChatGPT가 '보증금'으로 회계처리하도록 미리 '차변에 "보증금" 회계계정으로 회계처리해 줘'라고 지시하면 원하는 분개 결과를 도출할 수 있다.

ChatGPT를 활용하여 복식부기 회계처리를 작성할 때 가장 중요한 점은 사용자가 반드시 결과 검증 절차를 수행해야 한다는 것이다. ChatGPT가 제시하는 결과에는 회계계정이나 금액에 오류가 포함될 수 있으므로, 이를 그대로 신뢰해서는 안 된다. 따라서 사용자는 ChatGPT가 작성한 분개에 대해서 회계계정이 적정한지, 금액은 정확한지 등을 반드시 검토해야 한다.

수정전 시산표 작성하기

1. 수정전 시산표의 의의

2. ChatGPT를 활용한
   수정전 시산표 작성 실습

1. 수정전 시산표의 의의

1.1 전기

분개된 거래를 각 해당 계정의 **총계정원장**(general ledger)에 옮겨 기록한다. 즉 모든 계정은 자기 계정만의 총계정원장을 갖는다. 계정별 총계정원장에 **전기**(posting)함으로써 계정별 잔액을 파악할 수 있게 된다.

여기서는 **총계정원장** 대신 간단하게 '**T-계정**'을 사용한다. 이것의 원리는 복식부기와 동일하다. 'T'자를 중심으로 왼편이 차변, 오른편이 대변을 의미한다. 그리고 왼편에는 차변과 동일하게 자산의 증가와 비용의 발생을 기록한다. 오른편에는 대변과 동일하게 부채와 자본의 증가 및 수익의 빌생을 기록한다. 각 계정의 감소 역시 복식부기와 동일하다. 기입할 위치를 차변 또는 대변으로 결정한 후에 날짜와 분개할 때 상대 계정 및 금액을 적게된다. 마지막으로 차변 합계와 대변 합계의 차를 합계가 큰 쪽에 적는다. 특별한 경우를 제외하고는 계정의 증가를 기입하는 쪽에 잔액이 남게 된다. 왜냐하면 음수(-)의 잔액은 존재하지 않기 때문이다.

1장의 (예 1)에서 분개된 내용을 각 T-계정에 전기해 보자.

거래 [1]을 현금과 보통주자본금의 T-계정에 전기해 보면, 회계처리와 동일하게 현금의 증가는 차변에 자본금의 증가는 대변에 기입한다.

[1] 12월 1일:　　　　(차변)　현　　　　　금　　600,000　　　(대변)　보통주자본금　　600,000

(차변)	현　金		(대변)
[1] 12/1　보통주자본금　600,000		[1] 12/1　현　　금　600,000	

보통주자본금

거래 [2]를 현금과 장기차입금의 T-계정에 전기해 보면, 회계처리와 동일하게 현금의 증가는 차변에 장기차입금의 증가는 대변에 기입한다.

[2] 12월 1일:　　　　(차변)　현　　　　　금　　300,000　　　(대변)　장 기 차 입 금　　300,000

(차변)	현　金	장기차입금	(대변)
[1] 12/1　보통주자본금　600,000		[2] 12/1　현　　금　300,000	
[2] 12/1　장 기 차 입 금　300,000			

거래 [3]을 보증금과 현금의 T-계정에 전기해 보면, 회계처리와 동일하게 보증금의 증가는 차변에 현금의 감소는 대변에 기입한다.

[3] 12월 2일:　　　　(차변)　보　　증　　금　　100,000　　　(대변)　현　　　　　금　　100,000

(차변) 보증금		현　金	(대변)
[3] 12/2　현　　금　100,000		[1] 12/1　보통주자본금　600,000　｜　[3] 12/2　보　증　금　100,000	
		[2] 12/1　장 기 차 입 금　300,000	

거래 [4]를 선급비용과 현금의 T-계정에 전기해 보면, 회계처리와 동일하게 선급비용의 증가는 차변에 현금의 감소는 대변에 기입한다.

[4] 12월 3일:　　　　(차변)　선 급 비 용　　24,000　　　(대변)　현　　　　　금　　24,000

(차변) 선급비용		현　金	(대변)
[4] 12/3　현　　금　24,000		[1] 12/1　보통주자본금　600,000　｜　[3] 12/2　보　증　금　100,000	
		[2] 12/1　장 기 차 입 금　300,000　｜　[4] 12/3　선 급 비 용　24,000	

　거래 [5]를 비품과 미지급금의 T-계정에 전기해 보면, 회계처리와 동일하게 비품의 증가는 차변에 미지급금의 증가는 대변에 기입한다.

　거래 [6]을 소모품과 현금의 T-계정에 전기해 보면, 회계처리와 동일하게 소모품의 증가는 차변에 현금의 감소는 대변에 기입한다.

　거래 [7]을 광고선전비와 현금의 T-계정에 전기해 보면, 회계처리와 동일하게 광고선전비의 발생은 차변에 현금의 감소는 대변에 기입한다.

거래 [8]을 매출채권과 용역매출의 T-계정에 전기해 보면, 회계처리와 동일하게 매출채권의 증가는 차변에 용역매출의 발생은 대변에 기입한다.

거래 [9]를 미지급금과 현금의 T-계정에 전기해 보면, 회계처리와 동일하게 미지급금의 감소는 차변에 현금의 감소는 대변에 기입한다.

거래 [10]을 현금과 선수수익의 T-계정에 전기해 보면, 회계처리와 동일하게 현금의 증가는 차변에 선수수익의 증가는 대변에 기입한다.

거래 [11]을 급여와 미지급비용의 T-계정에 전기해 보면, 회계처리와 동일하게 급여의 발생은 차변에 미지급비용의 증가는 대변에 기입한다.

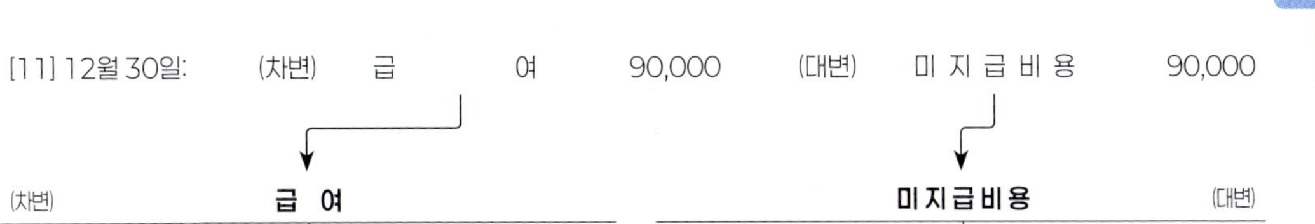

[11] 12월 30일:　　(차변)　급　　여　90,000　　(대변)　미 지 급 비 용　90,000

(차변)	급 여		(차변)	미지급비용	(대변)
[11] 12/30 미지급비용 90,000				[11] 12/30 급　여 90,000	

거래 [12]를 배당금과 현금의 T-계정에 전기해 보면, 회계처리와 동일하게 배당금의 증가는 차변에 현금의 감소는 대변에 기입한다.

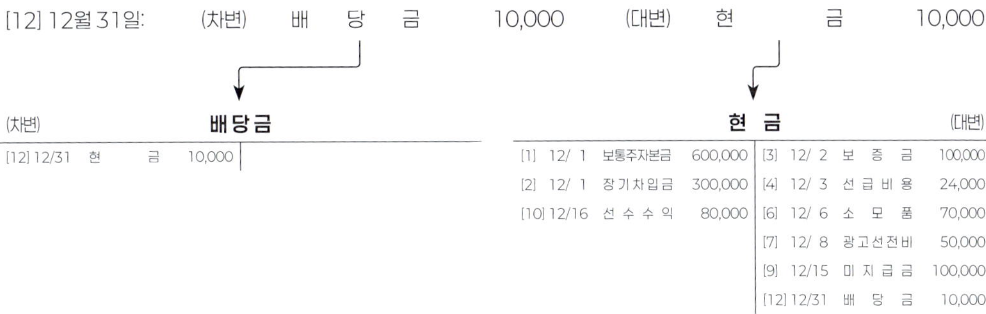

[12] 12월 31일:　　(차변)　배　당　금　10,000　　(대변)　현　　금　10,000

(차변)	배당금	(현금 차변)	현 금	(대변)
[12] 12/31 현　금 10,000		[1] 12/ 1 보통주자본금 600,000	[3] 12/ 2 보 증 금 100,000	
		[2] 12/ 1 장기차입금 300,000	[4] 12/ 3 선 급 비 용 24,000	
		[10] 12/16 선 수 수 익 80,000	[6] 12/ 6 소 모 품 70,000	
			[7] 12/ 8 광고선전비 50,000	
			[9] 12/15 미 지 급 금 100,000	
			[12] 12/31 배 당 금 10,000	

1.2 계정 잔액 산출

T-계정을 이용하여 각 계정의 잔액을 산출하면 다음과 같다.

현 금

[1]	12/ 1	보통주자본금	600,000	[3]	12/ 2	보 증 금	100,000
[2]	12/ 1	장 기 차 입 금	300,000	[4]	12/ 3	선 급 비 용	24,000
[10]	12/16	선 수 수 익	80,000	[6]	12/ 6	소 모 품	70,000
				[7]	12/ 8	광 고 선 전 비	50,000
				[9]	12/15	미 지 급 금	100,000
				[12]	12/31	배 당 금	10,000
		잔 액	626,000				

매출채권

[8]	12/10	용 역 매 출	200,000
		잔 액	200,000

선급비용

[4]	12/ 3	현 금	24,000
		잔 액	24,000

소모품

[6]	12/ 6	현 금	70,000
		잔 액	70,000

보증금

[3]	12/ 2	현 금	100,000
		잔 액	100,000

비 품

[5]	12/ 5	미 지 급 금	300,000
		잔 액	300,000

선수수익

				[10]	12/16	현 금	80,000
						잔 액	80,000

미지급금

[9]	12/15	현 금	100,000	[5]	12/ 5	비 품	300,000
						잔 액	200,000

미지급비용

				[11]	12/30	급 여	90,000
						잔 액	90,000

장기차입금

	[2] 12/ 1	현	금	300,000
		잔	액	300,000

보통주자본금

	[1] 12/ 1	현	금	600,000
		잔	액	600,000

배당금

[12] 12/31	현	금	10,000	
	잔	액	10,000	

용역매출

	[8] 12/10	매 출 채 권	200,000
		잔 액	200,000

광고선전비

[7] 12/ 8	현	금	50,000	
	잔	액	50,000	

급여

[11] 12/30	현	금	90,000	
	잔	액	90,000	

1.3 수정전 시산표 작성

  모든 거래가 분개장에서 계정별 총계정원장으로 전기되면, 모든 계정의 잔액을 산출할 수 있다. 재무제표를 작성하기 전에 시산표를 작성하는데, **수정전 시산표**(unadjusted trial balance)는 수정분개를 하기 전 시산표라는 의미이다. 시산표를 작성하는 이유는 시산표 상에 차변합계와 대변합계가 일치하는지 여부를 확인하여 오류를 최소화하여 이후의 단계 인 재무제표의 작성을 효율적으로 하기 위해서이다. 총계정원장을 통해 산출된 모든 계정 의 잔액을 자산, 부채, 자본, 수익, 비용의 순서에 따라 시산표에 집합하면 다음과 같다.

수정전 시산표

HK 주식회사 　　　　　20×1년 12월 1일부터 20×1년 12월 31일까지 　　　　　(단위 : 원)

계　　　　　　　정	금		액	
	차　　　　　　변		대　　　　　　변	
현　　　　　　금	626,000			
매　　출　　채　　권	200,000			
선　　급　　비　　용	24,000			
소　　　모　　　품	70,000			
보　　　증　　　금	100,000			
비　　　　　　품	300,000			
선　　수　　수　　익			80,000	
미　　지　　급　　금			200,000	
미　　지　　급　　비　　용			90,000	
장　　기　　차　　입　　금			300,000	
보　　통　　주　　자　　본　　금			600,000	
배　　　당　　　금	10,000			
용　　역　　매　　출			200,000	
광　　고　　선　　전　　비	50,000			
급　　　　　　여	90,000			
합　　　　　　계	1,470,000		1,470,000	

2. ChatGPT를 활용한 수정전 시산표 작성 실습

2.1 ChatGPT를 활용한 수정전 시산표 작성의 핵심 원칙

ChatGPT를 활용하면 수정전 시산표를 효율적으로 작성할 수 있다. 수정전 시산표의 가장 기본적인 목적은 계정별 잔액을 집계하여 차변 합계와 대변 합계의 일치 여부를 검증하는 데 있다. 따라서 수정전 시산표를 작성하기 전 필수적인 절차는 계정별 잔액을 정확하게 산출하는 것이다.

계정별 잔액을 정확히 산출하더라도 ChatGPT가 수정전 시산표를 작성하는 과정에서 오류를 발생시킬 가능성은 존재한다. 이러한 오류는 주로 계정 분류에 대한 오류에서 발생한다. 예를 들어, '배당금'은 이익잉여금을 처분하여 주주에게 지급되는 항목으로서 이익잉여금을 감소시키는 계정이므로 잔액을 차변에 기록하여야 한다. 그러나 ChatGPT가 '배당금'을 자본 계정으로만 인식하여 잔액을 대변에 기록하는 오류가 발생하는 경우가 종종 있다. 이러한 오류를 최소화하기 위해서는 ChatGPT로 수정전 시산표 작성할 때 계정의 성격과 잔액 기록을 명확하게 제시하는 것이 바람직하다. 예를 들어, 배당금은 이익잉여금을 감소시키는 항목이므로 차변 잔액에 표시하도록 구체적으로 지시하면 정확한 수정전 시산표를 작성할 수 있다.

다음 [표 2-1]은 ChatGPT를 활용한 수정전 시산표 작성 실습에서 정확도를 높일 수 있는 핵심 원칙을 정리한 것이다.

[표 2-1] ChatGPT를 활용한 수정전 시산표 작성의 핵심 원칙

핵심 원칙	내 용
계정별 잔액 산출	수정전 시산표 작성에 앞서 계정별 잔액을 정확히 산출
계정의 성격 제시	'배당금은 이익잉여금을 감소시키는 항목이므로 차변 잔액에 표시' 등 계정의 성격을 명확히 제시
출력 형식 지정	'자산, 부채, 자본, 수익, 비용 순서' 등 사용자가 원하는 출력 형식을 명확히 지정
수정·보완	차변·대변 합계 불일치 등 잘못된 결과나 원하는 결과가 나오지 않은 경우 올바른 결과로 수정 지시
결과 검증 절차의 수행	ChatGPT의 출력 결과에 대해 차변·대변 합계 일치 여부 및 계정 분류의 적정성 등을 사용자가 직접 검토

2.2 수정전 시산표 작성 실습

1장의 (예 1) 회계처리를 이용하여 ChatGPT를 활용한 계정별 잔액 결과는 다음과 같다.

[1] 현금 잔액의 산출

ChatGPT 결과

현금 T-계정

차변 (Debit)

일자	상대계정	금액
12/01	보통주자본금	600,000
12/01	장기차입금	300,000
12/16	선수수익	80,000

대변 (Credit)

일자	상대계정	금액
12/02	보증금	100,000
12/03	선급비용	24,000
12/06	소모품	70,000
12/08	광고선전비	50,000
12/15	미지급금	100,000
12/31	배당금	10,000

차변 합계 980,000

잔액 (차변) 626,000

대변 합계 354,000

핵심

- 기말 현금 잔액 = 626,000원 (차변 잔액)

ChatGPT를 활용하여 계정별 잔액을 산출할 때 원하는 출력 형식(일자, 상대계정, 금액) 등을 명확하게 제시해야 사용자가 원하는 형식대로 계정별 잔액을 산출할 수 있다. 또한, 잔액 산출의 결과에 대한 설명이 없는 경우에는 자세한 설명을 제시하도록 요구하면 계산 내역 등에 대한 추가 설명까지 도출할 수 있다. 한편, T-계정 양식이 다양하기 때문에 원하는 T-계정 양식을 이미지로 첨부하면 그것과 유사한 양식의 결과를 도출할 수 있다.

현금 관련 [1]에 대한 ChatGPT 결과에서 일자는 회계처리한 날짜이고, 계정은 회계처리 시 상대계정을 의미한다. 즉 '12/1 보통주자본금 600,000'은 '12월 1일에 보통주를 발행하여 현금이 ₩600,000 증가했다'라는 것을 의미한다. '12/1 장기차입금 300,000'은 '12월 1일에 장기차입금의 차입으로 현금이 ₩300,000 증가했다'라는 것을 의미한다. '12/16 선수수익 80,000'은 '12월 16일에 배달 서비스를 제공하기 전에 현금을 미리 수령하여 현금이 ₩80,000 증가했다'라는 것을 의미한다. 따라서 현금의 차변 합계(증가)는 ₩980,000이다.

현금이 감소하는 대변을 살펴보면, '12/2 보증금 100,000'은 '12월 2일에 보증금 지급으로 현금이 ₩100,000 감소했다'라는 것을 의미한다. '12/3 선급비용 24,000'은 '12월 3일에 비용을 미리 지급하여 현금이 ₩24,000 감소했다'라는 것을 의미한다. '12/6 소모품 60,000'은 '12월 6일에 소모품 구입으로 현금이 ₩60,000 감소했다'라는 것을 의미한다. '12/8 광고선전비 50,000'은 '12월 8일에 광고선전비 지급으로 현금이 ₩50,000 감소했다'라는 것을 의미한다. '12/15 미지급금 100,000'은 '12월 15일에 기존 미지급금 중 일부를 상환하여 현금이 ₩100,000 감소했다'라는 것을 의미한다. '12/31 배당금 10,000'은 '12월 31일에 배당금 지급으로 현금이 ₩10,000 감소했다'라는 것을 의미한다. 따라서 현금의 대변 합계(감소)는 ₩354,000이며, 그 결과 현금 잔액은 차변에 ₩626,000이다.

⑤ ChatGPT 결과

　매출채권 관련 [2]에 대한 ChatGPT 결과에서 '12/10 용역매출 200,000'은 '12월 10일에 배달 서비스를 제공하고 현금은 나중에 받기로 하여 매출채권이 ₩200,000 증가했다'라는 것을 의미하며, 매출채권의 차변 합계(증가)는 ₩200,000이다. 매출채권의 감소 거래는 발생하지 않았다. 따라서 매출채권의 대변 합계(감소)는 ₩0이며, 그 결과 매출채권의 잔액은 차변에 ₩200,000이다.

⑤ ChatGPT 결과

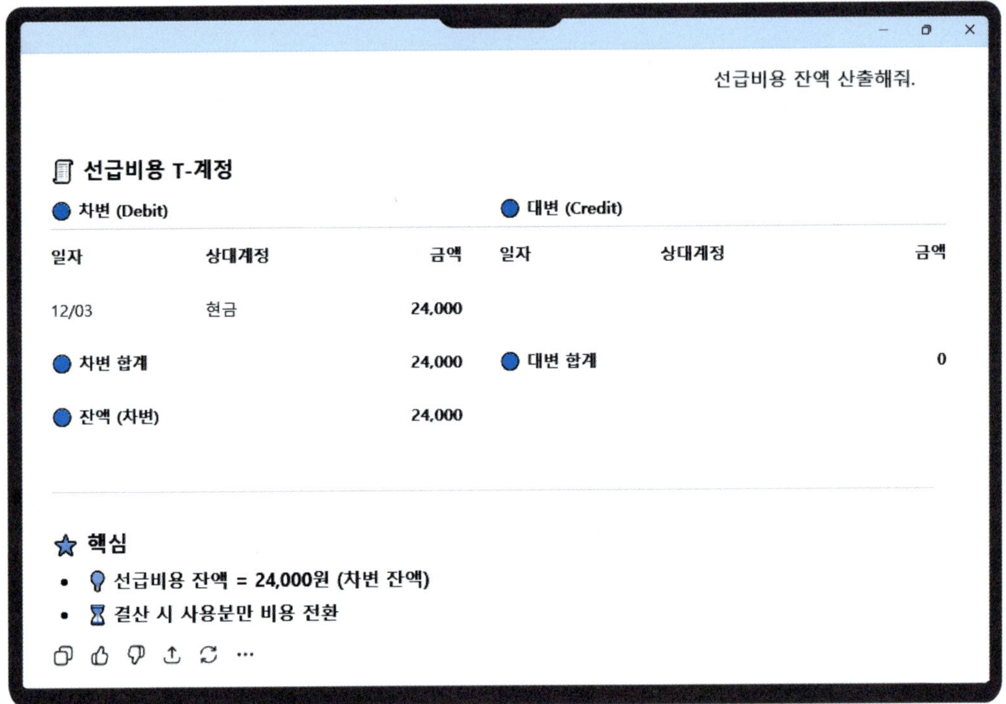

선급비용 관련 [3]에 대한 ChatGPT 결과에서 '12/3 현금 24,000'은 '12월 3일에 현금을 미리 지급하여 선급비용이 ₩24,000 증가했다'라는 것을 의미하며, 선급비용의 차변 합계(증가)는 ₩24,000이다. 선급비용의 감소 거래는 발생하지 않았다. 따라서 선급비용의 대변 합계(감소)는 ₩0이며, 그 결과 선급비용의 잔액은 차변에 ₩24,000이다.

[4] 소모품 잔액 산출

ChatGPT 결과

소모품 관련 [4]에 대한 ChatGPT 결과에서 '12/6 현금 70,000'은 '12월 6일에 현금 ₩70,000을 지급하고 소모품을 구입하였다'는 것을 의미하며, 소모품의 차변 합계(증가)는 ₩70,000이다. 소모품의 감소 거래는 발생하지 않았다. 따라서 소모품의 대변 합계(감소)는 ₩0이며, 그 결과 소모품의 잔액은 차변에 ₩70,000이다.

[5] 보증금 잔액 산출

ChatGPT 결과

보증금 관련 [5]에 대한 ChatGPT 결과에서 '12/2 현금 100,000'은 '12월 2일에 현금 ₩100,000을 지급하고 보증금이 증가했다'라는 것을 의미하며, 보증금의 차변 합계(증가)는 ₩100,000이다. 보증금의 감소 거래는 발생하지 않았다. 따라서 보증금의 대변 합계(감소)는 ₩0이며, 그 결과 보증금의 잔액은 차변에 ₩100,000이다.

⑨ ChatGPT 결과

비품 관련 [6]에 대한 ChatGPT 결과에서 '12/5 미지급금 300,000'은 '12월 5일에 비품을 ₩300,000에 구입하고 현금을 지급하지 않았다'라는 것을 의미하며, 비품의 차변 합계 (증가)는 ₩300,000이다. 비품의 감소 거래는 발생하지 않았다. 따라서 비품의 대변 합계 (감소)는 ₩0이며, 그 결과 비품의 잔액은 차변에 ₩300,000이다.

 ChatGPT 결과

선수수익 관련 [7]에 대한 ChatGPT 결과에서 '12/16 현금 80,000'은 '12월 16일에 배달 서비스를 제공하기 전에 현금 ₩80,000을 미리 수령하였다'는 것을 의미하며, 선수수익의 대변 합계(증가)는 ₩80,000이다. 선수수익의 감소 거래는 발생하지 않았다. 따라서 선수수익의 차변 합계(감소)는 ₩0이며, 그 결과 선수수익의 잔액은 대변에 ₩80,000이다.

[8] 미지급금 잔액 산출

⑤ ChatGPT 결과

미지급금 관련 [8]에 대한 ChatGPT 결과에서 '12/5 비품 300,000'은 '12월 5일에 비품을 구입하고 현금을 지급하지 않아서 미지급금이 ₩300,000 증가했다'라는 것을 의미하며, 미지급금의 대변 합계(증가)는 ₩300,000이다.

미지급금이 감소하는 차변을 살펴보면, '12/15 현금 100,000'은 '12월 15일에 미지급금 중 ₩100,000을 현금 지급하였다'라는 것을 의미한다. 따라서 미지급금의 차변 합계(감소)는 ₩100,000이며, 그 결과 미지급금의 잔액은 대변에 ₩200,000이다.

[9] 미지급비용 잔액 산출

ChatGPT 결과

미지급비용 관련 [9]에 대한 ChatGPT 결과에서 '12/30 급여 90,000'은 '12월 30일에 급여가 발생했고 현금을 지급하지 않아서 미지급비용이 ₩90,000 증가했다'라는 것을 의미하며, 대변 합계(증가)는 ₩90,000이다. 미지급비용의 감소 거래는 발생하지 않았다. 따라서 미지급비용의 차변 합계(감소)는 ₩0이며, 그 결과 미지급비용의 잔액은 대변에 ₩90,000이다.

⑤ ChatGPT 결과

장기차입금 관련 [10]에 대한 ChatGPT 결과에서 '12/1 현금 300,000'은 '12월 1일에 장기차입금 ₩300,000을 차입했다'라는 것을 의미하며, 장기차입금의 대변 합계(증가)는 ₩300,000이다. 장기차입금의 감소 거래는 발생하지 않았다. 따라서 장기차입금의 차변 합계(감소)는 ₩0이며, 그 결과 장기차입금의 잔액은 대변에 ₩300,000이다.

ChatGPT 결과

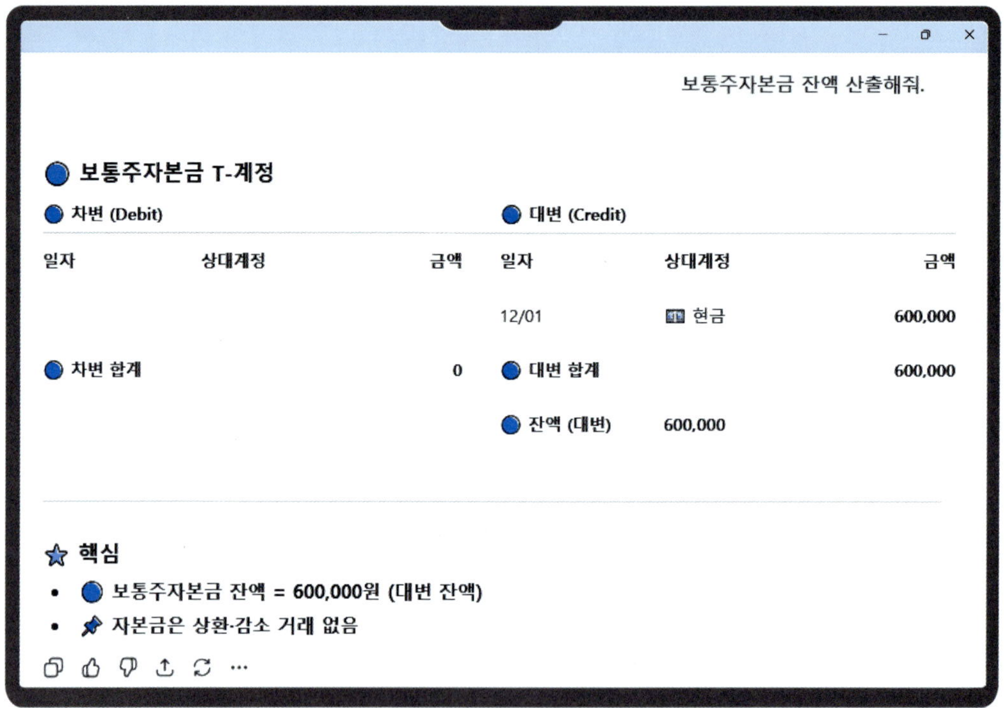

보통주자본금 관련 [11]에 대한 ChatGPT 결과에서 '12/1 현금 600,000'은 '12월 1일에 현금을 납입받고 보통주 ₩600,000을 발행했다'라는 것을 의미하며, 보통주자본금의 대변 합계(증가)는 ₩600,000이다. 보통주자본금의 감소 거래는 발생하지 않았다. 따라서 보통주자본금의 차변 합계(감소)는 ₩0이며, 그 결과 보통주자본금의 잔액은 대변에 ₩600,000이다.

ChatGPT 결과

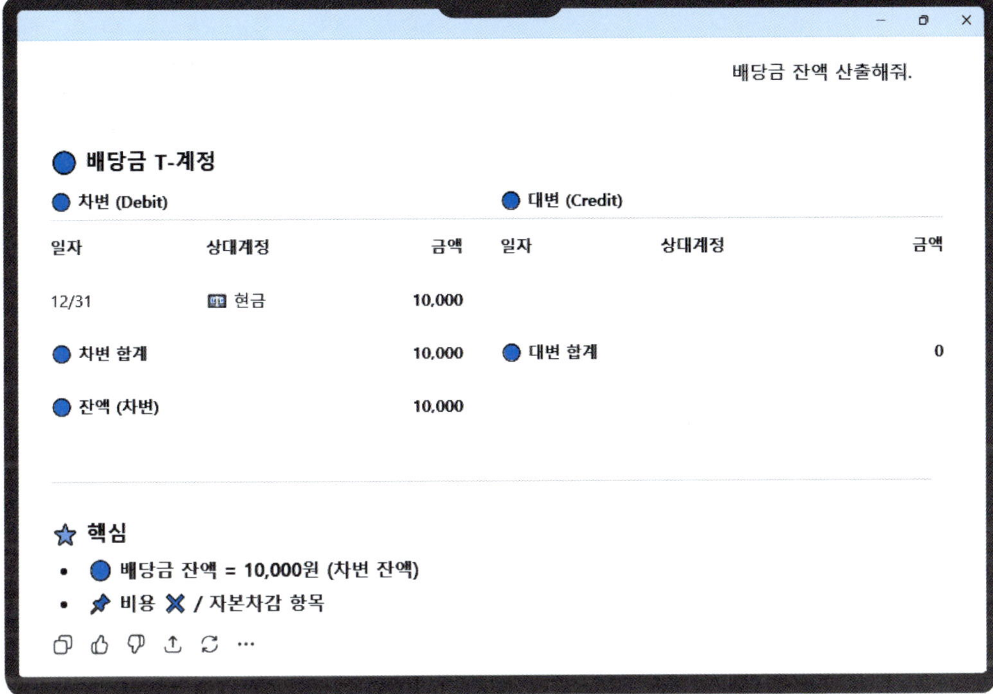

배당금 관련 [12]에 대한 ChatGPT 결과에서 '12/31 현금 10,000'은 '12월 31일에 배당금 ₩10,000을 현금 지급했다'라는 것을 의미한다. 앞서 언급한 것처럼, 배당금은 이익잉여금을 처분하여 주주에게 지급하는 항목이기 때문에 이익잉여금을 감소시키는 계정이고 잔액은 차변에 기록된다. 따라서 배당금의 차변 합계(증가)는 ₩10,000이고 대변 합계(감소)는 ₩0이며, 그 결과 배당금의 잔액은 차변에 ₩10,000이다.

ChatGPT 결과

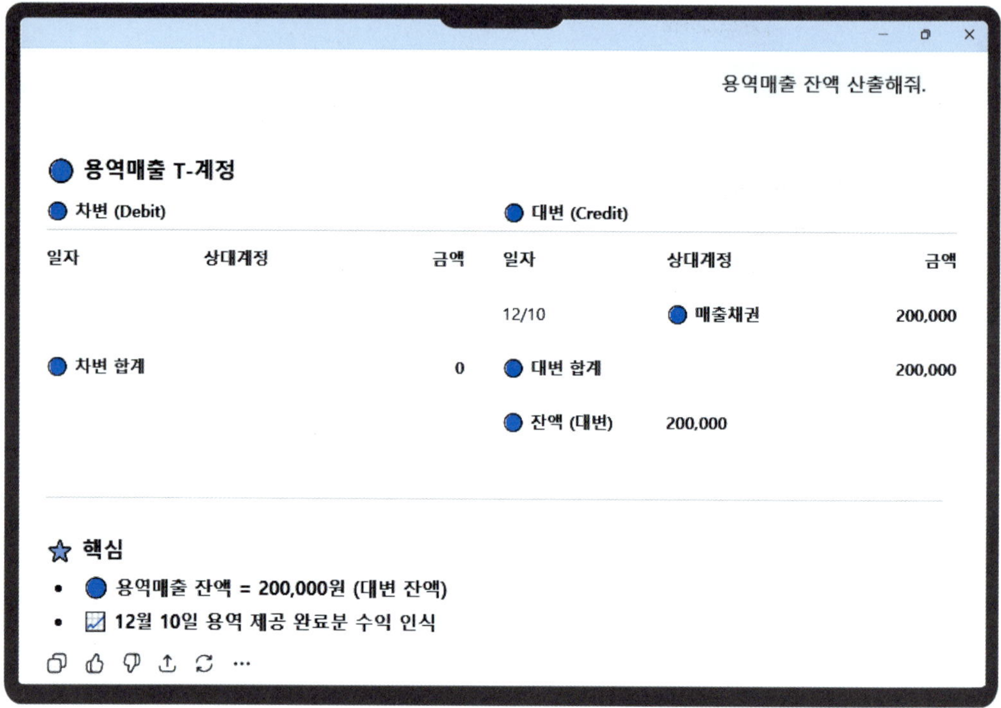

용역매출 관련 [13]에 대한 ChatGPT 결과에서 '12/10 매출채권 200,000'은 '12월 10일에 ₩200,000의 배달 서비스를 제공하여 용역매출이 발생했고, 현금을 받지 않았다'라는 것을 의미한다. 따라서 용역매출 발생(증가)에 따른 잔액은 대변에 ₩200,000이다.

[14] 광고선전비 잔액 산출

광고선전비 관련 [14]에 대한 ChatGPT 결과에서 '12/8 현금 50,000'은 '12월 8일에 광고선전비 ₩50,000을 현금 지급했다'라는 것을 의미한다. 따라서 광고선전비 발생(증가)에 따른 잔액은 차변에 ₩50,000이다.

⑤ ChatGPT 결과

급여 관련 [15]에 대한 ChatGPT 결과에서 '12/30 미지급비용 90,000'은 '12월 30일에 급여 ₩90,000이 발생했고 현금을 지급하지 않았다'라는 것을 의미한다. 따라서 급여 발생(증가)에 따른 잔액은 차변에 ₩90,000이다.

계정별 잔액을 이용하여 수정전 시산표를 작성해 보자.

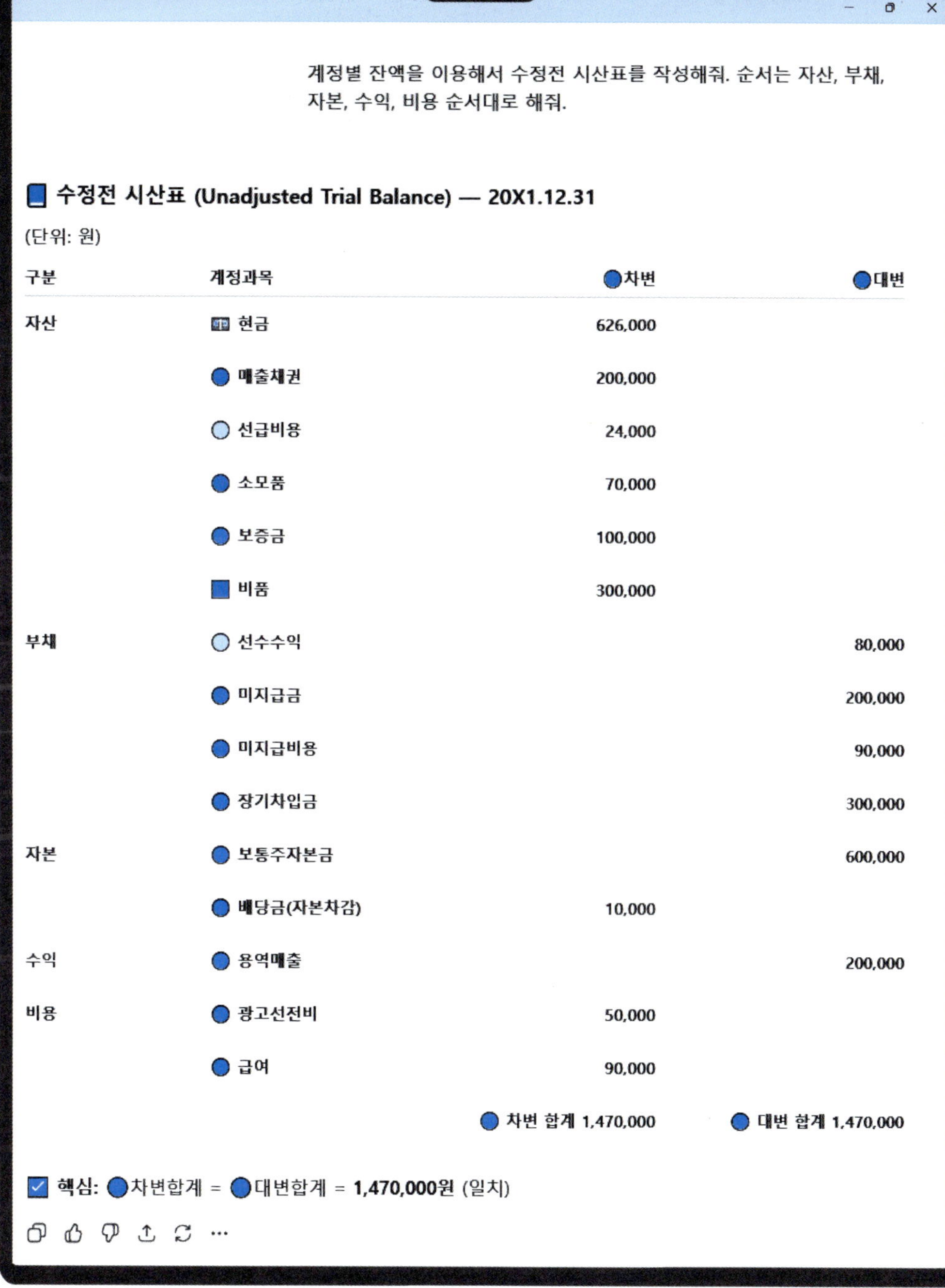ChatGPT 결과

구분	계정과목	차변	대변
자산	현금	626,000	
	매출채권	200,000	
	선급비용	24,000	
	소모품	70,000	
	보증금	100,000	
	비품	300,000	
부채	선수수익		80,000
	미지급금		200,000
	미지급비용		90,000
	장기차입금		300,000
자본	보통주자본금		600,000
	배당금(자본차감)	10,000	
수익	용역매출		200,000
비용	광고선전비	50,000	
	급여	90,000	
		● 차변 합계 1,470,000	● 대변 합계 1,470,000

ChatGPT를 활용하여 수정전 시산표를 작성하였다. 자산, 부채, 자본, 수익, 비용 순서대로 정렬하였으며, 자산 합계와 대변 합계가 ₩1,470,000으로 일치한다는 것을 확인하였다. 또한 계정이 적정하게 분류되어 있는지, 계정별 잔액이 차변 또는 대변에 올바르게 표시되어 있는지 확인하였다.

앞서 살펴본 바와 같이 수정전 시산표 작성 과정에서 다양한 오류가 발생할 가능성이 있다. 대표적으로 차변 합계와 대변 합계가 일치하지 않는 계산 오류가 발생할 수 있으며, 이 경우 계산 과정이나 특정 계정에서 오류가 있다는 것을 알려주면 ChatGPT는 이를 반영하여 수정된 결과를 제시한다. 또한, 계정 분류에 대한 오류가 발생할 수 있다. 예를 들어, '배당금'을 비용으로 분류하거나 자본으로 분류하더라도 잔액을 대변에 표시하는 오류가 발생할 수 있다. 이와 같은 경우에도 '배당금'의 계정 성격과 올바른 잔액 표시를 알려주면 ChatGPT가 수정한 결과를 제시한다.

ChatGPT를 활용하여 수정전 시산표를 작성할 때 가장 중요한 점은 사용자가 반드시 결과 검증 절차를 수행해야 한다는 것이다. ChatGPT가 제시하는 결과에는 계산 또는 계정 분류 오류가 포함되어 있을 가능성이 있으므로, 이를 그대로 신뢰해서는 안 된다. 따라서 사용자는 ChatGPT가 작성한 수정전 시산표에 대해서 차변 합계와 대변 합계가 일치하는지, 계정 분류는 적정하게 되어 있는지, 계정의 성격에 따른 잔액이 차변 또는 대변에 올바르게 표시되어 있는지 등을 반드시 검토해야 한다.

수정분개가 필요한 이유

1. 수정분개의 의의

2. ChatGPT를 활용한
수정분개 작성 실습

1. 수정분개의 의의

발생기준 회계는 재무제표를 작성 및 마감하기 이전에 반드시 수정분개 과정을 거쳐야 한다. 왜냐하면 보고기간 중 외부와의 거래에 관계없이 시간의 경과에 따라 계속적으로 기업의 자산, 부채 및 자본이 변화하기 때문이다. 예를 들면, 시간의 경과에 따라 수익이 발생하거나(이자수익), 비용이 발생하는 경우(이자비용)가 있다. 이러한 변화를 재무제표 작성 및 마감 전에 수정분개를 통해서 장부에 반영한다. 이런 경우가 발생할 때마다 기록하는 것은 거의 불가능하거나 지나치게 복잡하므로 보고기간 말에 그 누적적 영향을 일괄적으로 한꺼번에 기록하는데 이것이 수정이다. 이러한 수정도 분개로 시작하여 전기한 후, 해당 계정의 수정후 잔액을 재산출하고, 이 수정후 잔액의 정확성을 확인하기 위해 수정후 시산표를 작성한다.

1.1 수정분개

기업들은 회계기간 중에 발생기준에 따라 회계처리를 하지만, 현금기준에 따라 회계처리하기도 한다. 따라서 기업이 결산을 하는 과정에서 현금기준에 따른 회계처리를 발생기준에 따른 회계처리로 수정한다.

기업이 결산을 하는 과정에서 발생기준에 따라 제대로 인식하지 않은 자산, 부채, 자본, 수익 및 비용 등을 발생기준에 따라 인식하여야 할 금액으로 수정해야 하는데, 이를 수정분개(adjusting entries)라고 한다.

수정분개가 반영되기 전에 시산표를 **수정전 시산표**(unadjusted trial balance)라고 하며, 수정분개를 반영한 후에 시산표를 **수정후 시산표**(adjusted trial balance)라고 한다.

1.2 수정분개의 유형

발생기준 회계는 발생과 이연의 개념을 포함한다. **발생**(accrual)은 수익이나 비용이 인식되는 거래가 일어났지만 관련 현금 수입·지출이 이루어지지 않은 상황을 말한다. 수익이 발생하였지만 현금 수입이 이루어지지 않은 미수수익이나 비용이 발생하였지만 현금 지출이 이루어지지 않은 미지급비용이 여기에 속한다. **이연**(deferral)은 수익이나 비용과 관련된 현금 수입·지출이 이루어졌지만 그 수익 또는 비용이 인식되는 시점을 미래 일정 시점까지 미뤄야 하는 상황을 처리하는 회계이다. 현금 수입이 이루어졌지만 미래에 수익을 인식하는 선수수익이나 현금 지출이 이루어졌지만 미래에 비용을 인식하는 선급비용이 여기에 속한다. 이를 [표 3-1]로 정리하면 다음과 같다.

[표 3-1] 수정분개의 유형

구분	수익	비용
발생(accrual)	미수수익(자산)	미지급비용(부채)
이연(deferral)	선수수익(부채)	선급비용(자산)

(1) 미수수익(accrued revenues)

회계기간 중에 수익은 발생하였으나 결산일까지 현금을 수취하지 않았기 때문에 아무런 회계처리를 하지 않았다면, 발생한 수익을 대변에 인식해야 한다. 이때 수익의 상대계정으로 차변에 미수수익(자산)을 인식한다.

```
<결산 시>
  (차변)  미 수 수 익          ×××   (대변)  수         익          ×××
```

미수수익을 현금으로 수취할 때 다음과 같이 차변에 현금을 증가시키고 대변에 미수수익을 감소시키는 분개를 한다.

〈현금 수취 시〉
(차변)	현　　　　　금	×××	(대변)	미　수　수　익		×××

(예 1)을 통하여 미수수익 관련 수정분개를 알아보자.

[예 1] • 미수수익

HK 주식회사는 12월 27일부터 고객 A에게 배달 서비스를 제공하고 있으며 용역수수료 ₩120,000은 배달 서비스 계약이 종료되는 다음 해 1월 20일에 현금으로 받기로 하였다. 12월 27일부터 12월 31일까지의 용역의 대가는 ₩24,000이다.

HK 주식회사가 20×1년 12월 31일(결산일) 및 계약대로 용역대가를 받았을 경우 20×2년 1월 20일에 해야 할 분개는 다음과 같다.

〈20×1. 12. 31. 결산 시〉

(차변)	매 출 채 권	24,000[1]	(대변)	용 역 매 출	24,000

    [1] ₩120,000 × (5/25일) = ₩24,000

〈20×2. 1. 20. 현금 수취 시〉

(차변)	현　　　　금	120,000	(대변)	매 출 채 권	24,000
				용 역 매 출	96,000

계약기간 총 25일 중에서 12월 27일부터 31일까지 5일 동안에 제공한 배달 서비스에 대한 매출 ₩24,000을 20×1년 말에 인식하면서 현금 수입이 이루어지지 않았기 때문에 매출채권(주요 영업활동에 대한 미수수익)을 인식한다. 20×2년 1월 20일 현금 수입이 이루어지면서 차변에 현금 ₩120,000을 증가시키고 대변에는 매출채권 ₩24,000을 감소시키면서 1월 1일부터 20일까지 20일 동안에 제공한 배달 서비스에 대한 나머지 매출 ₩96,000을 추가로 인식한다. 이것을 도식화하면 다음 [그림 3-1]과 같다.

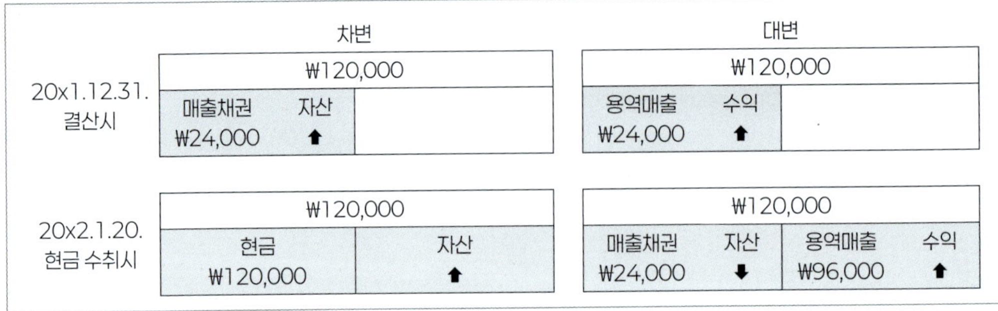

(2) 미지급비용(accrued expenses)

회계기간 중에 비용은 발생하였으나 결산일까지 현금을 지급하지 않았기 때문에 아무런 회계처리를 하지 않았다면, 발생한 비용을 차변에 인식해야 한다. 이때 비용의 상대계정으로 대변에 미지급비용(부채)을 인식한다.

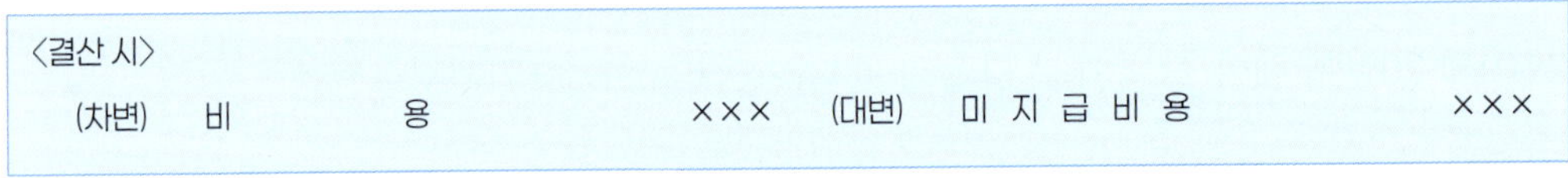

미지급비용을 현금으로 지급할 때 다음과 같이 대변에 현금을 감소시키고 차변에 미지급비용을 감소시키는 분개를 한다.

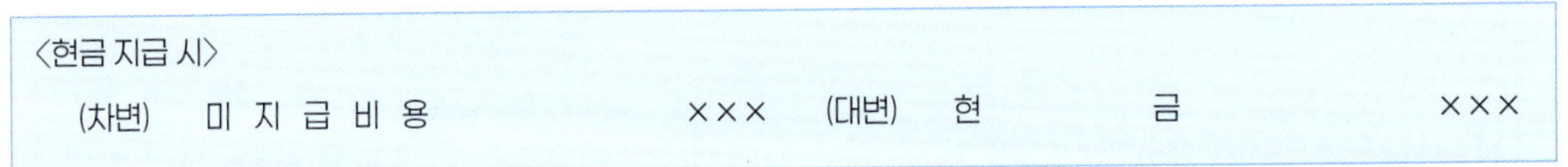

(예 2)를 통하여 미지급비용 관련 수정분개를 알아보자.

[예 2 - 1] • 미지급비용

HK 주식회사는 12월 1일에 은행에서 ₩300,000을 2년간 연 이자율 10%로 차입하면서 이자비용은 3개월마다 지급하기로 계약하였다.

HK 주식회사가 20×1년 12월 31일(결산일) 및 계약대로 3개월 동안의 이자비용에 대한 현금을 지급한 경우 20×2년 2월 28일에 해야 할 분개는 다음과 같다.

〈20×1. 12. 31. 결산 시〉
(차변)　　이 자 비 용　　　　　2,500[1]　　(대변)　미 지 급 비 용　　　　2,500
　　　　[1] ₩300,000 × 10% × (1/12개월) = ₩2,500

〈20x2. 2. 28. 현금 지급 시〉
(차변)　　미 지 급 비 용　　　　2,500　　　(대변)　현　　　　금　　　　7,500
　　　　이 자 비 용　　　　　5,000[2]
　　　　[2] ₩300,000 × 10% × (2/12개월) = ₩5,000

12월 1일부터 31일까지 1개월 동안의 차입금에 대한 이자비용 ₩2,500을 20×1년 말에 인식하면서 현금 지급이 이루어지지 않았기 때문에 미지급비용을 인식한다. 20×2년 2월 28일 3개월 동안의 이자비용에 대한 현금 지급이 이루어지면서 대변에 현금 ₩7,500을 감소시키고 차변에는 미지급비용 ₩2,500을 감소시키면서 1월 1일부터 2월 28일까지 2개월 동안의 차입금에 대한 나머지 이자비용 ₩5,000을 추가로 인식한다. 이것을 도식화하면 다음 [그림 3-2]와 같다.

[그림 3-2] 미지급비용

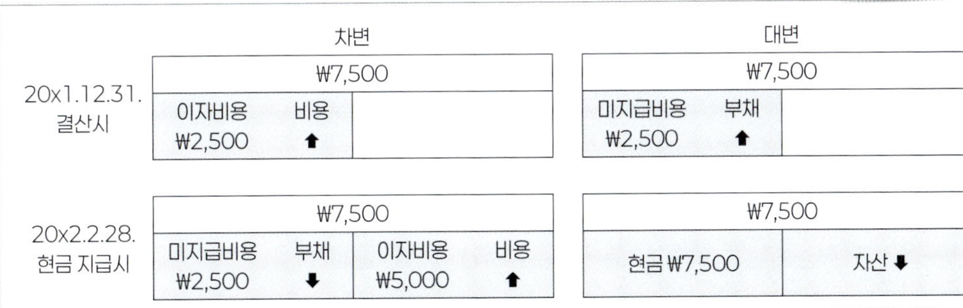

[예 2 - 2] • 미지급법인세

HK 주식회사의 20×1년도 법인세비용은 ₩15,000으로 확정되었으며, 아직 현금을 지급하지 않았다.

HK 주식회사가 20×1년 12월 31일(결산일) 및 20×2년 중 법인세 지급일에 해야 할 분개는 다음과 같다.

〈20×1. 12. 31. 결산 시〉
(차변) 법 인 세 비 용   15,000   (대변) 미 지 급 법 인 세   15,000

〈20×2. 중 현금 지급 시〉
(차변) 미 지 급 법 인 세   15,000   (대변) 현   금   15,000

20×1년도에 대한 법인세비용 ₩15,000을 20×1년 말에 인식하면서 현금 지급이 이루어지지 않았기 때문에 미지급법인세를 인식한다. 20×2년 중 법인세에 대한 현금 지급이 이루어지면서 대변에 현금 ₩15,000을 감소시키고 차변에는 미지급법인세 ₩15,000을 감소시킨다. 이것을 도식화하면 다음 [그림 3-3]과 같다.

[그림 3-3] 미지급법인세

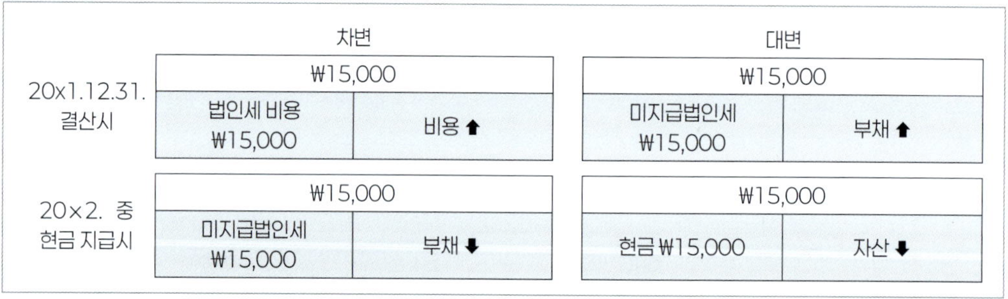

(3) 선급비용(prepaid expenses)

회계기간 중에 계약기간이 있는 비용에 대해 현금을 미리 지급하면서 선급비용(자산)을 차변에 인식한다. 결산일 현재 일부 경과된 계약기간만큼의 비용을 차변에 회계처리하고 상대계정으로 대변에 선급비용을 회계처리하면서 감소시킨다.

〈회계기간 중〉
(차변) 선 급 비 용   ×××   (대변) 현   금   ×××

〈결산 시〉
(차변) 비   용   ×××   (대변) 선 급 비 용   ×××

또한, 다음 연도에 잔여 계약기간이 모두 경과하였다면, 나머지 선급비용을 감소시키기 위해 대변에 회계처리하고 상대계정으로 차변에 비용으로 대체하는 회계처리한다.

<다음 연도에 선급비용의 비용 대체>

| (차변) | 비　　　용 | ××× | (대변) | 선 급 비 용 | ××× |

(예 3)을 통하여 선급비용 관련 수정분개를 알아보자.

[예 3] · 선급비용

HK 주식회사는 12월 3일에 사무실에 대한 1년분 화재보험료 ₩24,000(월 보험료 ₩2,000)을 현금으로 지급하였다.

HK 주식회사가 화재보험료를 지급한 20×1년 12월 3일과 결산일인 12월 31일, 그리고 20×2년 중에 해야 할 분개는 다음과 같다.

<20×1. 12. 3. 현금 지급시>

| (차변) | 선 급 비 용 | 24,000 | (대변) | 현　　　금 | 24,000 |

<20×1. 12. 31. 결산 시>

| (차변) | 보 험 료 | 2,000[1] | (대변) | 선 급 비 용 | 2,000 |

[1] ₩24,000 × 1/12개월(20×1년 말 현재 경과된 기간) = ₩2,000

<20×2. 12. 2. 계약 만료 시>

| (차변) | 보 험 료 | 22,000[2] | (대변) | 선 급 비 용 | 22,000 |

[2] ₩24,000 × 11/12개월(잔여 계약기간) = ₩22,000

계약기간 총 12개월에 대한 선급비용 ₩24,000 중에서 12월 3일부터 31일까지 1개월에 해당하는 ₩2,000을 보험료(비용)로 인식한다. 20×2년 12월 2일 계약기간이 모두 경과하였기 때문에 대변에 선급비용 ₩22,000을 회계처리하면서 감소시키고 차변에 동일한 금액을 보험료(비용)로 인식한다. 이것을 도식화하면 다음 [그림 3-4]와 같다.

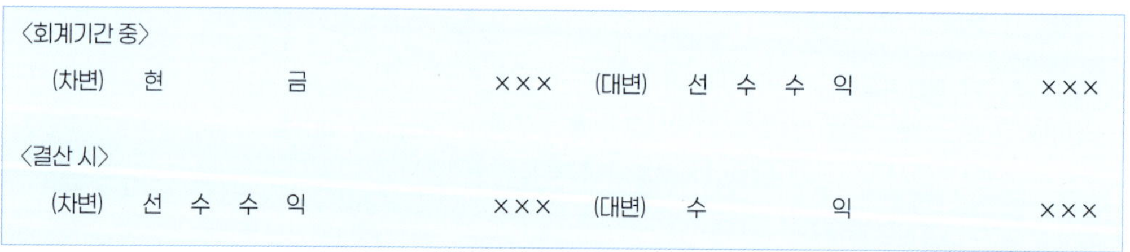

(4) 선수수익(unearned revenues)

회계기간 중에 계약기간이 있는 수익에 대해 현금을 미리 수취하면서 선수수익(부채)을 대변에 인식한다. 결산일 현재 일부 경과된 계약기간만큼의 수익을 대변에 회계처리하고 상대계정으로 차변에 선수수익을 회계처리하면서 감소시킨다.

〈회계기간 중〉
　(차변)　현　　　금　　　×××　(대변)　선　수　수　익　　　×××

〈결산 시〉
　(차변)　선　수　수　익　　　×××　(대변)　수　　　익　　　×××

또한, 다음 연도에 잔여 계약기간이 모두 경과하였다면, 선수수익을 감소시키기 위해 차변에 회계처리하고 상대계정으로 대변에 수익으로 대체하는 회계처리한다.

〈다음 연도에 선수수익의 수익 대체〉
　(차변)　선　수　수　익　　　×××　(대변)　수　　　익　　　×××

〈예 4〉를 통하여 선수수익 관련 수정분개를 알아보자.

[예 4] • 선수수익

HK 주식회사는 12월 16일에 거래업체에 1개월 동안 배달 서비스를 제공하기로 하고 현금 ₩80,000을 미리 수령하였다.

HK 주식회사가 용역수수료를 수령한 20×1년 12월 16일과 결산일인 12월 31일, 그리고 20×2년 중에 해야 할 분개는 다음과 같다.

〈20×1. 12. 16. 현금 수취 시〉

(차변)	현　　　　금	80,000	(대변)	선 수 수 익	80,000

〈20×1. 12. 31. 결산 시〉

(차변)	선 수 수 익	40,000❶	(대변)	용 역 매 출	40,000

　❶ ₩80,000 × 0.5(20×1년 말 현재 경과된 기간, 1개월의 절반) = ₩40,000

〈20×2. 1. 15. 계약 만료 시〉

(차변)	선 수 수 익	40,000	(대변)	용 역 매 출	40,000

　계약기간 총 1개월에 대한 선수수익 ₩80,000 중에서 12월 16일부터 31일까지 1개월의 절반에 경과하였기 때문에 이에 해당하는 ₩40,000을 용역매출(수익)로 인식한다. 20×2년 1월 15일 계약기간이 모두 경과하였기 때문에 차변에 선수수익 ₩40,000을 회계처리하면서 감소시키고 대변에 동일한 금액을 용역매출(수익)로 인식한다. 이것을 도식화하면 다음 [그림 3-5]와 같다.

[그림 3-5] 선수수익

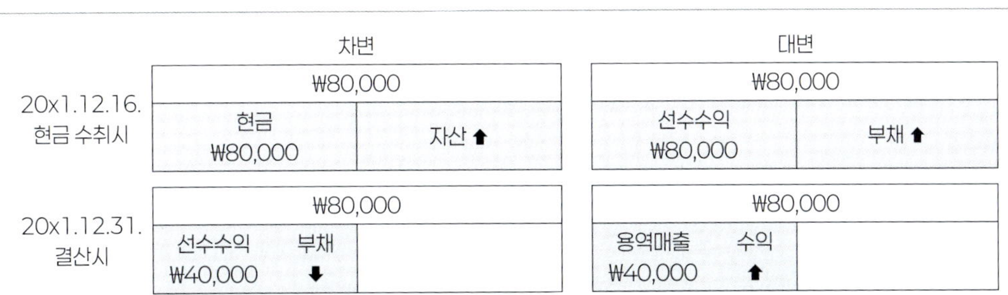

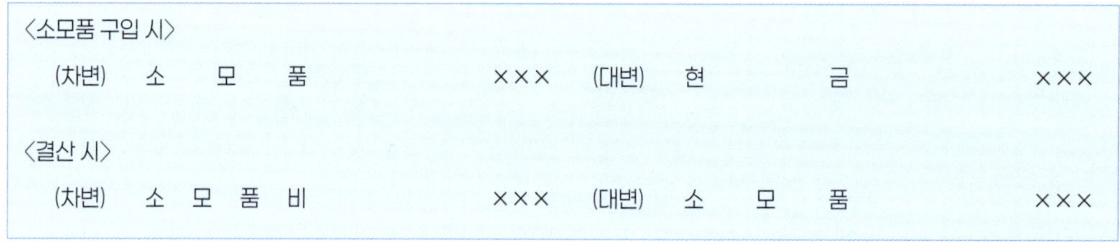

(5) 소모품

소모품은 쓰는 대로 닳거나 줄어들어 없어지거나 못 쓰게 되는 종이, 볼펜 등 사무용품이나 공장에서 기계장치에 투입하는 윤활유나 소모성 부품 등을 말한다. 소모품 중 당기 중에 사용한 부분은 소모품비(비용)로, 당기말까지 사용하지 않은 부분은 소모품(자산)으로 보고되어야 한다. 소모품을 구입할 때와 결산 시 회계처리는 비용에 대한 이연 회계처리와 동일하다.

<소모품 구입 시>

 (차변) 소 모 품   ××× (대변) 현   금   ×××

<결산 시>

 (차변) 소 모 품 비 ××× (대변) 소 모 품 ×××

또한, 다음 연도에 소모품을 모두 사용하였다면, 남아 있는 소모품을 감소시키기 위해 대변에 회계처리하고 상대계정으로 차변에 소모품비로 대체하는 회계처리한다.

<다음 연도에 소모품의 비용 대체>

 (차변) 소 모 품 비 ××× (대변) 소 모 품 ×××

(예 5)를 통하여 소모품 관련 수정분개를 알아보자.

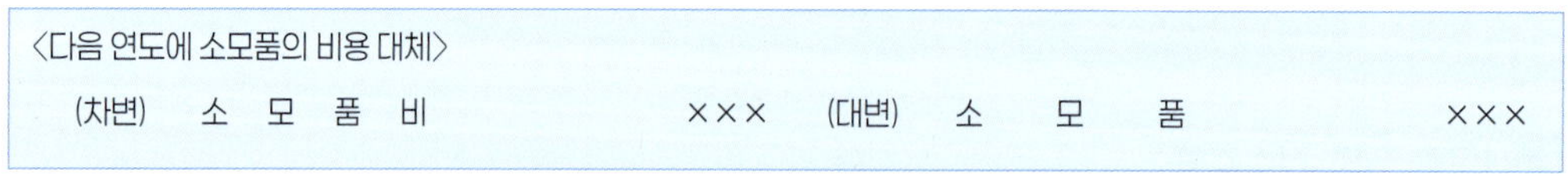

[예 5] · 소모품

HK 주식회사는 12월 6일에 사무용 소모품을 ₩70,000에 현금을 지급하고 구입하였는데, 결산일인 20×1년 12월 31일 현재 미사용 소모품이 ₩20,000임을 확인하였다.

HK 주식회사가 소모품비를 지급한 20×1년 12월 6일과 결산일인 12월 31일, 그리고 20×2년 중에 해야 할 분개는 다음과 같다.

⟨20×1. 12. 6. 소모품 구입 시⟩
    (차변)   소　모　품   70,000   (대변)   현　　　금   70,000

⟨20×1. 12. 31. 결산 시⟩
    (차변)   소　모　품　비   50,000❶   (대변)   소　모　품   50,000
       ❶ ₩70,000 - 20,000(미사용한 소모품) = ₩50,000(사용한 소모품)

⟨20×2. 중 소모품 제거 시⟩
    (차변)   소　모　품　비   20,000   (대변)   소　모　품   20,000

소모품 ₩70,000 중에서 12월 6일부터 31일까지 사용한 소모품 ₩50,000을 소모품비(비용)로 인식한다. 20×2년도 중에 남아 있는 소모품을 모두 사용한 후에는 대변에 소모품 ₩20,000을 회계처리하여 감소시키고 차변에 동일한 금액을 소모품비(비용)로 인식한다.

(6) 감가상각(depreciation)

유형자산의 취득원가를 내용연수 동안 비용으로 배분하는 과정을 감가상각이라고 한다. 감가상각은 정해진 내용연수에 걸쳐 자산을 비용으로 대체하는 회계처리이다. 결산 시 유형자산의 감가상각 관련 회계처리를 할 때 차변에 감가상각비(비용)를 회계처리한다. 이때 상대계정으로 대변에 감가상각누계액(유형자산의 차감 계정)을 회계처리한다.

⟨유형자산 구입 시⟩
    (차변)   유　형　자　산   ×××   (대변)   현　　　금   ×××

⟨결산 시⟩
    (차변)   감　가　상　각　비   ×××   (대변)   감가상각누계액   ×××

(예 6)을 통하여 감가상각 관련 수정분개를 알아보자.

HK 주식회사가 사무용 비품을 구입한 20×1년 12월 5일과 결산일인 12월 31일에 해야 할 분개는 다음과 같다.

〈20×1. 12. 5. 비품 구입 시〉
  (차변)　　비　　　　품　　　300,000　　(대변)　　미　지　급　금　　　300,000

〈20×1. 12. 31. 결산 시〉
  (차변)　　감　가　상　각　비　　　12,000　　(대변)　　감가상각누계액　　　12,000

20×1년 말에 유형자산에 대한 감가상각 회계처리한다. 차변에 감가상각비 ₩12,000을 인식하는 회계처리하고 대변에 동일한 금액을 감가상각누계액으로 회계처리한다. 위에서 언급한 것처럼, 감가상각은 정해진 내용연수에 걸쳐 유형자산(자산)을 감가상각비(비용)로 대체하는 회계처리이다.

2. ChatGPT를 활용한 수정분개 작성 실습

2.1 ChatGPT를 활용한 수정분개 작성의 핵심 원칙

ChatGPT를 활용하여 수정분개를 정확하게 수행하기 위해서는 수정분개의 유형, 방향, 그리고 구체적인 수정분개 방법 등을 사전에 명확하게 설정하는 것이 필수적이다. [표 3-1]에서 제시한 바와 같이 수정분개는 크게 '발생'과 '이연' 유형으로 구분된다. 발생 관련 수정분개에는 미수수익과 미지급비용이 있으며, 이연 관련 수정분개에는 선급비용과 선수수익이 있다. 미수수익과 미지급비용은 현금 수입·지출은 아직 이루어지지 않았지만 수익 또는 비용이 발생했을 때 사용한다. 반대로 선수수익과 선급비용은 현금 수입·지출은 이미 이루어졌지만 그 수익 또는 비용이 인식되는 시점을 미래로 미뤄야 하는 경우에 사용한다.

수정분개의 방향도 중요하다. 예를 들어, 소모품을 구입하고 '소모품'이라는 자산으로 회계처리한 경우에 결산 시점에는 남아 있는 소모품을 제외하고 이미 사용한 소모품을 '소모품비'로 비용을 인식하는 수정분개가 필요하다. 반대로 소모품을 구입하고 '소모품비'라는 비용으로 회계처리한 경우에는 결산 시점에 이미 사용한 소모품을 제외하고 남아 있는 소모품을 '소모품'으로 자산을 인식하는 수정분개를 해야 한다. 이처럼 초기 회계처리 방식에 따라 수정분개의 방향이 달라진다는 점을 ChatGPT에 명확히 전달해야 한다.

또한, ChatGPT로부터 정확한 수정분개 결과를 얻기 위해서는 수정분개 방법을 구체적으로 지시하는 것이 중요하다. 예를 들어, 선급비용에 대한 수정분개를 하는 경우에 선급비용의 적용 기간은 언제부터 언제까지인지, 비용을 기간별로 안분할 때 일할 계산을 적용할지 월할 계산을 적용할지 등을 명시해야 한다.

다음 [표 3-2]는 ChatGPT를 활용한 수정분개 작성 실습에서 정확도를 높일 수 있는 핵심 원칙을 정리한 것이다.

[표 3-2] ChatGPT를 활용한 수정분개 작성의 핵심 원칙

핵심 원칙	내 용
수정분개 유형의 구분	수정분개가 발생(accrual) 유형인지, 이연(deferral) 유형인지 구분하여 접근
수정분개의 방향 설정	초기 회계처리 방식에 따라 비용 인식 또는 자산 인식 방향을 결정하여 수정분개 수행
수정분개 방법의 구체화	선급비용·선수수익의 적용 기간(시작일·종료일)과 비용 배분 방법(일할·월할 등)을 명확히 제시
수정·보완	수정분개가 잘못되거나 원하는 결과가 나오지 않은 경우 올바른 수정분개 지시
결과 검증 절차의 수행	제시된 수정분개에 대해 계정 선택의 적정성, 수정 금액의 정확성 등을 사용자가 직접 검토

2.2 수정분개 작성 실습

ChatGPT를 활용하여 (예 1) ~ (예 6)에서 다루었던 수정분개를 실습해 보자.

[1] 미수수익 관련 수정분개

⑤ ChatGPT 결과

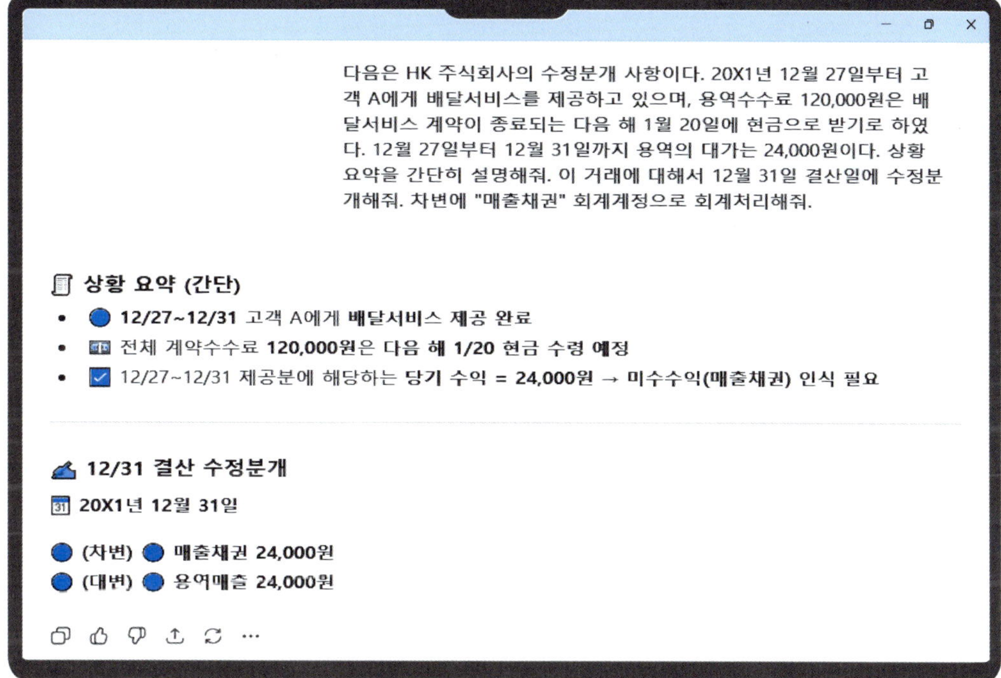

[1]에서 '배달 서비스를 이미 제공하였으나, 현금은 나중에 받기로 하였다'라는 것을 명확하게 제시함으로써 해당 거래가 미수수익과 관련된 '발생' 수정분개임을 분명히 전달하였다. 또한 '배달 서비스 제공 기간이 20×1년 12월 27일부터 다음해 1월 20일까지'라는 것을 구체적으로 명시하고, 이 중 결산일인 12월 31일까지 인식해야 할 용역 대가가 ₩24,000임을 정확하게 제시하였다.

아울러 해당 수정분개가 미수수익과 관련된 거래이므로, ChatGPT가 이를 '매출채권'이 아닌 '미수수익' 계정으로 분류하여 분개할 가능성이 있다. 따라서 수정분개를 할 때 '매출채권' 계정을 사용해 달라고 지시함으로써 계정 선택에 따른 오류를 예방하고 수정분개의 정확성을 높일 수 있다.

ChatGPT 결과

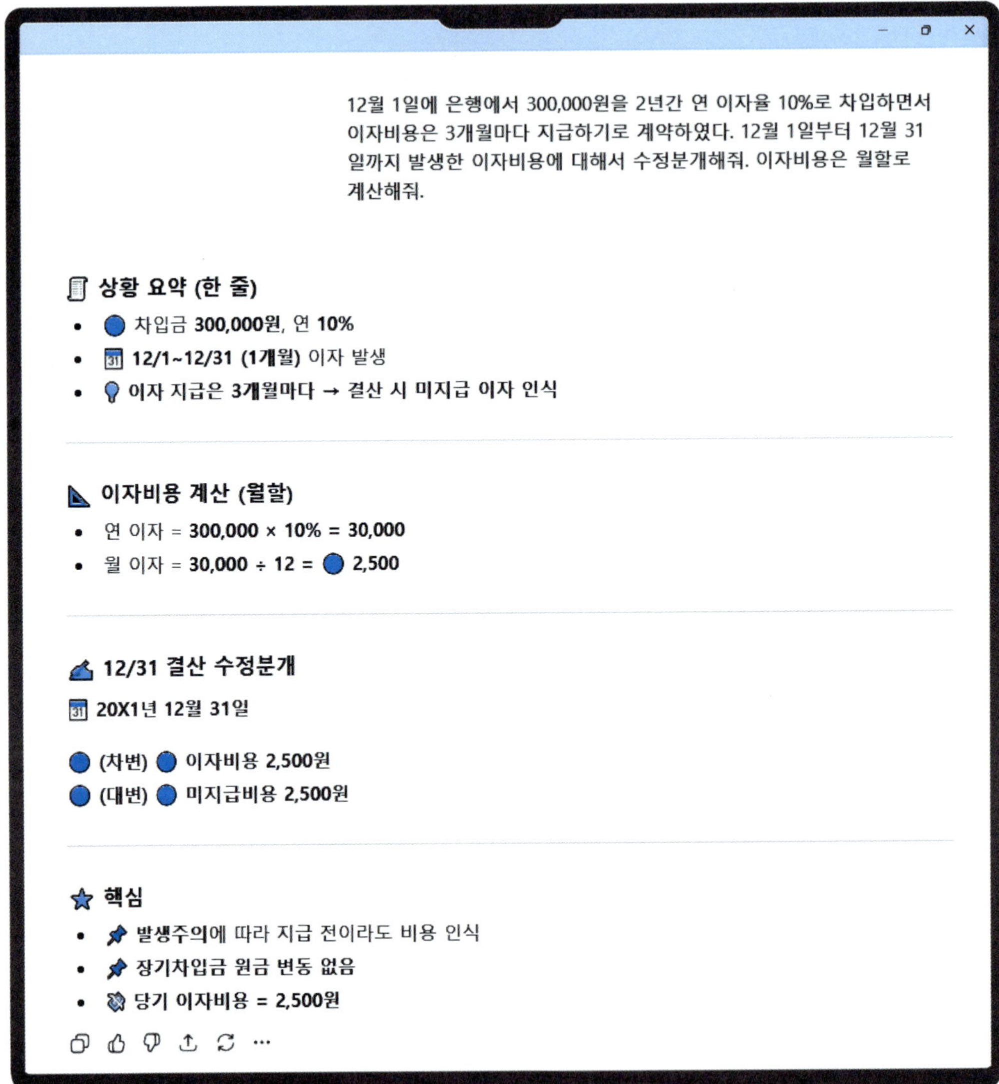

　　[2]에서 '이자비용은 3개월마다 지급하기로 하였다'라는 것을 명확하게 제시함으로써 해당 거래가 미지급비용과 관련된 '발생' 수정분개임을 분명히 전달하였다. 또한, 이자비용 계산 기간이 12월 1일부터 12월 31까지라는 것을 구체적으로 명시하고, 월할 계산하도록 구체적으로 제시함으로써 오류를 예방하고 수정분개의 정확성을 높일 수 있다.

[3] 미지급법인세 관련 수정분개

 ChatGPT 결과

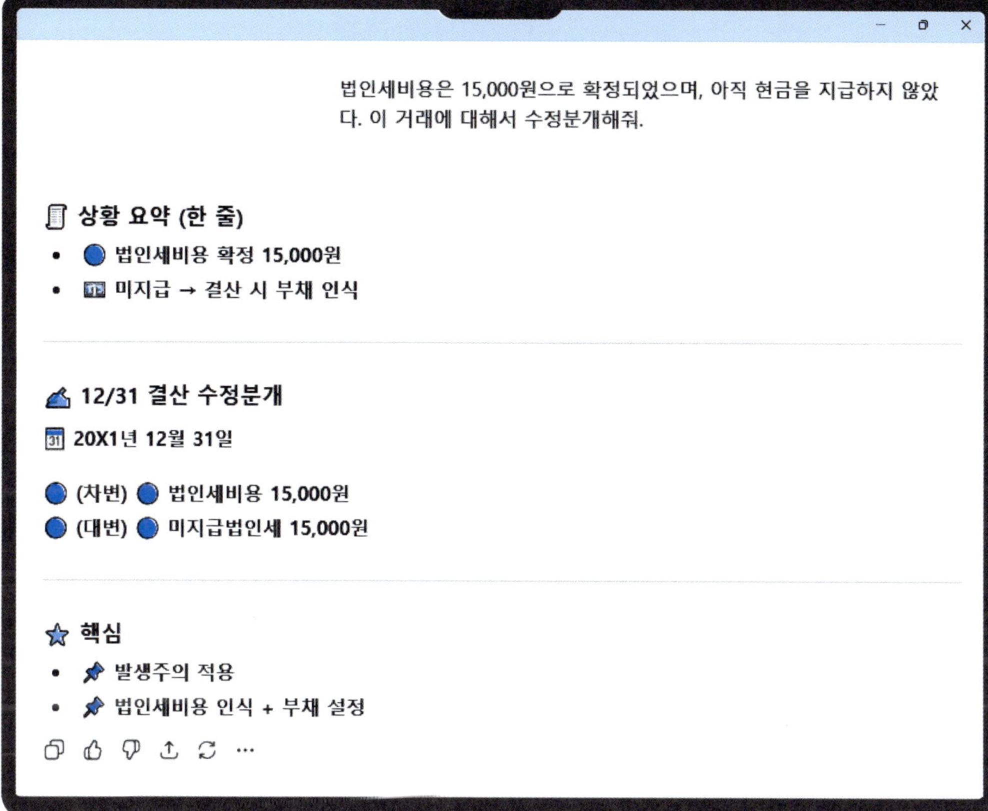

[3]에서 '법인세비용이 발생하였으나 아직 현금을 지급하지 않았다'라는 것을 명확하게 제시함으로써 해당 거래가 미지급법인세와 관련된 '발생' 수정분개임을 분명히 전달하였다.

⑤ ChatGPT 결과

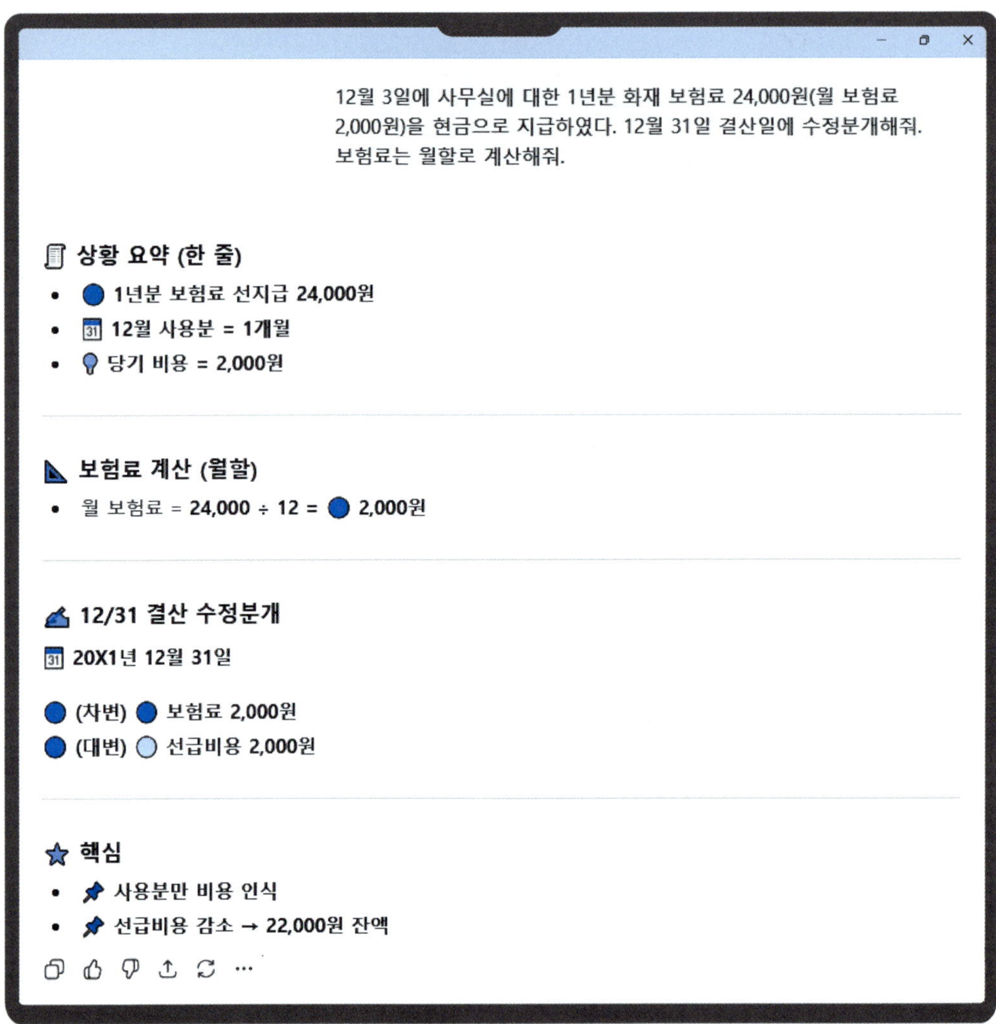

[4]에서 '1년분 화재보험료를 현금으로 지급하였다'라는 것을 명확하게 제시함으로써 해당 거래가 선급비용과 관련된 '이연' 수정분개임을 분명히 전달하였다. 또한, 보험료에 대해서 월할 계산하도록 구체적으로 제시함으로써 사용자가 도출하고자 하는 금액 계산에 있어서 정확성을 높일 수 있다.

[5] 선수수익 관련 수정분개

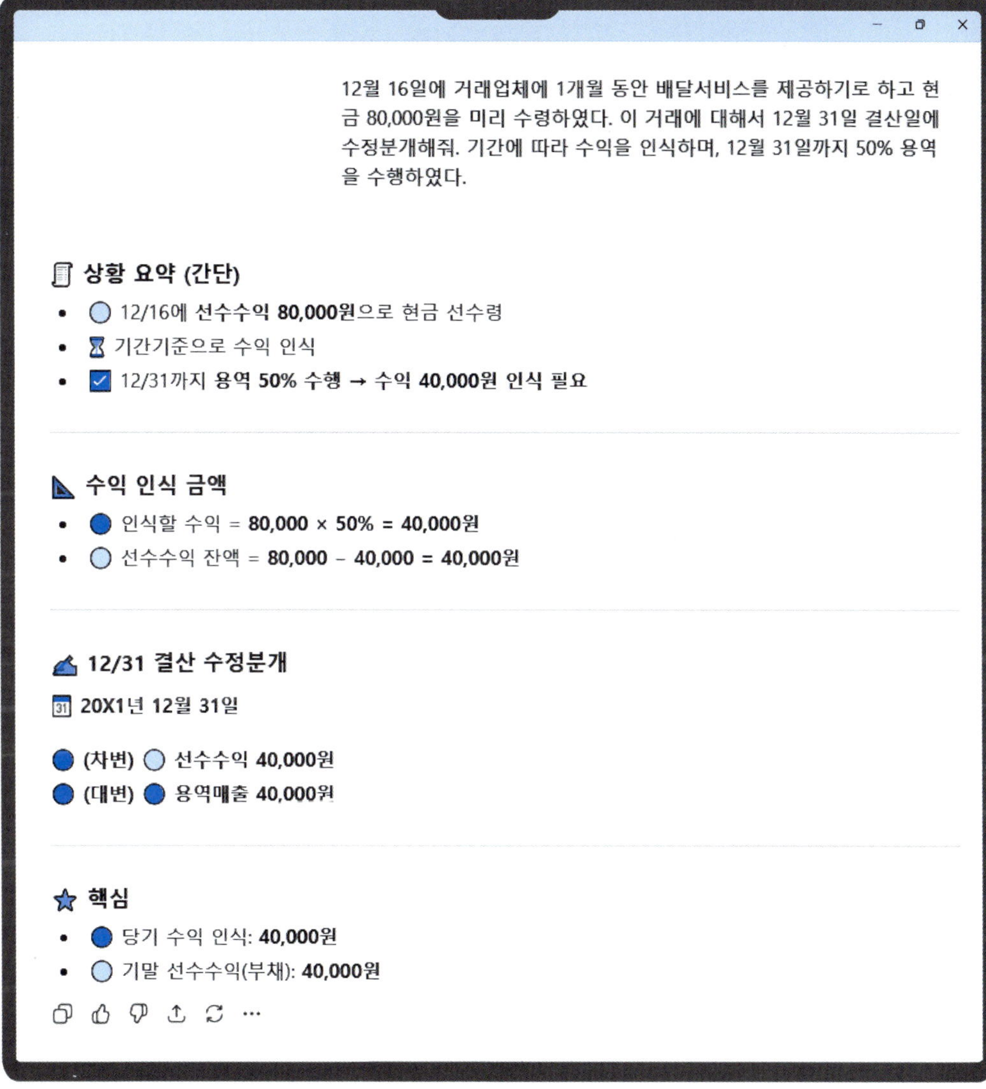

[5]에서 '1개월 동안 배달 서비스를 제공하기로 하고 현금을 미리 수령하였다'는 것을 명확하게 제시함으로써 해당 거래가 선수수익과 관련된 '이연' 수정분개임을 분명히 전달하였다. 또한, 수익을 기간에 따라 인식하므로 12월 31일까지 50%의 용역을 수행하였다는 것을 제시함으로써 용역매출로 인식할 금액 계산의 정확성을 높일 수 있다.

[6] 소모품 관련 수정분개

 ChatGPT 결과

[6]에서 소모품 구입 시에 자산으로 회계처리하였고, 결산 시점에는 남아 있는 소모품을 제외하고 이미 사용한 소모품을 '소모품비'로 비용 인식해야 한다는 점을 전달함으로써 수정분개의 방향을 명확히 제시하였다.

[7] 감가상각 관련 수정분개

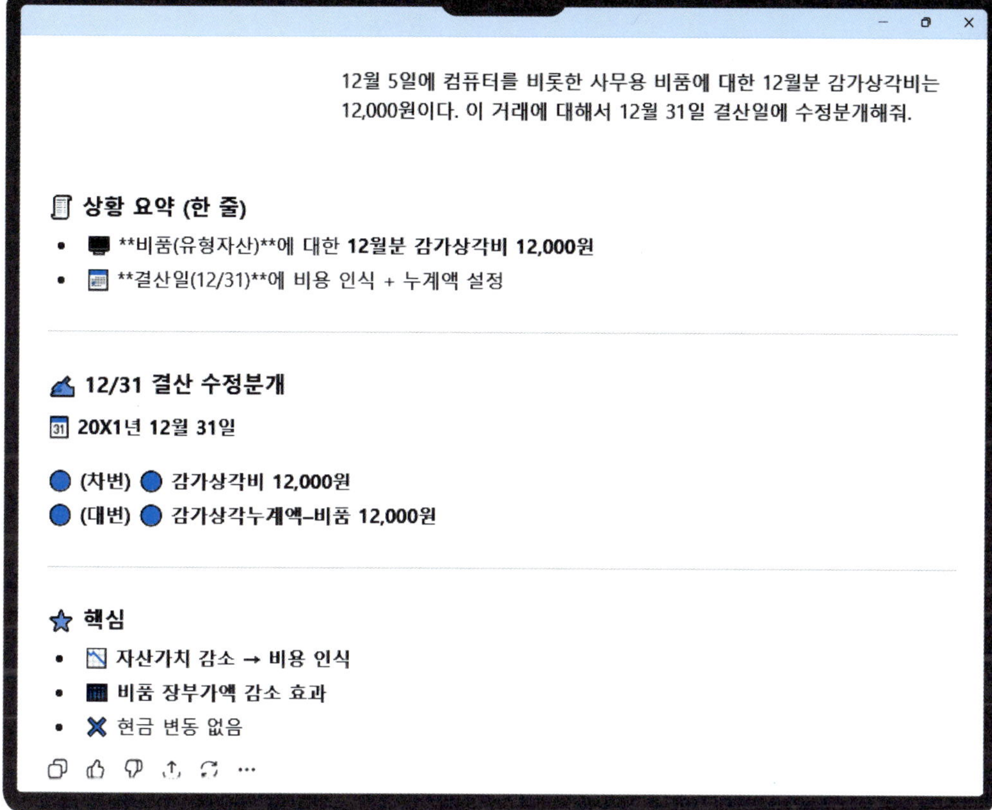

[7]에서 비품에 대한 감가상각과 관련된 수정분개임을 명확히 제시하였다. 이와 같이 이미 확정된 감가상각비를 제시할 수도 있으나, ChatGPT를 활용하여 감가상각비를 직접 계산할 수도 있다. 8장에서 다양한 감가상각 방법에 따른 감가상각비 계산을 실습한다.

[1] ~ [7]의 수정분개를 요약해 보자.

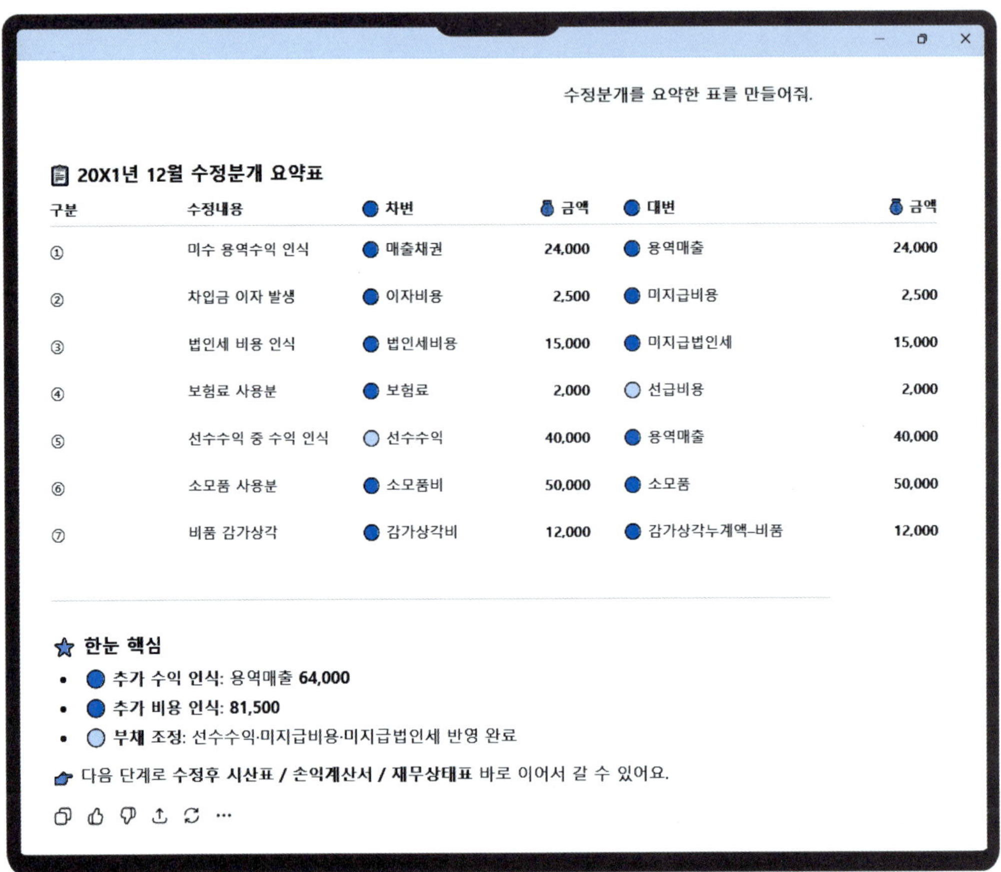

📋 20X1년 12월 수정분개 요약표

구분	수정내용	차변	금액	대변	금액
①	미수 용역수익 인식	매출채권	24,000	용역매출	24,000
②	차입금 이자 발생	이자비용	2,500	미지급비용	2,500
③	법인세 비용 인식	법인세비용	15,000	미지급법인세	15,000
④	보험료 사용분	보험료	2,000	선급비용	2,000
⑤	선수수익 중 수익 인식	선수수익	40,000	용역매출	40,000
⑥	소모품 사용분	소모품비	50,000	소모품	50,000
⑦	비품 감가상각	감가상각비	12,000	감가상각누계액–비품	12,000

⭐ 한눈 핵심

- 추가 수익 인식: 용역매출 **64,000**
- 추가 비용 인식: **81,500**
- 부채 조정: 선수수익·미지급비용·미지급법인세 반영 완료

👉 다음 단계로 수정후 **시산표 / 손익계산서 / 재무상태표** 바로 이어서 갈 수 있어요.

　ChatGPT를 활용하여 수정분개를 작성하고, 회계계정의 적정성과 금액의 정확성을 확인하였다. 앞서 살펴본 바와 같이 ChatGPT를 활용하여 수정분개를 정확하게 작성하기 위해서 수정분개의 유형을 명확히 제시해야 한다. 예를 들어, 미수수익 관련 수정분개에서 '배달 서비스를 이미 제공하였으나, 현금은 나중에 받기로 하였다'라는 것을 명확히 제시함으로써 해당 거래가 미수수익과 관련된 '발생' 수정분개임을 분명히 전달하였다. 또한, 선급비용 관련 수정분개에서 '1년분 화재보험료를 현금으로 지급하였다'라는 것을 명확히 제시함으로써 해당 거래가 선급비용과 관련된 '이연' 수정분개임을 분명히 전달하였다.

　아울러 수정분개의 방향도 명확히 제시해야 한다. 예를 들어, 소모품을 구입하면서 '소모품'이라는 자산 계정을 사용하여 회계처리했기 때문에 결산 시점에는 남아 있는 소모품을 제외하고 이미 사용한 소모품을 '소모품비'로 비용 인식하는 수정분개를 해야 한다는 점을 분명히 전달하였다.

　ChatGPT를 활용한 수정분개 작성에서 가장 중요한 점은 사용자가 반드시 결과 검증 절차를 수행해야 한다는 것이다. 특히 ChatGPT가 수정분개 과정에서 회계계정을 부정확하게 제시하는 경우가 종종 있다. 예를 들면, '매출채권'과 '미수수익', 또는 '미지급금'과 '미지급비용'을 구분하지 못하는 사례가 발생할 수 있다. 따라서 사용자는 거래의 경제적 실질과 특성에 따라 올바른 회계계정을 적용하도록 지시하고 그 결과를 검증해야 한다.

Chapter 4
수정후 시산표 작성하기

1. 수정후 시산표의 의의

1.1 수정분개 요약

3장에서 작성한 결산 시 수정분개를 요약하면 다음 [표 4-1]과 같다.

 [표 4-1] 수정분개 요약

① 미수수익

(차변)	매 출 채 권	24,000	(대변)	용 역 매 출	24,000

②-1 미지급비용

(차변)	이 자 비 용	2,500	(대변)	미 지 급 비 용	2,500

②-2 미지급법인세

(차변)	법 인 세 비 용	15,000	(대변)	미 지 급 법 인 세	15,000

③ 선급비용

(차변)	보 험 료	2,000	(대변)	선 급 비 용	2,000

④ 선수수익

(차변)	선 수 수 익	40,000	(대변)	용 역 매 출	40,000

⑤ 소모품

(차변)	소 모 품 비	50,000	(대변)	소 모 품	50,000

⑥ 감가상각

(차변)	감 가 상 각 비	12,000	(대변)	감가상각누계액	12,000

1.2. 수정분개의 전기

2장에서 작성한 각 계정별 T-계정에 수정분개 사항을 전기하면 다음과 같다.

수정분개 ①을 매출채권과 용역매출의 T-계정에 전기해 보면, 회계처리와 동일하게 매출채권의 증가는 차변에 용역매출의 발생은 대변에 기입한다.

수정분개 ②-1을 이자비용과 미지급비용의 T-계정에 전기해 보면, 회계처리와 동일하게 이자비용의 발생은 차변에 미지급비용의 증가는 대변에 기입한다.

수정분개 ②-2를 법인세비용과 미지급법인세의 T-계정에 전기해 보면, 회계처리와 동일하게 법인세비용의 발생은 차변에 미지급법인세의 증가는 대변에 기입한다.

  수정분개 ③을 보험료와 선급비용의 T-계정에 전기해 보면, 회계처리와 동일하게 보험료의 발생은 차변에 선급비용의 감소는 대변에 기입한다.

  수정분개 ④를 선수수익과 용역매출의 T-계정에 전기해 보면, 회계처리와 동일하게 선수수익의 감소는 차변에 용역매출의 발생은 대변에 기입한다.

  수정분개 ⑤을 소모품비와 소모품의 T-계정에 전기해 보면, 회계처리와 동일하게 소모품비의 발생은 차변에 소모품의 감소는 대변에 기입한다.

  수정분개 ⑥을 감가상각비와 감가상각누계액의 T-계정에 전기해 보면, 회계처리와 동일하게 감가상각비의 발생은 차변에 감가상각누계액의 증가는 대변에 기입한다.

1.3 계정 잔액 산출

수정분개까지 반영한 T-계정을 이용하여 각 계정의 잔액을 산출하면 다음과 같다.

현 금

[1] 12/ 1	보통주자본금	600,000	[3] 12/ 2	보 증 금	100,000
[2] 12/ 1	장 기 차 입 금	300,000	[4] 12/ 3	선 급 비 용	24,000
[10]12/16	선 수 수 익	80,000	[6] 12/ 6	소 모 품	70,000
			[7] 12/ 8	광 고 선 전 비	50,000
			[9] 12/15	미 지 급 금	100,000
			[12]12/31	배 당 금	10,000
	잔 액	626,000			

매출채권

[8] 12/10	용 역 매 출	200,000
① 12/31	용 역 매 출	24,000
	잔 액	224,000

선급비용

[4] 12/ 3	현 금	24,000	③ 12/31	보 험 료	2,000
	잔 액	22,000			

소모품

[6] 12/ 6	현 금	70,000	⑤ 12/31	소 모 품 비	50,000
	잔 액	20,000			

보증금

[3] 12/ 2	현 금	100,000
	잔 액	100,000

비품

[5] 12/ 5	미 지 급 금	300,000
	잔 액	300,000

감가상각누계액

			⑥12/31	감 가 상 각 비	12,000
				잔 액	12,000

선수수익

④12/31	용 역 매 출	40,000	[10] 12/16	현 금	80,000
				잔 액	40,000

미지급금

[9] 12/15	현 금	100,000	[5] 12/ 5	비 품	300,000
				잔 액	200,000

미지급비용

			[11]12/30	급 여	90,000
			②-1 12/31	이 자 비 용	2,500
				잔 액	92,500

미지급법인세

		②-2 12/31	법	인	세	비	용			15,000
			잔				액			15,000

장기차입금

		[2] 12/ 1	현		금	300,000
			잔		액	300,000

보통주자본금

		[1] 12/ 1	현		금	600,000
			잔		액	600,000

배당금

[12] 12/31	현	금	10,000
	잔	액	10,000

용역매출

		[8] 12/10	매	출	채	권		200,000
		① 12/31	매	출	채	권		24,000
		④ 12/31	선	수	수	익		40,000
			잔				액	264,000

광고선전비

[7] 12/ 8	현	금	50,000
	잔	액	50,000

급여

[11] 12/30	현	금	90,000
	잔	액	90,000

보험료

③ 12/31	선	급	비	용	2,000
	잔			액	2,000

소모품비

⑤ 12/31	소	모	품	50,000
	잔		액	50,000

감가상각비

⑥ 12/31	감	가 상 각 누 계	액			12,000
	잔				액	12,000

이자비용

②-1 12/31	미	지	급	비	용	2,500
	잔				액	2,500

법인세비용

②-2 12/31	미	지	급	법	인 세	15,000
	잔				액	15,000

1.4 수정후 시산표 작성

수정분개를 반영한 후의 시산표를 수정후 시산표(adjusted trial balance)라고 한다. 수정후 시산표는 재무제표를 작성하기 위한 기초가 된다. 재무제표를 작성하기 전에 수정후 시산표를 작성하는 이유는 수정전 시산표와 마찬가지로 시산표의 차변 합계와 대변 합계가 일치하는지 여부를 확인하여 자기 오류 검증을 통한 계산의 오류를 줄임으로써 재무제표 작성을 효율적으로 하기 위해서이다. 수정분개를 반영한 후의 총계정원장을 통해 산출된 모든 계정의 잔액을 자산, 부채, 자본, 수익, 비용의 순서에 따라 시산표에 집합하면 다음과 같다.

수정후 시산표

HK 주식회사	20×1년 12월 1일부터 20×1년 12월 31일까지		(단위 : 원)
계　　　　　정	**금**		**액**
	차　　　　　변	대　　　　　변	
현　　　　　　　금	626,000		
매　출　채　권	224,000		
선　급　비　용	22,000		
소　　　모　　　품	20,000		
보　　　증　　　금	100,000		
비　　　　　　　품	300,000		
감　가　상　각　누　계　액		12,000	
선　수　수　익		40,000	
미　지　급　금		200,000	
미　지　급　비　용		92,500	
미　지　급　법　인　세		15,000	
장　기　차　입　금		300,000	
보　통　주　자　본　금		600,000	
배　　　당　　　금	10,000		
용　역　매　출		264,000	
광　고　선　전　비	50,000		
급　　　　　　　여	90,000		
보　　　험　　　료	2,000		
소　모　품　비	50,000		
감　가　상　각　비	12,000		
이　자　비　용	2,500		
법　인　세　비　용	15,000		
합　　　　　　　계	1,523,500	1,523,500	

2. ChatGPT를 활용한 수정후 시산표 작성 실습

2.1 ChatGPT를 활용한 수정후 시산표 작성의 핵심 원칙

수정전 시산표와 마찬가지로 ChatGPT를 활용하여 수정후 시산표를 효율적으로 작성할 수 있다. 수정후 시산표의 가장 기본적인 목적은 계정별 잔액을 집계하여 차변 합계와 대변 합계가 일치하는지를 검증하는 데 있다. 다만 수정후 시산표는 수정분개를 반영한 후 시산표이므로 단순히 합계 일치 여부뿐만 아니라 수정분개가 적절하게 반영되었는지 여부도 중요하다. 따라서 ChatGPT가 작성한 수정후 시산표에 수정분개가 정확하게 반영되어 있는지 꼼꼼히 점검해야 한다. 예를 들어, 수정후 시산표를 작성하기 전 단계에서 '미지급비용' 계정 잔액을 산출할 때 수정분개까지 반영한 후 잔액을 산출하도록 명확히 지시하면 보다 정확한 계정별 잔액을 산출할 수 있다.

또한, 수정후 시산표는 재무제표를 작성하기 위한 기초 자료이므로 계정의 분류와 잔액 방향이 재무제표 구조와 일관되게 유지되는지도 함께 확인해야 한다. 즉 자산, 부채, 자본, 수익, 비용의 분류가 적절한지, 차변·대변 구분이 올바른지, 그리고 각 계정의 금액이 수정분개 내용을 충실히 반영하고 있는지를 종합적으로 검토할 필요가 있다.

결론적으로, ChatGPT를 활용한 수정후 시산표 작성에서 가장 중요한 점은 자동으로 산출된 결과를 그대로 수용하는 것이 아니라, 사용자가 적극적으로 검증하고 확인하는 과정이다. 이러한 검증 절차를 통해 수정후 시산표의 신뢰성을 확보할 수 있으며, 재무제표를 정확하고 효율적으로 작성할 수 있다.

다음 [표 4-2]는 ChatGPT를 활용한 수정후 시산표 작성 실습에서 정확도를 높일 수 있는 핵심 원칙을 정리한 것이다.

[표 4-2] ChatGPT를 활용한 수정후 시산표 작성의 핵심 원칙

핵심 원칙	내 용
수정분개를 반영한 후 계정별 잔액 산출	수정후 시산표 작성에 앞서 수정분개를 반영한 후 계정별 잔액을 정확히 산출
계정 성격의 제시	'감가상각누계액은 유형자산의 차감 항목이므로 대변 잔액에 표시' 등 계정의 성격을 명확히 제시
출력 형식 지정	'자산, 부채, 자본, 수익, 비용 순서' 등 사용자가 원하는 출력 형식을 명확히 지정
수정·보완	수정분개가 적절하게 반영되지 않는 등 잘못된 결과나 원하는 결과가 나오지 않은 경우 올바른 결과로 수정 지시
결과 검증 절차의 수행	ChatGPT의 출력 결과에 대해 차변·대변 합계 일치 여부 및 수정분개 반영의 적정성 등을 사용자가 직접 검토

2.2 수정후 시산표 작성 실습

2장에서 산출한 계정별 잔액에 3장의 수정분개까지 반영한 후 ChatGPT를 활용한 계정별 잔액 결과는 다음과 같다.

[1] 현금 잔액의 산출

ChatGPT 결과

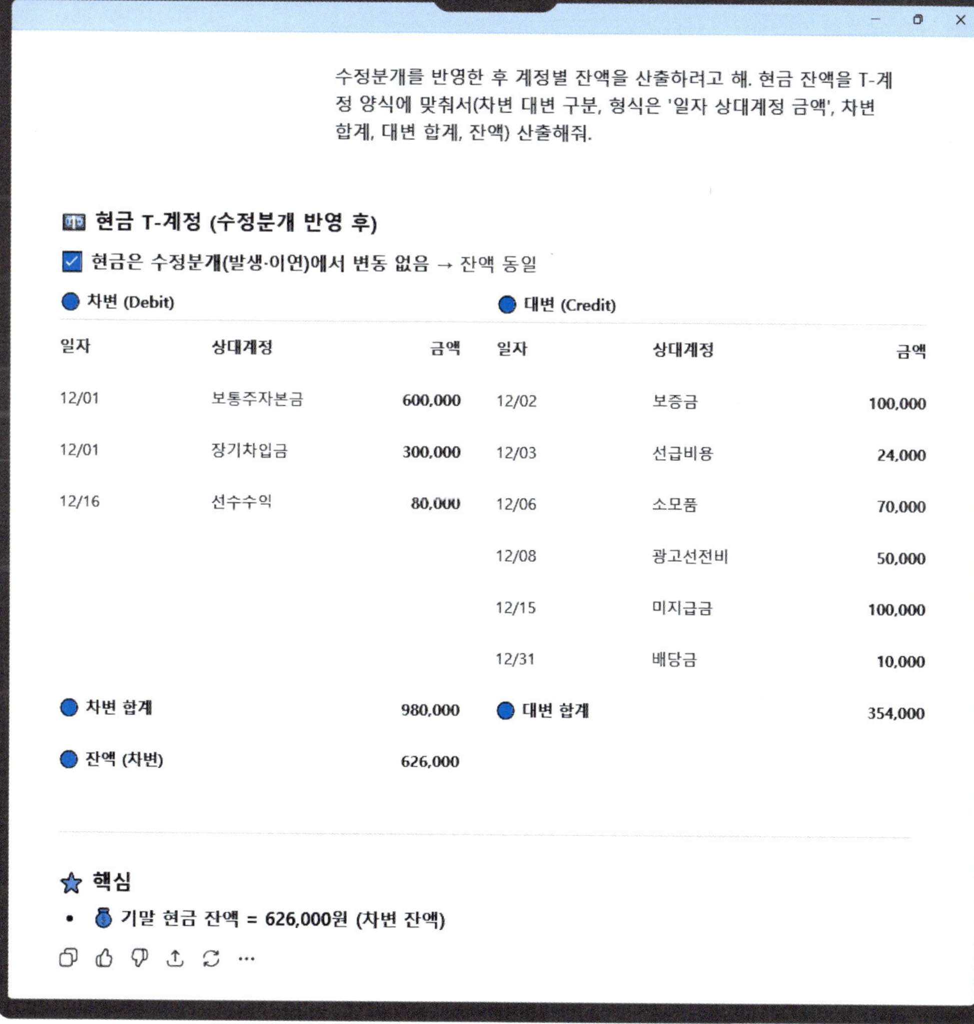

일자	상대계정	금액	일자	상대계정	금액
12/01	보통주자본금	600,000	12/02	보증금	100,000
12/01	장기차입금	300,000	12/03	선급비용	24,000
12/16	선수수익	80,000	12/06	소모품	70,000
			12/08	광고선전비	50,000
			12/15	미지급금	100,000
			12/31	배당금	10,000
차변 합계		980,000	대변 합계		354,000
잔액 (차변)		626,000			

ChatGPT를 활용할 때 수정분개를 반영한 후 계정별 잔액이라는 것을 분명하게 제시함으로써 수정후 시산표에 입력될 금액을 정확하게 계산하도록 하였다. 또한, 출력 형식(일자, 상대계정, 금액) 등을 명확하게 제시해야 사용자가 원하는 형식대로 계정별 잔액을 산출할 수 있다.

수정분개에는 현금과 관련된 회계처리가 없으므로 수정전 시산표 작성 단계에서 산출한 현금 잔액과 동일하다. [1]에 대한 ChatGPT 결과에서 ‘12/1 보통주자본금 600,000’은 ‘12월 1일에 보통주를 발행하여 현금이 ₩600,000 증가했다’라는 것을 의미한다. ‘12/1 장기차입금 300,000’은 ‘12월 1일에 장기차입금의 차입으로 현금이 ₩300,000 증가했다’라는 것을 의미한다. ‘12/16 선수수익 80,000’은 ‘12월 16일에 배달 서비스를 제공하기 전에 현금을 미리 수령하여 현금이 ₩80,000 증가했다’라는 것을 의미한다. 따라서 현금의 차변 합계(증가)는 ₩980,000이다.

현금이 감소하는 대변을 살펴보면, ‘12/2 보증금 100,000’은 ‘12월 2일에 보증금 지급으로 현금이 ₩100,000 감소했다’라는 것을 의미한다. ‘12/3 선급비용 24,000’은 ‘12월 3일에 비용을 미리 지급하여 현금이 ₩24,000 감소했다’라는 것을 의미한다. ‘12/6 소모품 60,000’은 ‘12월 6일에 소모품 구입으로 현금이 ₩60,000 감소했다’라는 것을 의미한다. ‘12/8 광고선전비 50,000’은 ‘12월 8일에 광고선전비 지급으로 현금이 ₩50,000 감소했다’라는 것을 의미한다. ‘12/15 미지급금 100,000’은 ‘12월 15일에 기존 미지급금 중 일부를 상환하여 현금이 ₩100,000 감소했다’라는 것을 의미한다. ‘12/31 배당금 10,000’은 ‘12월 31일에 배당금 지급으로 현금이 ₩10,000 감소했다’라는 것을 의미한다. 따라서 현금의 대변 합계(감소)는 ₩354,000이며, 그 결과 현금 잔액은 차변에 ₩626,000이다.

⑤ ChatGPT 결과

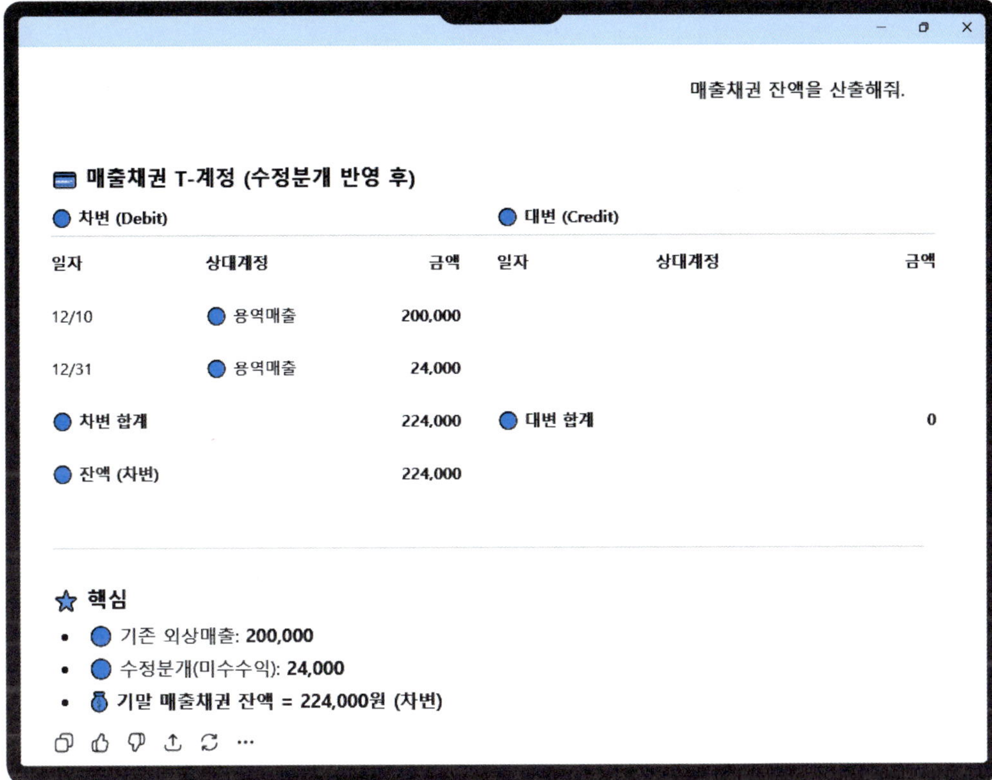

매출채권 관련 [2]에 대한 ChatGPT 결과에서 '12/10 용역매출 200,000'은 '12월 10일에 배달 서비스를 제공하고 현금은 나중에 받기로 하여 매출채권이 ₩200,000 증가했다'라는 것을 의미한다. '12/31 용역매출 24,000'은 '결산일인 12월 31일에 수정분개를 통해서 12월 27일부터 12월 31일까지 배달 서비스를 제공하고 현금은 나중에 받기로 하여 매출채권이 ₩24,000 증가했다'라는 것을 의미하며, 매출채권의 차변 합계(증가)는 ₩224,000이다. 매출채권의 감소 거래는 발생하지 않았다. 따라서 매출채권의 대변 합계(감소)는 ₩0이며, 그 결과 매출채권의 잔액은 차변에 ₩224,000이다.

ChatGPT 결과

선급비용 관련 [3]에 대한 ChatGPT 결과에서 '12/3 현금 24,000'은 '12월 3일에 현금을 미리 지급하여 선급비용이 ₩24,000 증가했다'라는 것을 의미하며, 선급비용의 차변 합계(증가)는 ₩24,000이다.

선급비용이 감소하는 대변을 살펴보면, '12/31 보험료 2,000'은 '결산일인 12월 31일에 수정분개를 통해서 12월분 보험료 ₩2,000을 선급비용에서 비용으로 대체하였다'라는 것을 의미한다. 따라서 선급비용의 대변 합계(감소)는 ₩2,000이며, 그 결과 선급비용의 잔액은 차변에 ₩22,000이다.

[4] 소모품 잔액 산출

⑤ ChatGPT 결과

소모품 관련 [4]에 대한 ChatGPT 결과에서 '12/6 현금 70,000'은 '12월 6일에 현금 ₩70,000을 지급하고 소모품을 구입하였다'는 것을 의미하며, 소모품의 차변 합계(증가)는 ₩70,000이다.

소모품이 감소하는 대변을 살펴보면, '12/31 소모품비 50,000'은 '결산일인 12월 31일에 수정분개를 통해서 소모품 중 이미 사용한 ₩50,000을 소모품비(비용)로 대체하였다'라는 것을 의미한다. 따라서 소모품의 대변 합계(감소)는 ₩50,000이며, 그 결과 소모품의 잔액은 차변에 ₩20,000이다.

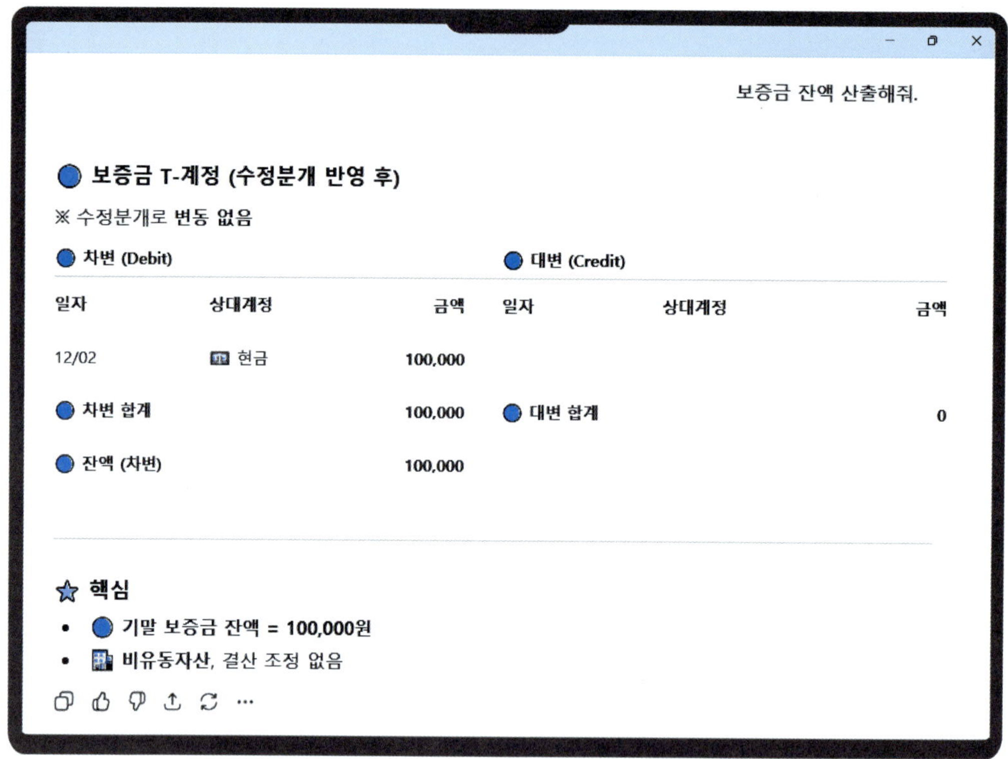 ChatGPT 결과

수정분개에는 보증금과 관련된 회계처리가 없으므로 수정전 시산표 작성 단계에서 산출한 보증금 잔액과 동일하다. [5]에 대한 ChatGPT 결과에서 '12/2 현금 100,000'은 '12월 2일에 현금 ₩100,000을 지급하고 보증금이 증가했다'라는 것을 의미하며, 보증금의 차변 합계(증가)는 ₩100,000이다. 보증금의 감소 거래는 발생하지 않았다. 따라서 보증금의 대변 합계(감소)는 ₩0이며, 그 결과 보증금의 잔액은 차변에 ₩100,000이다.

 ChatGPT 결과

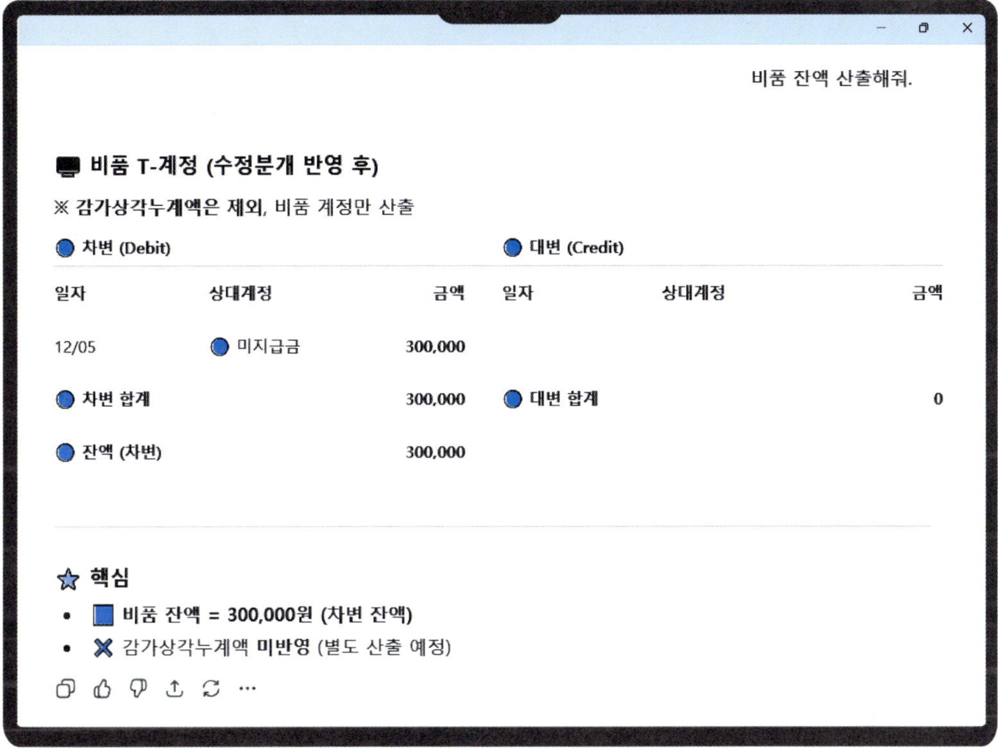

수정분개에는 취득금액 기준으로 비품과 관련된 회계처리가 없으므로 수정전 시산표 작성 단계에서 산출한 비품 잔액과 동일하다. [6]에 대한 ChatGPT 결과에서 '12/5 미지급금 300,000'은 '12월 5일에 비품을 ₩300,000에 구입하고 현금을 지급하지 않았다'라는 것을 의미하며, 비품의 차변 합계(증가)는 ₩300,000이다. 비품의 감소 거래는 발생하지 않았다. 따라서 비품의 대변 합계(감소)는 ₩0이며, 그 결과 비품의 잔액은 차변에 ₩300,000이다.

[7] 감가상각누계액 잔액 산출

감가상각누계액 관련 [7]에 대한 ChatGPT 결과에서 '12/31 감가상각비 12,000'은 '결산일인 12월 31일에 수정분개를 통해서 비품과 관련한 감가상각비와 감가상각누계액 ₩12,000을 인식했다'라는 것을 의미하며, 감가상각누계액 대변 합계(증가)는 ₩12,000이다. 감가상각누계액의 감소 거래는 발생하지 않았다. 따라서 감가상각누계액의 차변 합계(감소)는 ₩0이며, 그 결과 감가상각누계액의 잔액은 대변에 ₩12,000이다.

 ChatGPT 결과

선수수익 관련 [8]에 대한 ChatGPT 결과에서 '12/16 현금 80,000'은 '12월 16일에 배달 서비스를 제공하기 전에 현금 ₩80,000을 미리 수령하였다'는 것을 의미하며, 선수수익의 대변 합계(증가)는 ₩80,000이다.

선수수익이 감소하는 차변을 살펴보면, '12/31 용역매출 40,000'은 '결산일인 12월 31일에 수정분개를 통해서 12월 16일부터 12월 31일까지 선수수익 중 50%인 ₩40,000의 배달 서비스를 제공하고 용역매출로 대체하였다'라는 것을 의미한다. 따라서 선수수익의 차변 합계(감소)는 ₩40,000이며, 그 결과 선수수익의 잔액은 대변에 ₩40,000이다.

⑤ ChatGPT 결과

수정분개에는 미지급금과 관련된 회계처리가 없으므로 수정전 시산표 작성 단계에서 산출한 미지급금 잔액과 동일하다. [9]에 대한 ChatGPT 결과에서 '12/5 비품 300,000'은 '12월 5일에 비품을 구입하고 현금을 지급하지 않아서 미지급금이 ₩300,000 증가했다'라는 것을 의미하며, 미지급금의 대변 합계(증가)는 ₩300,000이다.

미지급금이 감소하는 차변을 살펴보면, '12/15 현금 100,000'은 '12월 15일에 미지급금 중 ₩100,000을 현금 지급하였다'라는 것을 의미한다. 따라서 미지급금의 차변 합계(감소)는 ₩100,000이며, 그 결과 미지급금의 잔액은 대변에 ₩200,000이다.

[10] 미지급비용 잔액 산출

미지급비용 관련 [10]에 대한 ChatGPT 결과에서 '12/30 급여 90,000'은 '12월 30일에 급여가 발생했고 현금을 지급하지 않아서 미지급비용이 ₩90,000 증가했다'라는 것을 의미한다. '12/31 이자비용 2,500'은 '결산일인 12월 31일에 수정분개를 통해서 이자비용을 인식하고 미지급비용이 ₩2,500 증가했다'라는 것을 의미하며, 미지급비용의 대변 합계(증가)는 ₩92,500이다. 미지급비용의 감소 거래는 발생하지 않았다. 따라서 미지급비용의 차변 합계(감소)는 ₩0이며, 그 결과 미지급비용의 잔액은 대변에 ₩92,500이다.

⑯ ChatGPT 결과

미지급법인세 관련 [11]에 대한 ChatGPT 결과에서 '12/31 법인세비용 15,000'은 '결산일인 12월 31일에 수정분개를 통해서 법인세비용을 인식하면서 미지급법인세가 ₩15,000 증가했다'라는 것을 의미하며, 법인세비용의 대변 합계(증가)는 ₩15,000이다. 미지급법인세의 감소 거래는 발생하지 않았다. 따라서 미지급법인세의 차변 합계(감소)는 ₩0이며, 그 결과 미지급법인세의 잔액은 대변에 ₩15,000이다.

⑤ ChatGPT 결과

수정분개에는 장기차입금과 관련된 회계처리가 없으므로 수정전 시산표 작성 단계에서 산출한 장기차입금 잔액과 동일하다. [12]에 대한 ChatGPT 결과에서 '12/1 현금 300,000'은 '12월 1일에 장기차입금 ₩300,000을 차입했다'라는 것을 의미하며, 장기차입금의 대변 합계(증가)는 ₩300,000이다. 장기차입금의 감소 거래는 발생하지 않았다. 따라서 장기차입금의 차변 합계(감소)는 ₩0이며, 그 결과 장기차입금의 잔액은 대변에 ₩300,000이다.

 수정분개에는 보통주자본금과 관련된 회계처리가 없으므로 수정전 시산표 작성 단계에서 산출한 보통주자본금 잔액과 동일하다. [13]에 대한 ChatGPT 결과에서 '12/1 현금 600,000'은 '12월 1일에 현금을 납입받고 보통주 ₩600,000을 발행했다'라는 것을 의미하며, 보통주자본금의 대변 합계(증가)는 ₩600,000이다. 보통주자본금의 감소 거래는 발생하지 않았다. 따라서 보통주자본금의 차변 합계(감소)는 ₩0이며, 그 결과 보통주자본금의 잔액은 대변에 ₩600,000이다.

[14] 배당금 잔액 산출

수정분개에는 배당금과 관련된 회계처리가 없으므로 수정전 시산표 작성 단계에서 산출한 배당금 잔액과 동일하다. [14]에 대한 ChatGPT 결과에서 '12/31 현금 10,000'은 '12월 31일에 배당금 ₩10,000을 현금 지급했다'라는 것을 의미한다. 앞서 언급한 것처럼, 배당금은 이익잉여금을 처분하여 주주에게 지급하는 항목이기 때문에 이익잉여금을 감소시키는 계정이고 잔액은 차변에 기록된다. 따라서 배당금의 차변 합계(증가)는 ₩10,000이고 대변 합계(감소)는 ₩0이며, 그 결과 배당금의 잔액은 차변에 ₩10,000이다.

[15] 용역매출 잔액 산출

ChatGPT 결과

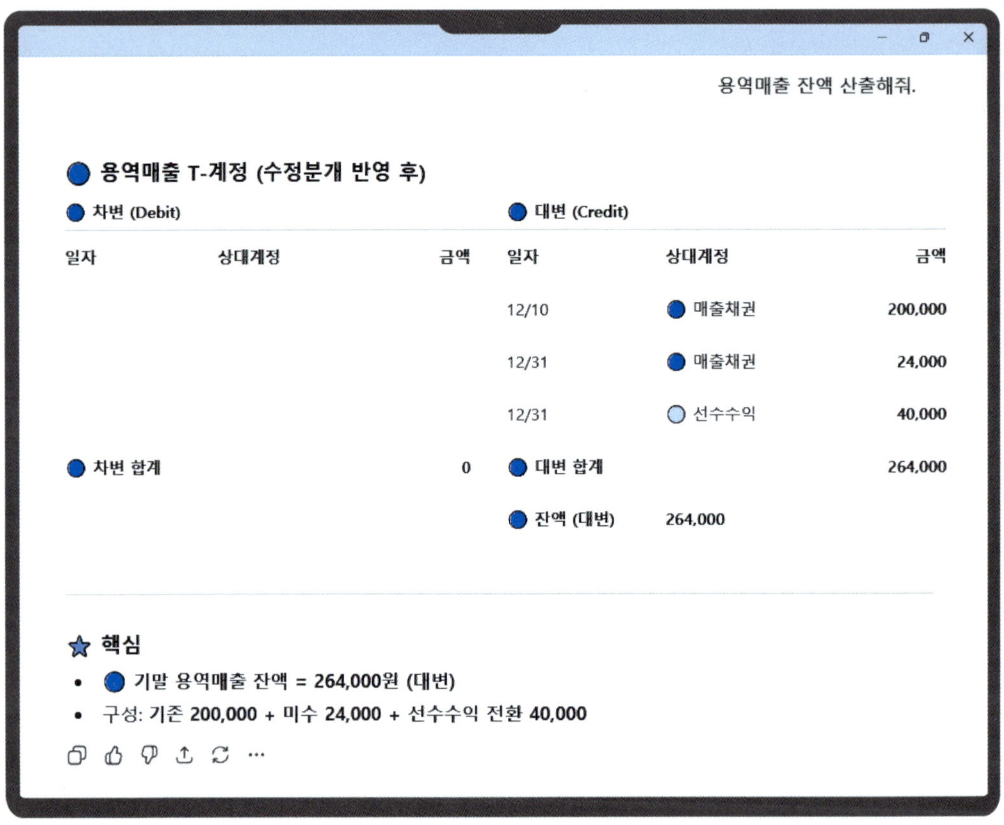

용역매출 관련 [15]에 대한 ChatGPT 결과에서 '12/10 매출채권 200,000'은 '12월 10일에 ₩200,000의 배달 서비스를 제공하여 용역매출이 발생했고, 현금을 받지 않았다'라는 것을 의미한다. '12/31 매출채권 24,000'은 '결산일인 12월 31일에 수정분개를 통해서 12월 27일부터 12월 31일까지 ₩24,000의 배달 서비스를 제공하여 용역매출이 발생했고, 현금을 받지 않았다'라는 것을 의미한다. '12/31 선수수익 40,000'은 '결산일인 12월 31일까지 선수수익 중 50%인 ₩40,000의 배달 서비스를 제공하고 용역매출로 대체하였다'라는 것을 의미한다. 따라서 용역매출 발생(증가)에 따른 잔액은 대변에 ₩264,000이다.

 ChatGPT 결과

수정분개에는 광고선전비와 관련된 회게치리가 없으므로 수정전 시산표 작성 단계에서 산출한 광고선전비 잔액과 동일하다. [16]에 대한 ChatGPT 결과에서 '12/8 현금 50,000'은 '12월 8일에 광고선전비 ₩50,000을 현금 지급했다'라는 것을 의미한다. 따라서 광고선전비 발생(증가)에 따른 잔액은 차변에 ₩50,000이다.

ChatGPT 결과

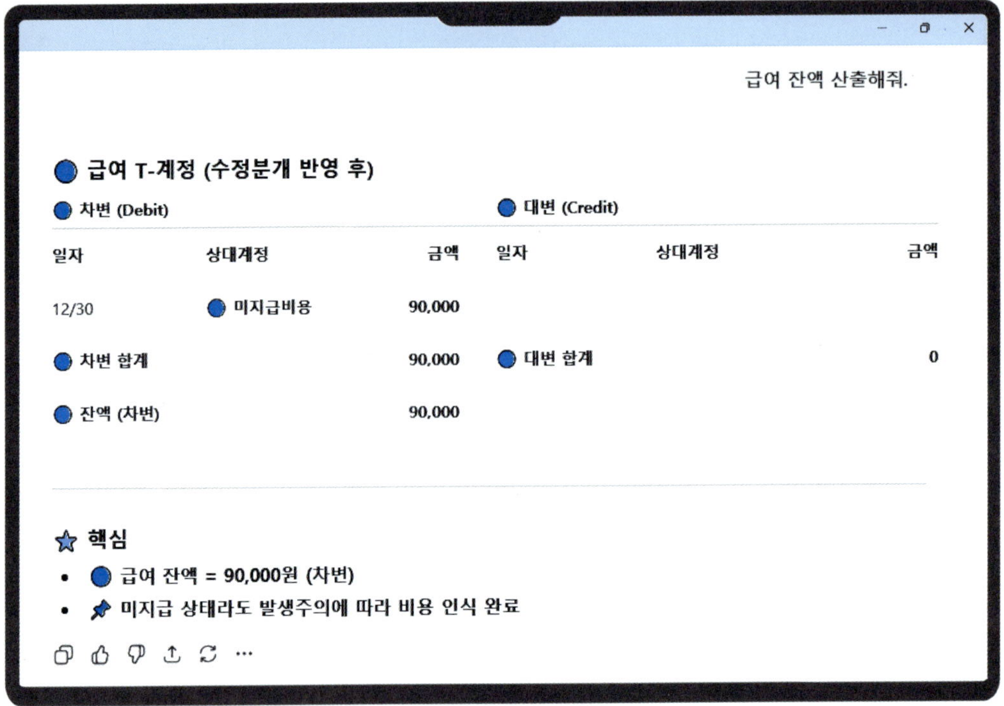

수정분개에는 급여와 관련된 회계처리가 없으므로 수정전 시산표 작성 단계에서 산출한 급여 잔액과 동일하다. [17]에 대한 ChatGPT 결과에서 '12/30 급여 90,000'은 '12월 30일에 급여 ₩90,000이 발생했고 현금을 지급하지 않았다'라는 것을 의미한다. 따라서 급여 발생(증가)에 따른 잔액은 차변에 ₩90,000이다.

[18] 보험료 잔액 산출

보험료 관련 [18]에 대한 ChatGPT 결과에서 '12/31 선급비용 2,000'은 '결산일인 12월 31일에 수정분개를 통해서 12월분 보험료 ₩2,000을 선급비용에서 비용으로 대체하였다' 라는 것을 의미한다. 따라서 보험료 발생(증가)에 따른 잔액은 차변에 ₩2,000이다.

[19] 소모품비 잔액 산출

⑥ ChatGPT 결과

소모품비 관련 [19]에 대한 ChatGPT 결과에서 '12/31 소모품 50,000'은 '결산일인 12월 31일에 수정분개를 통해서 소모품 중 이미 사용한 ₩50,000을 소모품비(비용)로 대체하였다'라는 것을 의미한다. 따라서 소모품비 발생(증가)에 따른 잔액은 차변에 ₩50,000이다.

 ChatGPT 결과

감가상각비 관련 [20]에 대한 ChatGPT 결과에서 '12/31 감가상각누계액 12,000'은 '결산일인 12월 31일에 수정분개를 통해서 비품과 관련한 감가상각비와 감가상각누계액 ₩12,000을 인식했다'라는 것을 의미한다. 따라서 감가상각비 발생(증가)에 따른 잔액은 차변에 ₩12,000이다.

ChatGPT 결과

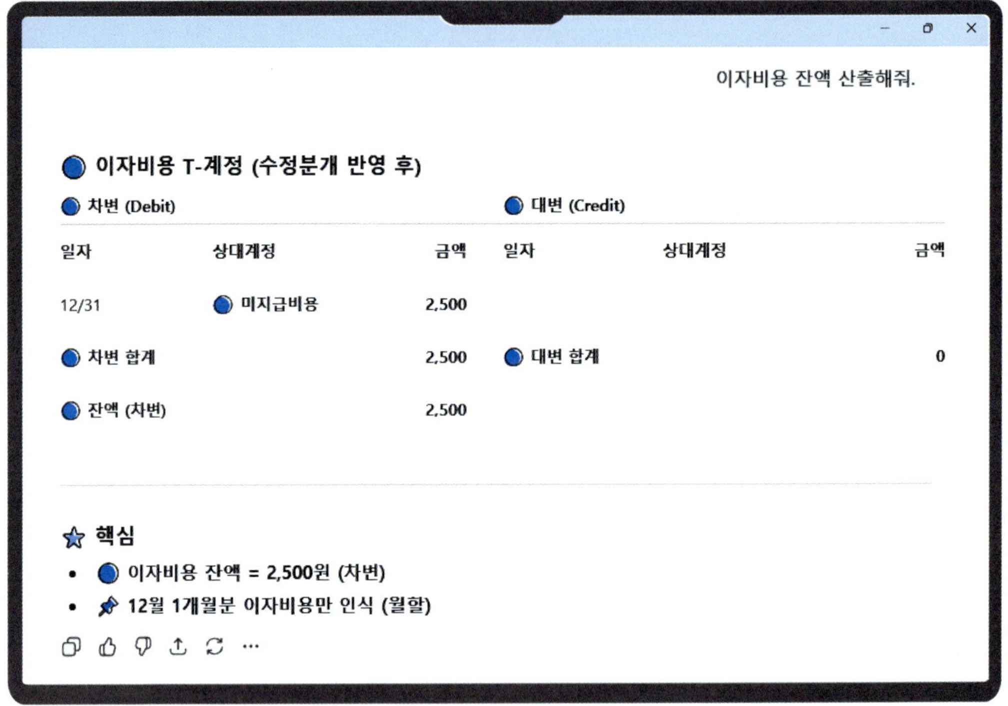

이자비용 관련 [21]에 대한 ChatGPT 결과에서 '12/31 미지급비용 2,500'은 '결산일인 12월 31일에 수정분개를 통해서 이자비용 ₩2,500을 인식하고 미지급비용이 증가했다'라는 것을 의미한다. 따라서 이자비용 발생(증가)에 따른 잔액은 차변에 ₩2,500이다.

[22] 법인세비용 잔액 산출

법인세비용 관련 [22]에 대한 ChatGPT 결과에서 '12/31 미지급법인세 15,000'은 '결산일인 12월 31일에 수정분개를 통해서 법인세비용 ₩15,000을 인식하고 미지급법인세가 증가했다'라는 것을 의미한다. 따라서 법인세비용 발생(증가)에 따른 잔액은 차변에 ₩15,000이다.

계정별 잔액을 이용하여 수정후 시산표를 작성해 보자.

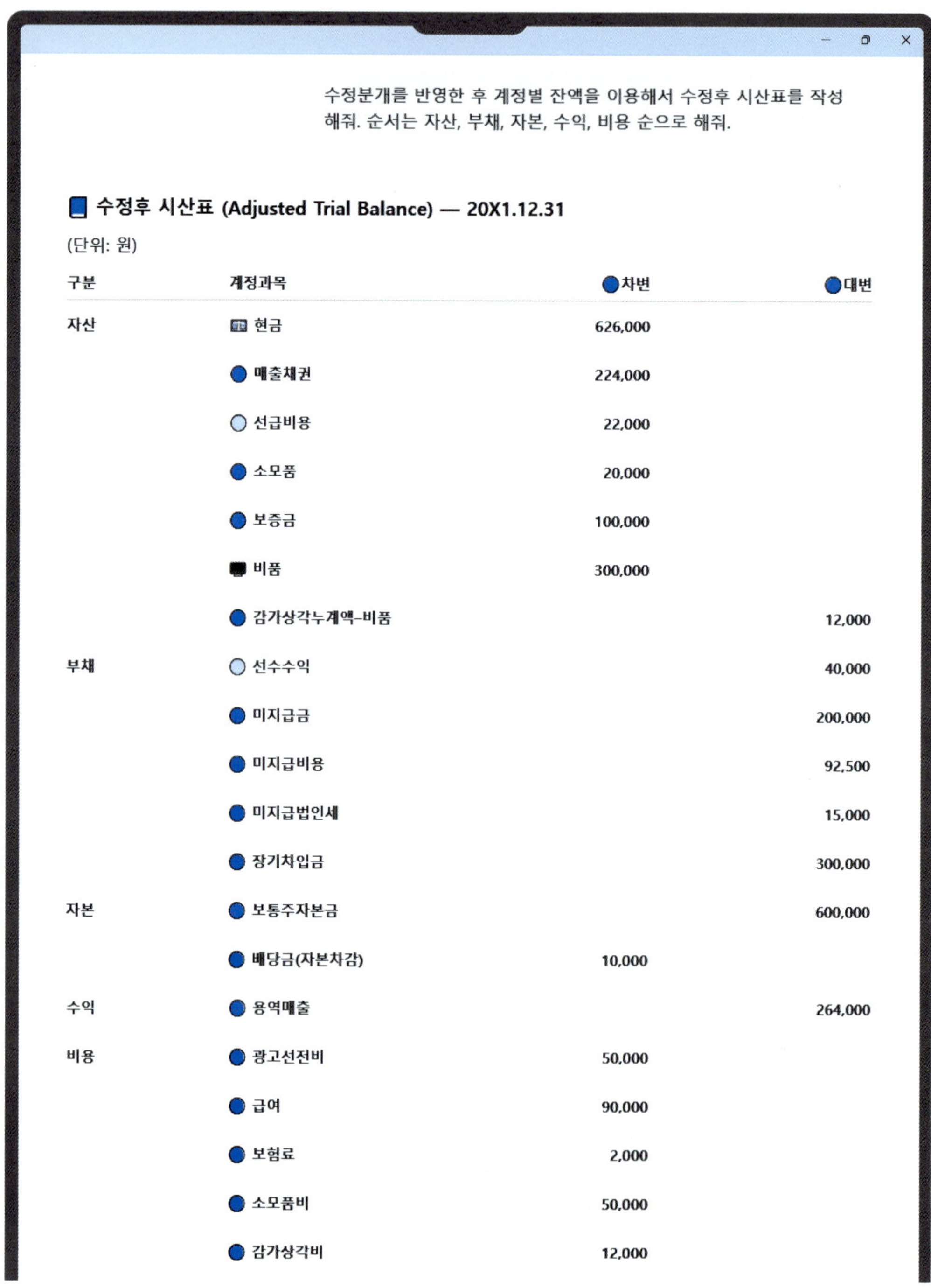 ChatGPT 결과

수정분개를 반영한 후 계정별 잔액을 이용해서 수정후 시산표를 작성
해줘. 순서는 자산, 부채, 자본, 수익, 비용 순으로 해줘.

📙 수정후 시산표 (Adjusted Trial Balance) — 20X1.12.31

(단위: 원)

구분	계정과목	차변	대변
자산	현금	626,000	
	매출채권	224,000	
	선급비용	22,000	
	소모품	20,000	
	보증금	100,000	
	비품	300,000	
	감가상각누계액-비품		12,000
부채	선수수익		40,000
	미지급금		200,000
	미지급비용		92,500
	미지급법인세		15,000
	장기차입금		300,000
자본	보통주자본금		600,000
	배당금(자본차감)	10,000	
수익	용역매출		264,000
비용	광고선전비	50,000	
	급여	90,000	
	보험료	2,000	
	소모품비	50,000	
	감가상각비	12,000	

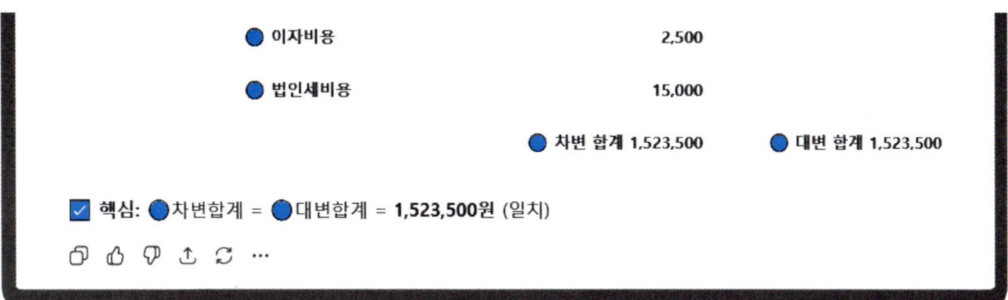

　ChatGPT를 활용하여 수정후 시산표를 작성하였다. 자산, 부채, 자본, 수익, 비용 순서대로 정렬하였으며, 자산 합계와 대변 합계가 ₩1,523,500으로 일치한다는 것을 확인하였다. 또한, 계정이 적정하게 분류되어 있는지, 계정별 잔액이 차변 또는 대변에 올바르게 표시되어 있는지 확인하였다.

　앞서 살펴본 바와 같이 수정후 시산표는 수정분개가 적절하게 반영되었는지 여부가 중요하다. 따라서 ChatGPT가 수정후 시산표를 작성할 때 '수정분개를 반영한 후 잔액을 이용해서 수정후 시산표를 작성해줘'라고 지시하였다. 또한, 수정후 시산표는 재무제표를 효율적으로 작성하기 위한 전 단계이기 때문에 '자산, 부채, 자본, 수익, 비용 순서대로 작성해줘'라고 지시함으로써 재무제표의 구조와 일관성을 유지하도록 작성하였다.

　마지막으로, ChatGPT를 활용한 수정후 시산표 작성에서 가장 중요한 점은 사용자가 결과를 직접 검증해야 한다는 것이다. 왜냐하면 ChatGPT가 작성한 수정후 시산표에는 언제든지 오류가 포함될 수 있으며, 이러한 오류는 재무제표에 그대로 반영되기 때문이다. 따라서 수정후 시산표에 대한 사용자의 적극적인 검증 절차를 거친 후에 비로소 정확한 재무제표를 작성할 수 있다.

손익계산서 작성하기

1. 손익계산서의 의의

2. ChatGPT를 활용한
   손익계산서 작성 실습

1. 손익계산서의 의의

1.1 손익계산서

손익계산서(income statement)는 일정기간 동안 기업의 경영활동에 따른 재무적 성과, 즉 수익에서 비용을 차감한 당기순이익을 나타내는 재무제표이다.

(1) 수익

수익(revenues)이란 정상 영업활동을 통해서 증가한 기업의 순자산을 말한다. 수익이 발생하면서 그 대가로 현금을 수령하면 그만큼 기업의 자산은 증가한다. 자산의 증가뿐만 아니라 부채의 감소로도 수익이 발생한다. 부채의 감소로 수익이 발생하는 경우는 재화나 용역을 제공하기 전에 대금을 수취하면 선수금이라는 부채가 먼저 기록되는데, 향후 재화나 용역을 제공하면 부채가 감소하면서 수익이 발생하게 된다.

(2) 비용

비용(expenses)이란 정상 영업활동을 통해서 감소한 기업의 순자산을 말한다. 회계학적 관점에서 본다면 비용은 수익을 창출하는 과정에서 소비된 자산의 원가를 의미한다. 소비되지 않은 자산의 원가(예: 재고자산)는 자산에 속한다. 비용이 발생하면서 현금을 지급하면 그만큼 기업의 자산은 감소한다. 자산의 감소뿐만 아니라 부채의 증가로도 비용이 발생한다. 비용이 발생하였지만 즉시 그 대가를 지급하지 않는 경우에는 미지급비용이라는 부채가 증가하면서 비용이 발생하게 된다.

손익계산서의 기본 구조를 도식화하면 다음 [그림 5-1]과 같다.

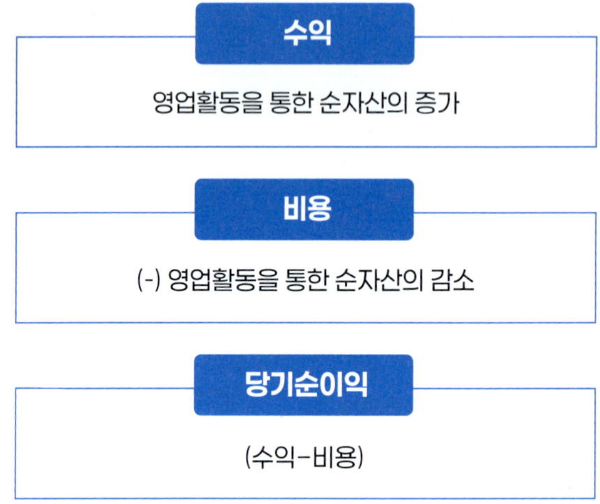

[그림 5-1] 손익계산서의 기본 구조

1.2 손익계산서에서의 범주

K-IFRS 제1118호 '재무제표 표시와 공시'에 따라 손익계산서에 포함된 수익과 비용은 다음 5가지 범주 중 하나로 분류한다.

① 영업 범주
② 투자 범주
③ 재무 범주
④ 법인세 범주
⑤ 중단영업 범주

(1) 영업 범주

투자, 재무, 법인세, 중단영업 범주 중 하나로 분류되지 않은, 손익계산서에 포함된 그 외에 모든 수익과 비용을 영업 범주로 분류한다.

(2) 투자 범주

자산의 취득, 평가 및 제거 등으로 발생하는 수익과 비용을 투자 범주로 분류한다

(3) 재무 범주

차입금 등에서 발생하는 이자비용 등을 재무 범주로 분류한다.

(4) 법인세 범주

손익계산서에 포함된 법인세비용 또는 법인세수익 등을 법인세 범주로 분류한다.

(5) 중단영업 범주

중단영업에서 발생하는 수익과 비용은 중단영업 범주로 분류한다.

1.3 손익계산서에 표시할 합계 항목

손익계산서에는 다음에 대한 합계 및 중간합계를 표시한다.

① 영업손익
② 재무손익 및 법인세치감전손익
③ 당기순손익

(1) 영업손익

영업손익(operating profit or loss)은 영업 범주로 분류된 모든 수익과 비용으로 구성된다.

(2) 재무손익 및 법인세차감전손익

재무손익 및 법인세차감전손익(profit or loss before financing and income taxes)은 다음으로 구성된다.

① 영업손익
② 투자 범주로 분류된 모든 수익과 비용

(3) 당기순손익

당기순손익(profit or loss)은 손익계산서에 포함된 수익에서 비용을 차감한 합계이다. 따라서 당기순손익은 손익계산서의 모든 범주로 분류된 모든 수익과 비용으로 구성된다.

1.4 영업 범주로 분류하는 비용의 표시 및 공시

손익계산서의 영업 범주에서는 다음의 특성 중 하나 또는 모두를 사용하여 비용을 별도표시항목으로 분류하고 표시한다.

(1) 성격별 분류법

비용을 성격별로 분류하는 경우, 해당 경제적 자원이 소비된 활동은 고려하지 않으며 기업의 활동을 달성하기 위해 소비된 경제적 자원의 성격과 관련된 영업비용에 대한 정보를 제공한다. 이러한 정보에는 원재료비, 종업원급여, 감가상각비와 상각비에 대한 정보가 포함된다.

(2) 기능별 분류법

기업 내 기능별로 비용을 분류하는 경우, 소비된 자원이 관련된 활동에 따라 영업비용을 배분하고 통합한다. 예를 들면, 매출원가는 원재료비, 종업원급여, 감가상각비 및 상각비와 같이 기업의 생산이나 그 밖의 수익창출 활동과 관련된 비용을 포함하는 기능 별도표시항목이다.

손익계산서상 영업비용의 성격별 및 기능별 분류는 다음 [표 5-1]과 같다.

[표 5-1] 손익계산서상 영업비용의 성격별 및 기능별 분류

성격별 분류법		기능별 분류법	
수익	×××	수익	×××
기타영업수익	×××	매출원가	(×××)
원재료비	(×××)	매출총이익	×××
종업원급여	(×××)	기타영업수익	×××
감가상각비와 기타 상각비 등	(×××)	연구개발비 등	(×××)
영업이익	×××	영업이익	×××
지분법손익 등	×××	지분법손익 등	×××
재무손익 및 법인세차감전이익	×××	재무손익 및 법인세차감전이익	×××
이자비용(이자수익)	(×××)	이자비용(이자수익)	(×××)
법인세차감전이익	×××	법인세차감전이익	×××
법인세비용	(×××)	법인세비용	(×××)
계속영업이익	×××	계속영업이익	×××
중단영업관련손익	(×××)	중단영업관련손익	(×××)
당기순이익	×××	당기순이익	×××

1.5 손익계산서 작성

4장에서 작성한 수정후 시산표로부터 손익계산서 계정인 수익과 비용 계정을 모아 손익계산서 등식(수익 − 비용 = 당기순이익)에 따라 손익계산서를 작성하면 다음과 같다.

손익계산서

HK 주식회사	20×1년 12월 1일부터 20×1년 12월 31일까지		(단위 : 원)
수 익			
용　역　매　출			264,000
비 용			
광　고　선　전　비	(50,000)		
급　　　　　여	(90,000)		
보　　험　　료	(2,000)		
소　모　품　비	(50,000)		
감　가　상　각　비	(12,000)		
이　자　비　용	(2,500)		
법　인　세　비　용	(15,000)		(221,500)
당기순이익			42,500

4장에서 작성한 수정후 시산표로부터 손익계산서 계정인 수익과 비용 계정을 모아 K-IFRS 제1118호 '재무제표 표시와 공시'에 따라 손익계산서를 작성하면 다음과 같다.

손익계산서

HK 주식회사	20×1년 12월 1일부터 20×1년 12월 31일까지		(단위 : 원)
수 익			
용　역　매　출			264,000
영업비용			
광　고　선　전　비	(50,000)		
급　　　　　여	(90,000)		
보　　험　　료	(2,000)		
소　모　품　비	(50,000)		
감　가　상　각　비	(12,000)		(204,000)
영업이익			60,000
재무손익 및 법인세차감전이익			60,000
이　자　비　용			(2,500)
법인세차감전이익			57,500
법　인　세　비　용			(15,000)
당기순이익			42,500

2. ChatGPT를 활용한 손익계산서 작성 실습

2.1 ChatGPT를 활용한 손익계산서 작성의 핵심 원칙

ChatGPT를 활용하여 손익계산서를 효율적이고 정확하게 작성하기 위해서는 손익계산서에 포함되는 수익과 비용을 적절한 범주로 분류하는 것이 필수적이다. 손익계산서상의 수익과 비용은 영업 범주, 투자 범주, 재무 범주, 법인세 범주, 중단영업 범주 중 하나로 분류되어야 하므로, ChatGPT를 활용하여 손익계산서를 작성할 때는 각 수익과 비용이 어느 범주에 해당하는지를 명확히 제시해야 한다.

손익계산서에는 영업손익, 재무손익 및 법인세차감전손익, 당기순손익과 같은 합계 및 중간합계가 포함되어야 한다. 특히 K-IFRS 제1118호 '재무제표 표시와 공시'를 적용하여 손익계산서를 작성하는 경우, 이러한 중간 합계를 표시해야 한다는 점을 사전에 명확히 제시하는 것이 중요하다. 이를 통해 ChatGPT를 활용하여 기준서의 요구 사항에 부합하는 손익계산서를 작성할 수 있다.

또한, 손익계산서를 작성할 때는 영업 범주에 포함되는 비용을 성격별로 분류할 것인지, 기능별로 분류할 것인지도 명확히 제시해야 한다. 비용을 기능별로 분류하는 경우에는 손익계산서에 '매출원가'가 표시되지만, 비용을 성격별로 분류하는 경우에는 '매출원가'가 표시되지 않고 '원재료비', '종업원급여', '감가상각비' 등 개별 비용 항목이 표시된다. 따라서 제조업과 같이 원가 구조가 중요한 기업의 경우, 영업 범주에 대한 비용의 분류 기준을 ChatGPT에 명확히 제시하는 것이 정확한 손익계산서 작성하는 데 중요하다.

다음 [표 5-2]는 ChatGPT를 활용한 손익계산서 작성 실습에서 정확도를 높일 수 있는 핵심 원칙을 정리한 것이다.

[표 5-2] ChatGPT를 활용한 손익계산서 작성의 핵심 원칙

핵심 원칙	내 용
수익·비용 범주 지정	수익과 비용을 5가지 범주(영업 범주, 투자 범주, 재무 범주, 법인세 범주, 중단영업 범주) 중 하나로 분류
합계 및 중간합계 형식 제시	영업손익, 재무손익 및 법인세차감전손익, 당기순손익 등 합계 및 중간 합계 형식을 명확히 제시
영업 범주에 포함되는 비용의 표시 방법 제시	영업 범주에 포함되는 비용을 성격별로 분류할지, 기능별로 분류할지 명확히 제시
수정·보완	수익·비용의 범주를 잘못 분류하거나 중간 합계를 잘못 표시한 경우 올바른 결과로 수정 지시
결과 검증 절차의 수행	ChatGPT의 출력 결과에 대해 수익·비용 분류의 적정성 및 중간 합계 표시의 정확성 등을 사용자가 직접 검토

2.2 손익계산서 작성 실습

(1) 손익계산서 등식을 적용한 손익계산서

4장에서 작성한 수정후 시산표로부터 손익계산서 계정인 수익과 비용 계정을 모아 손익계산서 등식(수익 − 비용 = 당기순이익)에 따라 손익계산서를 작성해 보자.

[1] 수익 합계의 산출

ChatGPT 결과

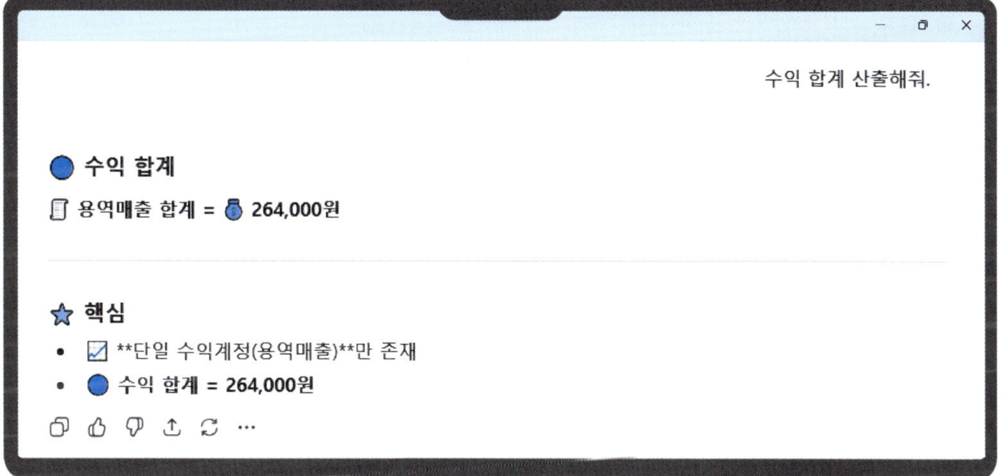

ChatGPT를 활용하여 손익계산서를 작성하기 전에 구성 요소의 합계를 산출하도록 지시하면 손익계산서 작성 결과에 대한 오류를 최소화할 수 있다. 이에 따라서 먼저 수익 합계를 산출하였고, 수익은 '용역매출'로 구성되어 있다. 12월 10일에 ₩200,000의 배달 서비스를 제공하였다. 결산일인 12월 31일에 수정분개를 통해서 12월 27일부터 12월 31일까지 배달 서비스 제공분에 대해서 ₩24,000을 인식하였다. 또한, 선수수익 중 50%의 배달 서비스를 제공하여 ₩40,000을 추가로 인식하여, 총 용역매출은 ₩264,000이다.

[2] 비용 합계의 산출

비용은 광고선전비 ₩50,000, 급여 ₩90,000, 보험료 ₩2,000, 소모품비 ₩50,000, 감가상각비 ₩12,000, 이자비용 ₩2,500, 법인세비용 ₩15,000이며, 총비용 합계는 ₩221,500이다.

수익 합계와 비용 합계를 이용하여 손익계산서를 작성해 보자.

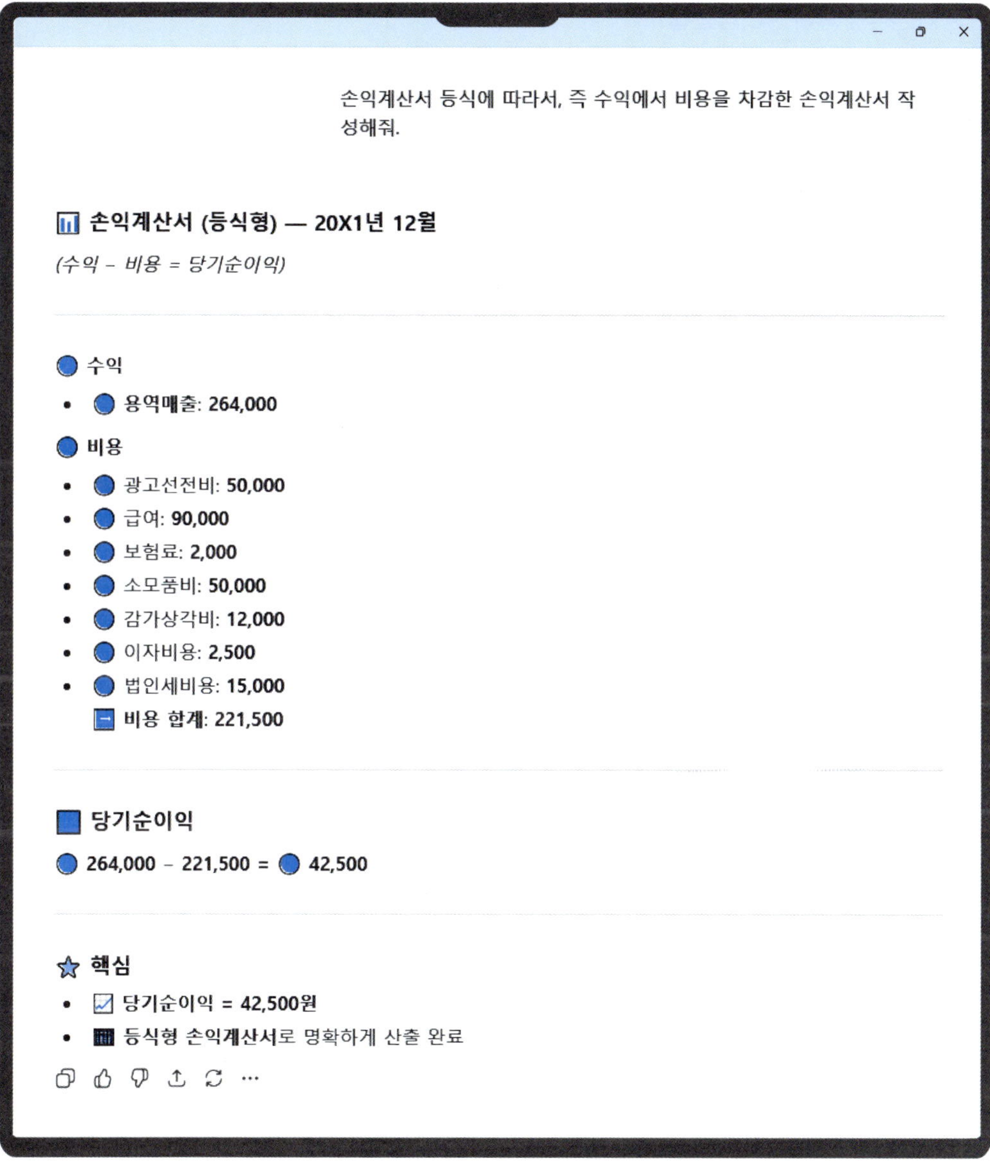 ChatGPT 결과

손익계산서 등식에 따라 손익계산서를 작성하였다. 수익 합계는 ₩264,000이고, 비용 합계는 ₩221,500이다. 따라서 당기순이익은 ₩42,500이다.

(2) K-IFRS 제1118호를 적용한 손익계산서

K-IFRS 제1118호 '재무제표 표시와 공시'에 따라 손익계산서를 작성해 보자.

[1] 영업 범주에 속하는 비용 산출

ChatGPT 결과

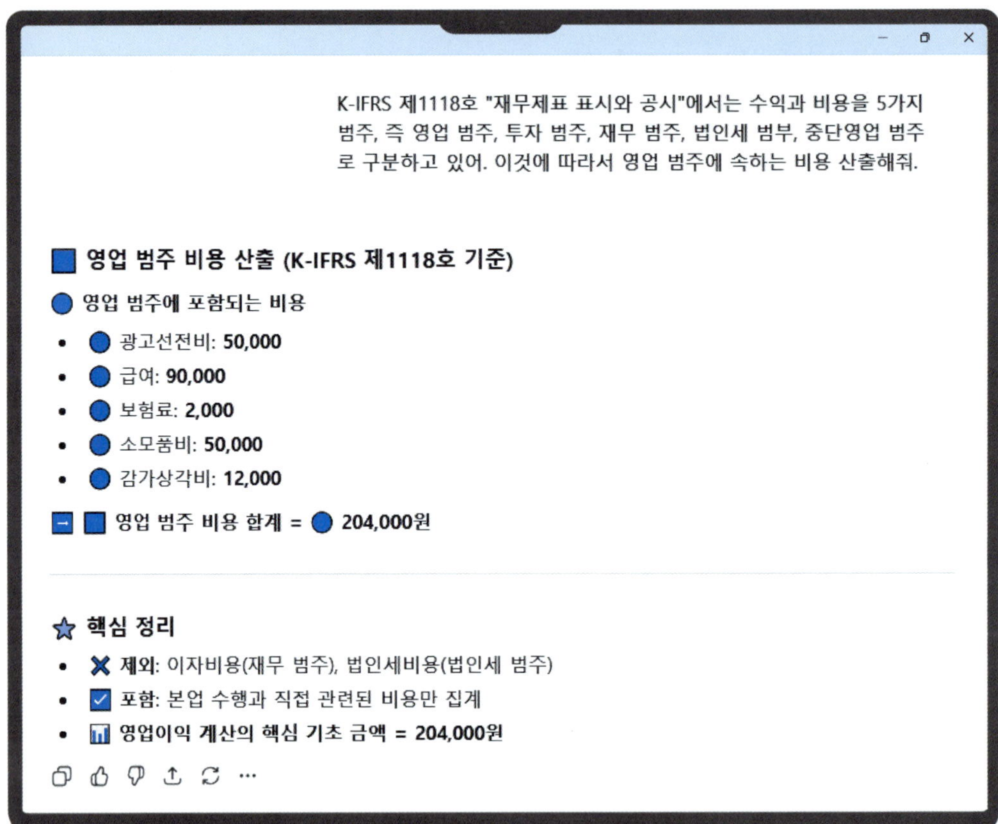

영업 범주에 속하는 비용은 기업의 주요 수익 창출 활동과 직접적으로 관련된 것이며, 관련 비용은 광고선전비 ₩50,000, 급여 ₩90,000, 보험료 ₩2,000, 소모품비 ₩50,000, 감가상각비 ₩12,000이며, 합계는 ₩204,000이다.

[2] 투자 범주에 속하는 비용 산출

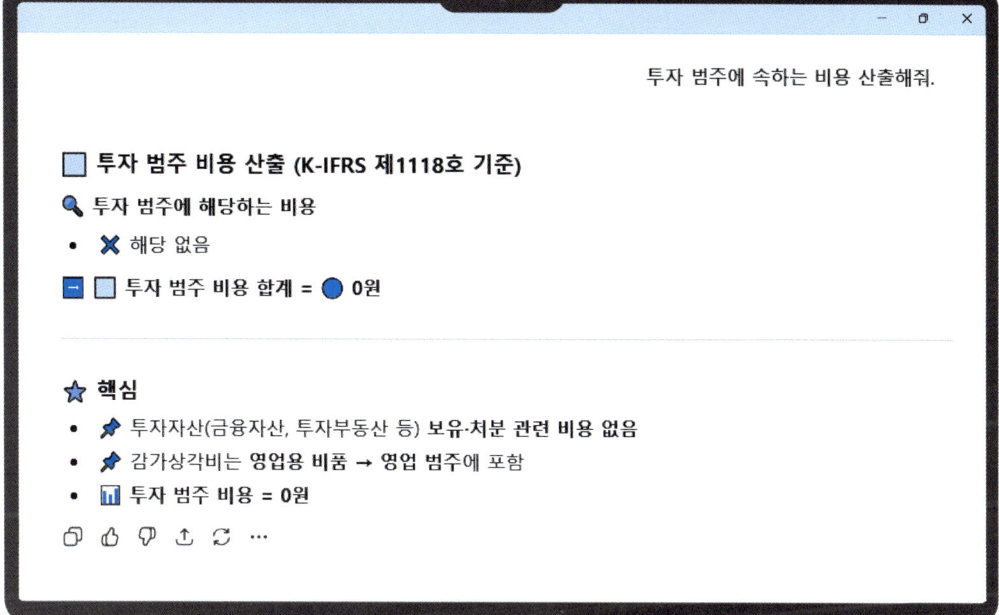

투자 범주에 속하는 비용은 금융자산 및 투자부동산의 보유와 처분에 따른 것이며, 관련 비용은 ₩0이다.

[3] 재무 범주에 속하는 비용 산출

재무 범주에 속하는 비용은 차입금 등 자금 조달과 직접적으로 관련하여 발생하는 것이며, 이자비용 ₩2,500이 여기에 해당한다.

[4] 법인세 범주에 속하는 비용 산출

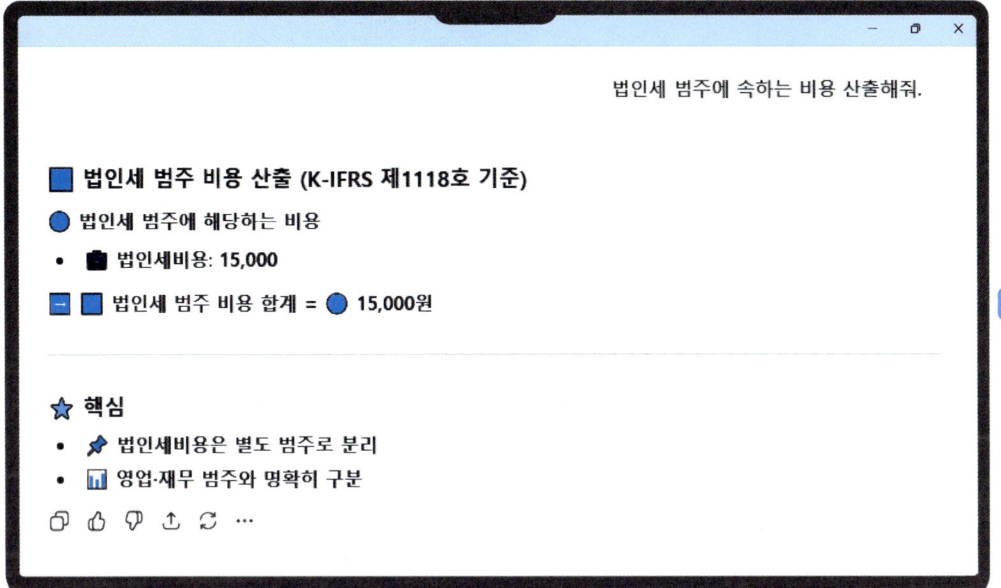

손익계산서에 포함된 법인세비용 또는 법인세수익이 법인세 범주에 포함되며, 관련 비용은 법인세비용 ₩15,000이다.

[5] 중단영업 범주에 속하는 비용 산출

중단영업에서 발생하는 수익과 비용을 중단영업 범주로 분류하며, 관련 비용은 ₩0이다.

각 범주로 분류한 수익과 비용을 이용하여 손익계산서를 작성해 보자.

 ChatGPT 결과

손익계산서를 K-IFRS 제1118호 "재무제표 표시와 공시"에 따라서 작성
해줘. "수익 - 영업비용 = 영업이익 - 투자비용 = 재무손익 및 법인세
차감전이익 - 재무비용 = 법인세차감전이익 - 법인세비용 = 당기순이
익" 구성으로 만들어줘.

📊 손익계산서 (K-IFRS 제1118호 적용)

(단위: 원 / 등식형·범주별 표시)

🔵 **수익**
- 🔵 **용역매출: 264,000**

🔵 **영업비용**
- 광고선전비: **50,000**
- 급여: **90,000**
- 보험료: **2,000**
- 소모품비: **50,000**
- 감가상각비: **12,000**
  - ↪ 🔵 **영업비용 합계: 204,000**

🟦 **영업이익**

🟦 **264,000 − 204,000 = 🔵 60,000**

🔲 **투자비용**
- 해당 없음
  - ↪ 🔲 **투자비용 합계: 0**

🟦 **재무손익 및 법인세차감전이익**

🟦 **60,000 − 0 = 🔵 60,000**

🟦 **재무비용**
- 이자비용: **2,500**

■ **법인세차감전이익**

■ 60,000 − 2,500 = ● 57,500

■ **법인세비용**

- 법인세비용: 15,000

■ **당기순이익**

■ 57,500 − 15,000 = ● 42,500

⭐ **핵심 한눈 정리**
- ● 영업이익: **60,000**
- ■ 재무비용: **2,500**
- ■ 법인세비용: **15,000**
- ■ 당기순이익: **42,500**

👉 다음 단계로 **재무상태표(K-IFRS 1118 연계)** 바로 이어서 작성해드릴게요.

🗗 👍 👎 ⤒ ♻ …

K-IFRS 제1118호 '재무제표 표시와 공시'에 따라 손익계산서를 작성하였다. 수익 합계는 ₩264,000이다. 비용 중 영업 범주에 비용 합계는 ₩204,000이고, 영업이익은 ₩60,000이다. 투자 범주에 속하는 비용이 ₩0이므로, 재무손익 및 법인세차감전이익도 ₩60,000이다. 재무 범주에 속하는 비용은 이자비용 ₩2,500이고, 법인세차감전이익은 ₩57,500이다. 마지막으로 법인세 범주에 속하는 비용은 법인세비용 ₩15,000이며, 당기순이익은 ₩42,500이다.

ChatGPT를 활용하여 손익계산서를 작성하였다. 하나는 손익계산서 등식에 따라 작성한 것이고, 다른 하나는 K-IFRS 제1118호 '재무제표 표시와 공시'에 따라 작성한 것이다. 계산의 정확성을 위해서 손익계산서를 작성하기 전에 수익 합계와 비용 합계 등을 먼저 산출한 후에 손익계산서를 작성하였다.

특히 K-IFRS 제1118호 '재무제표 표시와 공시'에 따라 손익계산서를 작성하는 경우 수익과 비용을 적절한 범주로 분류해야 하므로 손익계산서상의 수익과 비용을 영업 범주, 투자 범주, 재무 범주, 법인세 범주, 중단영업 범주 등으로 분류한 후에 손익계산서를 작성하는 것이 중요하다. 또한, 손익계산서에는 영업손익, 재무손익 및 법인세차감전손익, 당기순손익과 같은 합계 및 중간 합계가 포함되어야 하므로 중간 합계를 표시해야 한다는 점을 사전에 명확히 제시하는 것도 중요하다.

마지막으로, 사용자는 ChatGPT가 작성한 손익계산서의 적정성과 정확성을 반드시 검증해야 한다. ChatGPT가 제시한 손익계산서에 오류가 포함될 수 있다는 점을 인식하고, 손익계산서상 수익과 비용의 범주 분류가 올바른지, 중간 합계가 기준서에 따라 정확히 표시되었는지 등을 검토하여야만 손익계산서의 정확성을 높일 수 있다.

재무상태표 작성하기

1. 재무상태표의 의의

2. ChatGPT를 활용한
   재무상태표 작성 실습

1. 재무상태표의 의의

1.1 재무상태표

재무상태표(statement of financial position)는 특정 시점에 재무 상태, 즉 기업이 보유하고 있는 경제적 자원인 자산과 경제적 의무인 부채, 그리고 잔여지분인 자본에 대한 정보를 제공하는 보고서이다.

1.2 유동·비유동 표시 방법

(1) 유동·비유동 구분법

유동·비유동 구분법은 유동자산과 비유동자산, 유동부채와 비유동부채를 별도로 분류하여 재무상태표에 표시하는 방법이다.

(2) 유동성 순서에 따른 표시 방법

유동성 순서에 따른 표시 방법(유동성 배열법)이란 모든 자산과 부채를 유동성이 높은 순서대로, 또는 유동성이 낮은 순서대로 재무상태표에 표시하는 방법을 말한다. 유동·비유동 구분법보다 더욱 유용한 정보를 제공하는 경우 이 표시 방법을 사용한다.

(3) 혼합 표시 방법

한국채택국제회계기준은 ① 유동·비유동 구분법을 원칙으로 하고, 경우에 따라 ② 유동성 배열법을 선택할 수 있도록 하고 있다. 신뢰성이 있고 더욱 목적 적합한 정보를 제공한다면 자산과 부채의 일부는 ① 유동·비유동 구분법으로, 나머지는 ② 유동성 배열법에 따라 표시하는 것이 허용된다. 이러한 **혼합 표시 방법**은 기업이 다양한 사업을 영위하는 경우에 필요할 수 있다.

1.3 재무상태표의 표시

(1) 유동자산

자산은 다음의 경우에 **유동자산**(current assets)으로 분류한다.

---

① 기업의 정상영업주기 내에 실현될 것으로 예상하거나, 정상영업주기 내에 판매하거나 소비할 의도가 있다.
② 주로 단기매매 목적으로 보유하고 있다.
③ 보고기간 후 12개월 이내에 실현될 것으로 예상한다.
④ 현금이나 현금성자산으로서, 교환이나 부채상환 목적으로의 사용에 대한 제한기간이 보고기간 후 12개월을 초과하지 않는다.

영업주기(operating cycle)는 영업활동을 위한 자산의 취득 시점부터 그 자산이 현금이나 현금성자산으로 실현되는 시점까지 소요되는 기간을 말한다. 정상영업주기를 명확히 식별할 수 없는 경우에는 그 기간이 12개월인 것으로 가정한다. 유동자산의 예로는 현금및현금성자산, 매출채권, 재고자산 및 단기매매목적 보유 자산 등이 있다.

(2) 비유동자산

비유동자산(non-current assets)은 유동자산으로 분류되지 않는 자산을 말한다. 비유동자산은 보통 12개월 이상 장기간에 걸쳐 사용할 수 있는 자산으로서, 유형자산, 무형자산 및 장기의 성격을 가진 금융자산 등이 있다.

(3) 유동부채

부채는 다음의 경우에 유동부채(current liabilities)로 분류한다. 유동부채의 예로는 매입채무 그리고 종업원 및 그 밖의 영업비용에 대한 미지급비용 등이 있다.

① 정상영업주기 내에 결제될 것으로 예상하고 있다.
② 주로 단기매매 목적으로 보유하고 있다.
③ 보고기간 후 12개월 이내 결제하기로 되어 있다.
④ 보고기간 말 현재 보고기간 후 12개월 이상 부채의 결제를 연기할 수 있는 권리를 가지고 있지 않다.

(4) 비유동부채

비유동부채(non-current liabilities)는 유동부채로 분류되지 않는 부채를 말한다. 비유동부채는 보통 12개월 이후에 갚아야 하는 부채로서, 장기차입금, 이연법인세부채 및 장기충당부채 등이 있다.

(5) 자본

자본(equity)은 다음의 5가지 항목으로 구분된다. 이 중에서 자본금, 자본잉여금 및 자본조정은 자본거래를 통한 자본 변동을 반영하고, 기타포괄손익누계액과 이익잉여금은 영업거래를 통한 자본 변동을 반영한다. 자본 항목과 내용은 다음 [표 6-1]과 같다.

[표 6-1] 자본의 항목

항목	내용
자본금 (capital stock)	납입자본 중 주식의 액면금액에 해당하는 부분. 보통주자본금과 우선주자본금으로 구성
자본잉여금 (capital surplus)	자본거래인 증자활동이나 감자활동 등의 거래에서 발생하는 잉여금. 주식발행초과금, 감자차익, 자기주식처분이익 등
자본조정 (capital adjustments)	자본거래에서 발생했으나 자본금이나 자본잉여금에 속하지 않는 임시적 항목. 주식할인발행차금, 감자차손, 자기주식, 자기주식처분손실 등
기타포괄손익누계액 (accumulated other comprehensive income)	영업활동으로 인한 수익과 비용 중에서 주로 자산평가에서 발생하는 미실현손익의 누계액. 유형자산의 재평가잉여금, 기타포괄손익인식 금융자산평가손익 등
이익잉여금 (retained earnings)	영업활동으로 인한 순이익 중에서 배당되지 않고 기업에 유보된 이익누계액. 적립금과 미처분이익잉여금으로 구분되며, 미처분이익잉여금이 배당의 대상임

1.4 재무상태표 작성

4장에서 작성한 수정후 시산표로부터 재무상태표 계정인 자산, 부채 및 자본 계정을 모아 유동·비유동 구분법에 따라 재무상태표를 작성하면 다음과 같다.

재무상태표

HK 주식회사		20×1년 12월 31일 현재			(단위 : 원)
현　　　　　금		626,000	선　수　수　익		40,000
매　출　채　권		224,000	미　지　급　금		200,000
선　급　비　용		22,000	미　지　급　비　용		92,500
소　　모　　품		20,000	미　지　급　법　인　세		15,000
유　동　자　산		892,000	**유　동　부　채**		347,500
보　　증　　금		100,000	장　기　차　입　금		300,000
비　　　　　품	300,000		**비　유　동　부　채**		300,000
감　가　상　각　누　계　액	(12,000)[1]	288,000	**부　채　총　계**		647,500
비　유　동　자　산		388,000	자　　본　　금		600,000
			이　익　잉　여　금		32,500[2]
			자　본　총　계		632,500
자　산　총　계		1,280,000	**부채와　자본총계**		1,280,000

[1] 시산표상에 감가상각누계액은 대변 잔액이지만 유형자산의 차감 계정이기 때문에 자산에 (-)로 표시한다.
[2] 기말이익잉여금 = ₩0(기초이익잉여금) + 42,500(당기순이익) - 10,000(배당금) = ₩32,500

4장에서 작성한 수정후 시산표로부터 재무상태표 계정인 자산, 부채 및 자본 계정을 모아 유동성 배열법에 따라 재무상태표를 작성하면 다음과 같다.

재무상태표

HK 주식회사		20×1년 12월 31일 현재			(단위 : 원)
현　　　　　금		626,000	선　수　수　익		40,000
매　출　채　권		224,000	미　지　급　금		200,000
선　급　비　용		22,000	미　지　급　비　용		92,500
소　　모　　품		20,000	미　지　급　법　인　세		15,000
보　　증　　금		100,000	장　기　차　입　금		300,000
비　　　　　품	300,000		**부　채　총　계**		647,500
감　가　상　각　누　계　액	(12,000)	288,000	자　　본　　금		600,000
			이　익　잉　여　금		32,500
			자　본　총　계		632,500
자　산　총　계		1,280,000	**부채와　자본총계**		1,280,000

4장에서 작성한 수정후 시산표로부터 재무상태표 계정인 자산, 부채 및 자본 계정을 모아 혼합 표시 방법에 따라 재무상태표를 작성하면 다음과 같다. 여기서 자산은 유동·비유동 구분법을, 부채는 유동성 배열법을 적용해서 작성한다.

재무상태표

HK 주식회사		20×1년 12월 31일 현재			(단위 : 원)
현　　　　　금		626,000	선　수　수　익		40,000
매　출　채　권		224,000	미　지　급　금		200,000
선　급　비　용		22,000	미　지　급　비　용		92,500
소　　모　　품		20,000	미　지　급　법　인　세		15,000
유　동　자　산		892,000	장　기　차　입　금		300,000
보　　증　　금		100,000	**부　채　총　계**		647,500
비　　　　　품	300,000		자　　본　　금		600,000
감　가　상　각　누　계　액	(12,000)	288,000	이　익　잉　여　금		32,500
비　유　동　자　산		388,000	**자　본　총　계**		632,500
자　산　총　계		1,280,000	**부　채　와　자　본　총　계**		1,280,000

2. ChatGPT를 활용한 재무상태표 작성 실습

2.1 ChatGPT를 활용한 재무상태표 작성의 핵심 원칙

ChatGPT를 활용하여 재무상태표를 효율적이고 정확하게 작성하기 위해서는 재무상태표의 표시 방법을 사전에 명확히 제시하는 것이 중요하다. 재무상태표의 표시 방법으로는 유동·비유동 구분법, 유동성 배열법 및 혼합 표시 방법 등이 있다. 한국채택국제회계기준은 유동·비유동 구분법을 원칙으로 하고 있으나, 식별 가능한 영업주기 내에서 재화나 용역을 제공하지 않는 금융회사와 같은 일부 기업에서 유동성 순서에 따른 표시 방법이 신뢰성 있고 더욱 목적 적합한 정보를 제공한다면 유동성 배열법의 적용이 허용된다. 또한, 기업이 서로 다른 성격의 사업을 동시에 영위하는 경우에 혼합 표시 방법을 사용할 수 있다.

유동·비유동 구분법을 적용하는 경우 유동자산과 비유동자산, 유동부채와 비유동부채를 적정하게 구분하는 것이 중요하다. 따라서 유동·비유동 구분이 애매한 계정이 존재하는 경우에는 해당 계정을 유동 또는 비유동으로 분류하도록 사전에 명확히 지시하는 것이 필요하다. 예를 들어, 사채의 만기가 결산일로부터 1년 이내로 도래한 경우에 비유동부채가 아니라 유동부채로 분류해야 하므로 이러한 사항을 ChatGPT에 명확히 제시해야 재무상태표상 계정 분류에 따른 오류를 방지할 수 있다.

재무제표 작성의 핵심 사항 중 하나는 자산 합계와 부채 및 자본 합계의 일치 여부이다. 이를 위해서 유동자산 및 비유동자산의 합계 등 중간 합계를 단계적으로 산출하면 정확한 재무제표를 작성하는 데 도움이 된다.

다음 [표 6-2]는 ChatGPT를 활용한 재무상태표 작성 실습에서 정확도를 높일 수 있는 핵심 원칙을 정리한 것이다.

[표 6-2] ChatGPT를 활용한 재무상태표 작성의 핵심 원칙

핵심 원칙	내 용
재무제표의 표시 방법 제시	유동·비유동 구분법, 유동성 배열법, 혼합 표시 방법 등 재무제표의 표시 방법을 명확히 제시
유동·비유동 구분	유동·비유동 구분법을 사용하는 경우 유동자산과 비유동자산, 유동부채와 비유동부채를 명확히 구분
중간합계 산출	자산 합계와 부채 및 자본 합계가 일치하도록 '유동자산 합계' 등 중간합계를 산출하도록 지시
수정·보완	유동·비유동을 잘못 구분하거나 합계를 잘못 계산한 경우 올바른 결과로 수정 지시
결과 검증 절차의 수행	ChatGPT의 출력 결과에 대해 유동·비유동 구분의 적정성 및 합계 계산의 정확성 등을 사용자가 직접 검토

2.2 재무상태표 작성 실습

4장에서 작성한 수정후 시산표로부터 재무상태표 계정인 자산, 부채 및 자본 계정을 모아 재무상태표를 작성해 보자.

(1) 중간 합계 산출

[1] 유동자산 합계의 산출

ChatGPT 결과

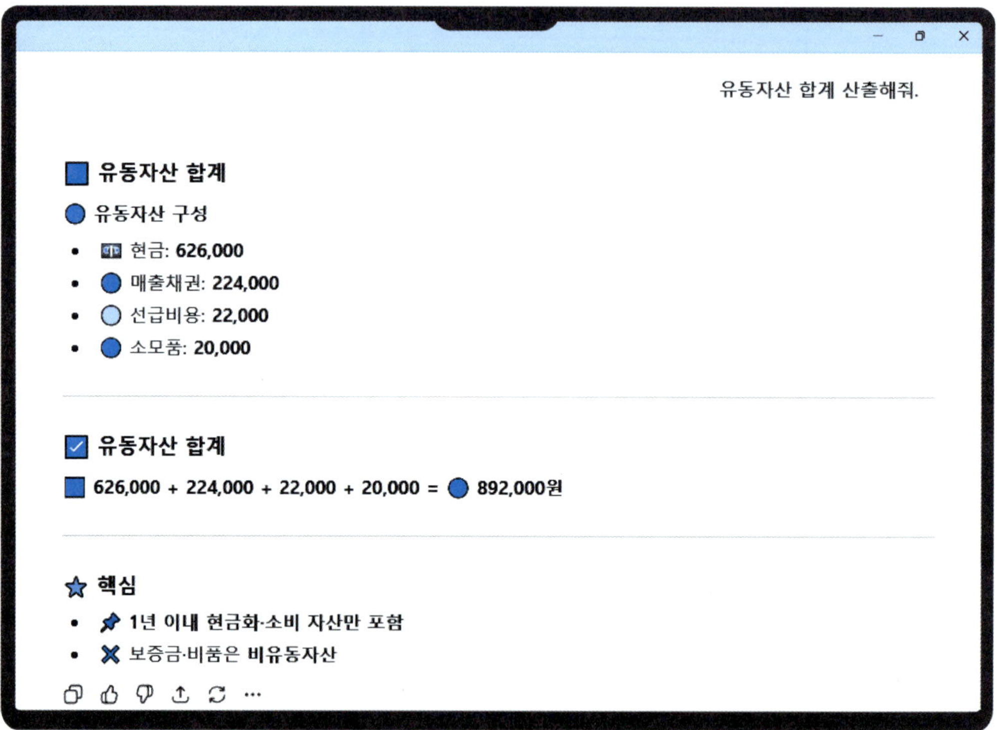

ChatGPT를 활용하여 재무상태표를 작성하기 전에 중간 합계를 단계적으로 산출하도록 지시하면 재무상태표 작성 결과에 대한 오류를 최소화할 수 있다. 이에 따라서 먼저 유동자산 합계를 산출하였다. 유동자산은 현금 ₩626,000, 매출채권 ₩224,000, 선급비용 ₩22,000, 그리고 소모품 ₩20,000이며, 유동자산 합계는 ₩892,000이다.

[2] 비유동자산 합계의 산출

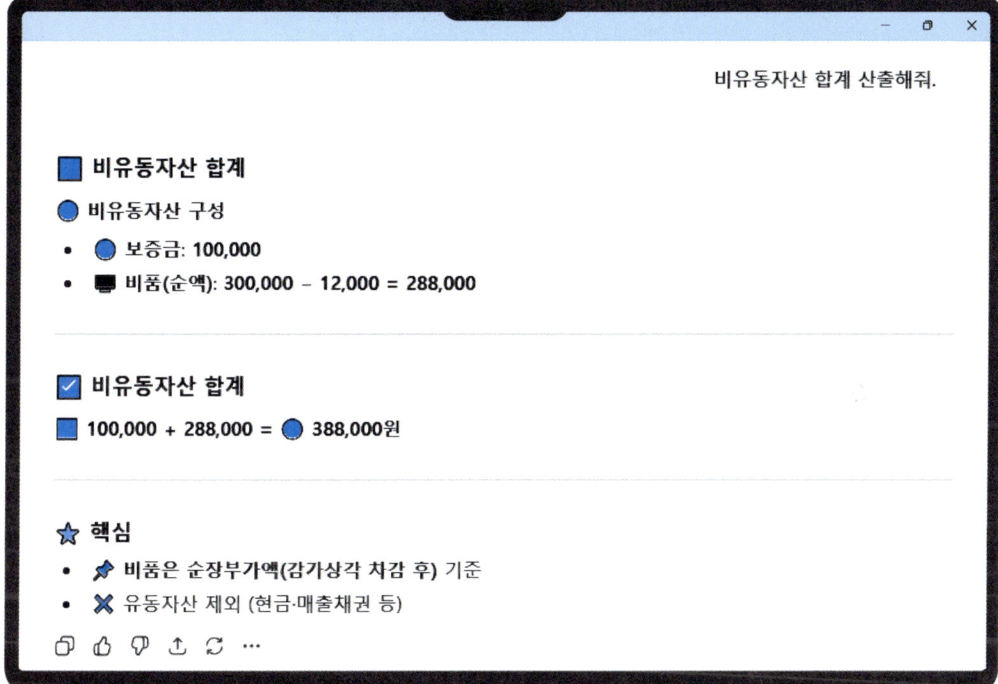

비유동자산은 보증금 ₩100,000, 비품 ₩300,000, 그리고 비품에 대한 감가상각누계액 (-)₩12,000이며, 비유동자산 합계는 ₩388,000이다.

ChatGPT 결과

유동부채는 선수수익 ₩40,000, 미지급금 ₩200,000, 미지급비용 ₩92,500, 그리고 미지급법인세 ₩15,000이며, 유동부채 합계는 ₩347,500이다.

[4] 비유동부채 합계 산출

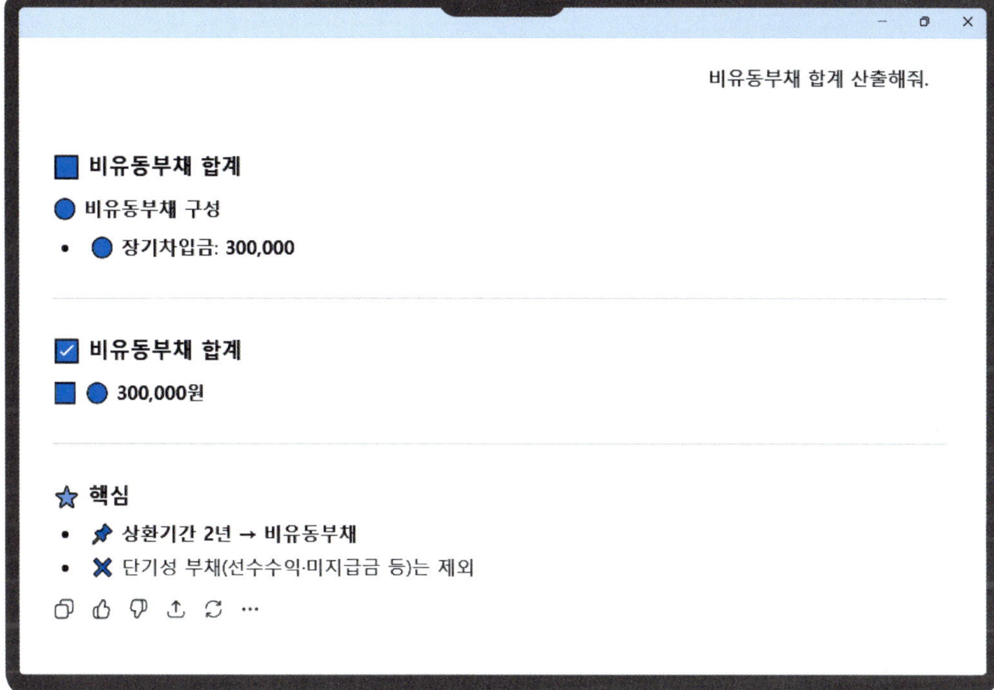

비유동부채는 장기차입금 ₩300,000만으로 구성되어 있으며, 따라서 비유동부채 합계
는 ₩300,000이다.

[5] 기말 이익잉여금 산출

기말 이익잉여금은 기초 이익잉여금에 당기순이익을 더하고 배당금을 차감하여 계산한다(기말 이익잉여금 = 기초 이익잉여금 + 당기순이익 - 배당금). 기초 이익잉여금은 ₩0, 당기순이익은 ₩42,500이고, 배당금을 ₩10,000 지급하였다. 따라서 기말 이익잉여금은 ₩32,500이다.

[6] 자본 합계의 산출

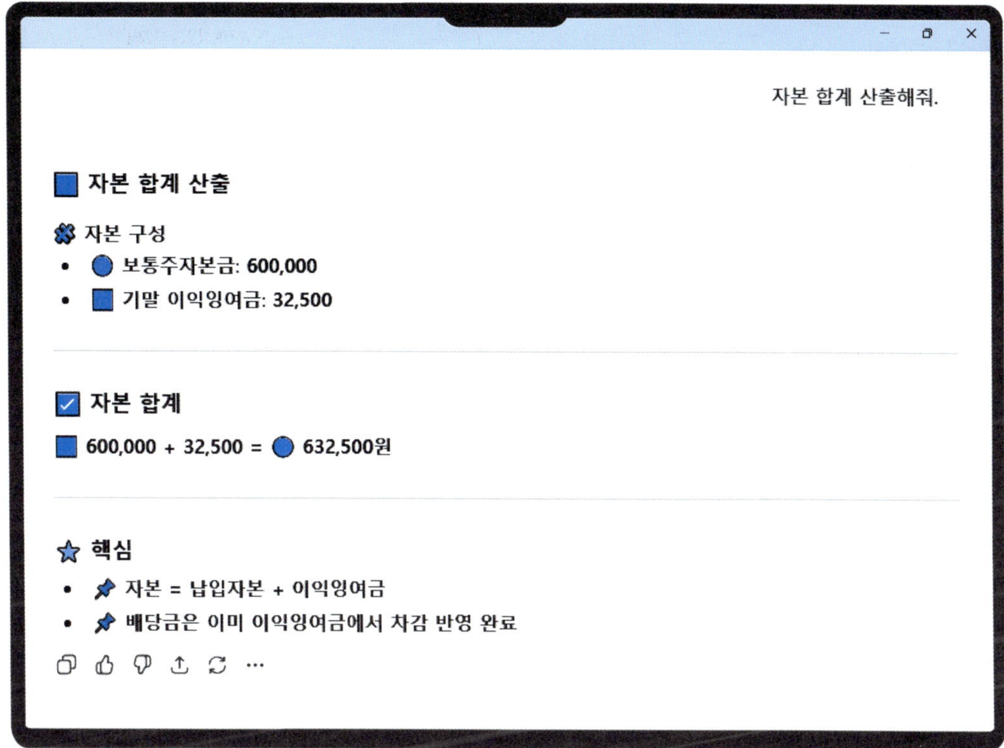 ChatGPT 결과

자본은 보통주자본금 ₩600,000과 기말 이익잉여금 ₩32,500으로 구성되어 있으며, 따라서 자본 합계는 ₩632,500이다.

(2) 유동·비유동 구분법을 적용한 재무상태표

유동·비유동 구분법에 따라 재무상태표를 작성해 보자.

ChatGPT 결과

■ **부채 총계**

■ 347,500 + 300,000 = ● 647,500

■ **자본**

- ● 보통주자본금: 600,000
- ■ 이익잉여금: 32,500

→ ■ 자본 합계: ● 632,500

■ **부채와 자본 총계**

■ 647,500 + 632,500 = ● 1,280,000

★ **핵심 체크**

- ☑ 자산 = 부채 + 자본 (1,280,000) ✔
- 📌 유동·비유동 구분 명확
- 📌 K-IFRS 제1118호 손익 → 이익잉여금 연계 완료

👉 다음으로 유동성 배열법 재무상태표도 바로 만들어드릴까요?

🗗 👍 👎 ⬆ ⟳ …

유동·비유동 구분법에 따라 재무상태표를 작성하였다. 유동자산 ₩892,000, 비유동자산은 ₩388,000이고, 자산 합계는 ₩1,280,000이다. 유동부채는 ₩347,500, 비유동부채는 ₩300,000이고, 부채 합계는 ₩647,500이다. 자본 합계는 ₩632,500이며, 따라서 부채 및 자본 합계는 ₩1,280,000이고, 자산 합계와 일치한다는 것을 확인할 수 있다.

(3) 유동성 배열법을 적용한 재무상태표

유동성 배열법에 따라 재무상태표를 작성해 보자.

⑤ ChatGPT 결과

⭐ **핵심**

- 📌 **유동성 기준 배열**: 현금 → 매출채권 → 기타자산
- 📌 **부채도 단기성 → 장기성 순**
- ☑ **자산 = 부채 + 자본 완벽 일치**

⊓ 👍 👎 ⬆ ↻ …

유동성 배열법에 따라 재무상태표를 작성하였다. 자산 합계는 ₩1,280,000이고, 부채 합계는 ₩647,500이다. 자본 합계는 ₩632,500이며, 따라서 부채 및 자본 합계는 ₩1,280,000이고, 자산 합계와 일치한다는 것을 확인할 수 있다.

(4) 혼합 표시 방법을 적용한 재무상태표

혼합 표시 방법에 따라 재무상태표를 작성해 보자. 여기서 자산은 유동·비유동 구분법을, 부채는 유동성 배열법을 적용해서 작성한다.

⑤ ChatGPT 결과

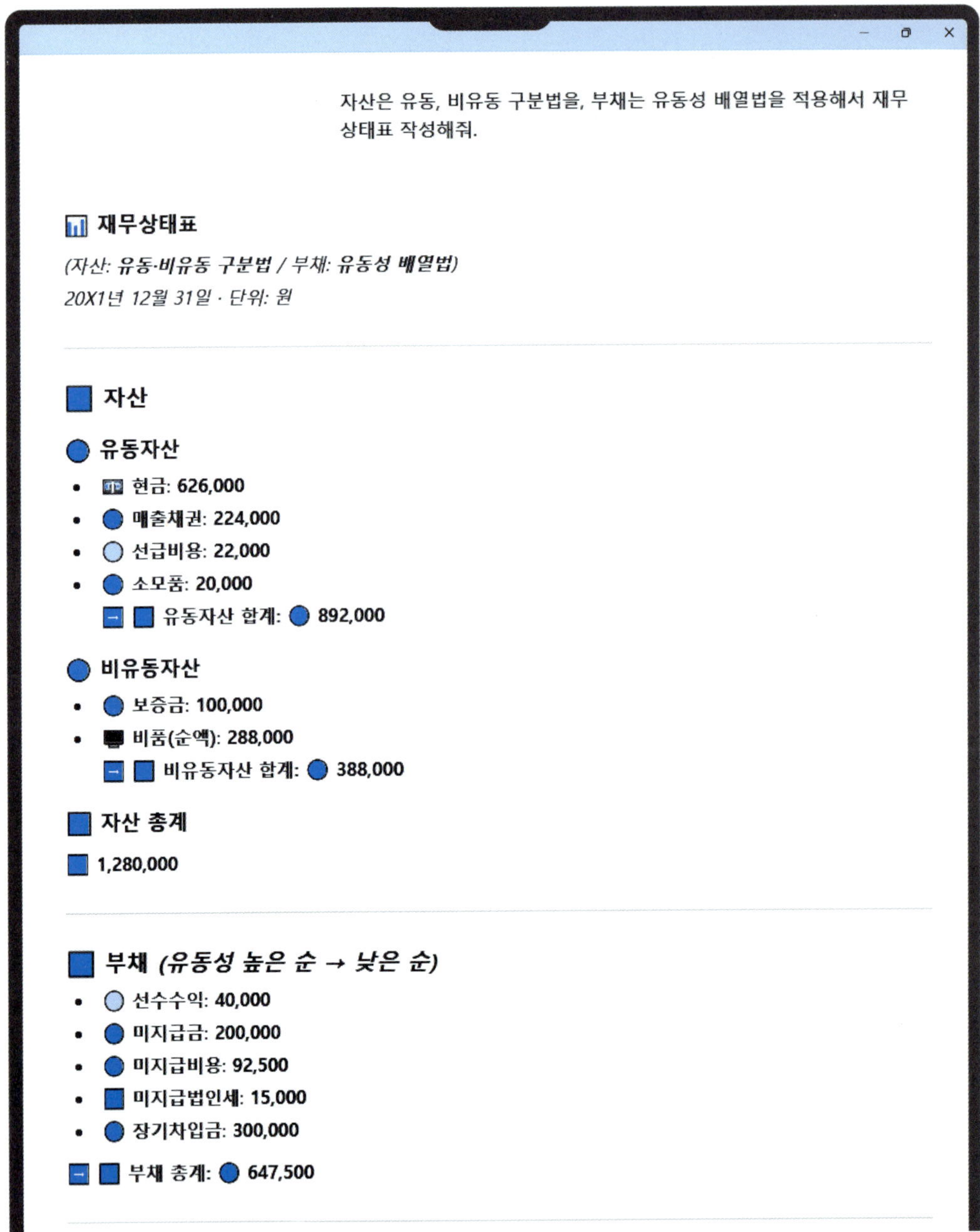

혼합 표시 방법에 따라 재무상태표를 작성하였다. 유동자산 ₩892,000, 비유동자산은 ₩388,000이고, 자산 합계는 ₩1,280,000이다. 부채 합계는 ₩647,500이고, 자본 합계는 ₩632,500이다. 따라서 부채 및 자본 합계는 ₩1,280,000이고, 자산 합계와 일치한다는 것을 확인할 수 있다.

ChatGPT를 활용하여 재무상태표를 작성하였다. 정확한 재무상태표 작성을 위해서는 한국채택국제회계기준에서 허용하고 있는 표시 방법을 명확히 제시하는 것이 중요하며, 이에 따라 유동·비유동 구분법, 유동성 배열법 및 혼합 표시 방법 중 하나에 따라서 작성하도록 지시하였다.

특히 유동·비유동 구분법에 따른 재무상태표를 작성할 때 중요한 점은 유동자산과 비유동자산, 유동부채와 비유동부채 등을 적정하게 구분하는 것이다. 또한, 자산 합계와 부채 및 자본 합계를 일치시키는 것이 중요하기 때문에 ChatGPT를 활용하여 재무상태표를 작성하기 전에 '유동자산 합계', '비유동자산 합계', '유동부채 합계' 및 '비유동부채 합계' 등 중간 합계를 먼저 산출함으로써 유동·비유동을 적정하게 구분하고 자산 합계와 부채 및 자본 합계를 정확하게 계산하도록 하였다.

한편, 기말 이익잉여금은 '기초 이익잉여금 + 당기순이익 – 배당금'이라는 공식을 통해서 계산된다. 따라서 자본 합계를 산출하기 전에 기말 이익잉여금에 대한 계산을 지시함으로써 자본 합계의 정확성을 높일 수 있다.

마지막으로, 사용자는 ChatGPT가 작성한 재무상태표의 적정성과 정확성을 반드시 검증해야 한다. ChatGPT가 제시한 재무상태표에 오류가 포함될 수 있다는 점을 인식하고, 재무상태표상 자산, 부채 및 자본의 분류가 적정한지, 유동·비유동 구분이 기준에 부합한지, 중간 합계와 최종 합계가 정확한지 등을 검토하여야만 재무상태표의 정확성을 높일 수 있다.

Chapter 7

재고자산 알아보기

1. 재고자산의 의의

2. ChatGPT를 활용한
재고자산 계산 실습

1. 재고자산의 의의

1.1 재고자산

기업의 정상 영업활동 과정에 생산 또는 판매를 목적으로 보유하고 있는 자산을 재고자산 (inventory)이라고 한다. 한국채택국제회계기준에 의하면 재고자산은 다음의 자산을 말한다.

① 통상적인 영업 과정에서 판매를 위하여 보유 중인 자산
② 통상적인 영업 과정에서 판매를 위하여 생산 중인 자산
③ 통상적인 용역 제공에 사용될 원재료나 소모품

상품 매매 기업은 상품을 재고자산으로 가지고 있는 반면에, 제조 기업인 경우에는 제품, 재공품 및 원재료 형태의 재고자산을 가지고 있다. 각 재고자산의 유형별 정의는 다음 [표 7-1]과 같다.

[표 7-1] 재고자산의 유형별 정의

재고자산	정의
상품	기업의 정상 영업활동 과정에서 판매를 목적으로 보유하는 재고자산으로 추가적인 가공 없이 판매할 수 있도록 외부에서 구입하여 보유하고 있는 재고자산
제품	기업의 정상 영업활동 과정에서 판매를 목적으로 기업 내부에서 생산한 재고자산
재공품	제조 과정 중에 있는 아직 제품으로 완성되지 않은 재고자산
원재료	생산을 목적으로 구매한 것으로 아직 제조 과정에 투입되기 전의 재고자산

1.2 재고자산의 원가결정 방법(원가 흐름에 대한 가정)

(1) 선입선출법

선입선출법(FIFO, first-in first-out method)은 실제 물량 흐름과 관계없이 먼저 매입한 상품을 먼저 판매하는 것으로 가정하는 방법이다. 따라서 기말재고자산은 가장 최근에 매입한 항목 순으로 구성되고, 매출원가는 가장 오래전에 매입된 가격으로 손익계산서에 계상된다.

선입선출법의 장점은 대부분의 기업들이 오래된 상품을 먼저 판매하기 때문에 실물 흐름과 원가 흐름이 일치할 가능성이 높다. 또한, 가장 최근에 매입한 상품이 기말재고자산을 구성하기 때문에 시가나 공정가치에 근접하게 재무제표에 표시된다.

선입선출법의 단점은 매출원가는 가장 오래전에 매입된 가격으로 표시되고 매출액은 현행의 판매가격으로 표시되기 때문에 수익-비용 대응이 적절히 이루어지지 않는다는 점이다. 또한, 가격이 상승하는 인플레이션 기간에는 낮은 매출원가가 계산되기 때문에 당기순이익이 과대하게 보고되는 경향이 있다.

(2) 후입선출법

후입선출법(LIFO, last-in first-out method)은 나중에 매입한 재고자산을 먼저 판매하는 것으로 가정하는 방법이다. 따라서 가장 최근에 매입한 항목 순으로 매출원가를 구성한다. 한국채택국제회계기준은 후입선출법의 사용을 허용하지 않고 있다.

후입선출법의 장점은 매출원가가 가장 최근에 매입된 가격으로 표시되기 때문에 수익과 비용이 모두 현행 원가에 근접하게 보고되어 수익-비용 대응이 적절히 이루어진다는 점이다. 또한, 이 때문에 절세 효과를 누릴 수 있다는 장점이 있다.

후입선출법의 단점은 일반적으로 실물 흐름과 원가 흐름이 일치하지 않는 점과 기말재고자산이 시가나 공정가치를 반영하지 못한다는 점이다. 또한, 판매 수량보다 구입 수량을 적게 하여 이익 조작이 가능하다는 가장 큰 단점이 있다.

(3) 평균법

평균법(average method)은 기초재고자산과 당기에 매입한 재고자산의 원가를 가중평균하여 단위원가를 결정하는 방법이다.

평균법은 재고자산의 장부 기록 방법에 따라 그 명칭이 다르다. 계속기록법 하에서의 평균법을 이동평균법이라 하고, 실지재고조사법 하에서의 평균법을 총평균법이라고 한다.

평균법은 임의적인 조작이 어렵고 객관적이기 때문에 실무에서 많이 사용되는 방법이다. 그러나 계속기록법 하에서는 재고자산의 구입원가가 달라질 때마다 새로운 평균원가를 계산해야 하는 단점이 있다.

1.3 재고자산의 원가배분

기초재고자산과 당기매입액을 합쳐서 판매가능 재고자산이라고 한다. 이 중에서 일부분은 판매되어 매출원가를 구성하고 판매되지 않고 남아있는 재고자산은 기말재고자산이 될 것이다. 여기서, 다음과 같은 관계를 확인할 수 있다.

> 기초재고량 + 당기매입량 = 당기매출량 + 기말재고량
> (판매가능 재고량)
> 기초재고원가 + 당기매입원가 = 매출원가 + 기말재고원가
> (판매가능 재고원가)

이러한 관계를 도식화하면 다음 [그림 7-1]과 같다.

[그림 7-1] 재고자산의 원가배분

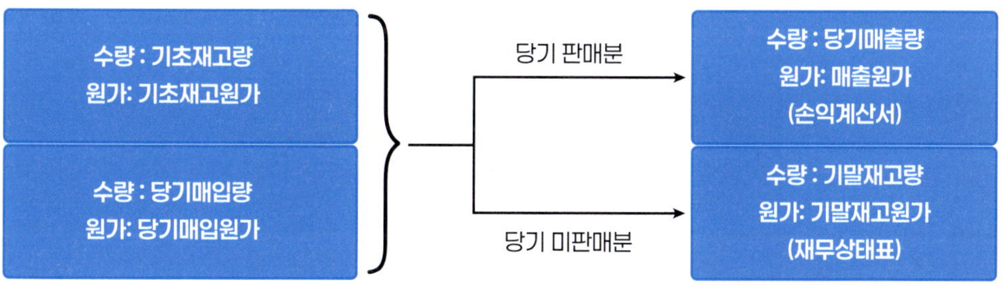

그림에서 보는 바와 같이 판매가능 재고자산 중 당기에 판매분은 매출원가로 대체되고, 판매되지 않고 남아있는 미판매분은 기말 현재 회사가 보유하는 기말재고자산이 되는데,

이렇게 판매가능 재고자산을 매출원가와 기말재고자산으로 구분하는 과정을 재고자산의 원가배분(cost allocation)이라고 한다.

판매가능 재고자산이 매출원가와 기말재고자산으로 보고되도록 적절한 회계처리가 필요한데, 여기에는 계속기록법과 실지재고조사법이라고 하는 두 가지 방법이 있다.

(1) 계속기록법

계속기록법(perpetual inventory system)은 재고자산을 매입 또는 매출할 때마다 재고자산 계정을 계속적으로 기록하는 방법이다. 따라서 보고기간 중에 매출원가와 재고자산의 재고수량을 정확히 파악할 수 있다. 계속기록법의 회계처리를 제시하면 다음과 같다.

```
〈매입 시〉
    (차변)   재 고 자 산              ×××   (대변)   매 입 채 무              ×××
                                              ( 또 는  현 금 )

〈매출 시〉
    (차변)   매 출 채 권              ×××   (대변)   매          출          ×××
             ( 또 는  현 금 )
    (차변)   매 출 원 가              ×××   (대변)   재 고 자 산              ×××

〈결산 시〉
    수정분개 없음
```

계속기록법에서는 재고자산 총계정원장을 통해서 매입 내역과 매출 내역을 확인할 수 있기 때문에 남아있는 기말재고자산의 수량과 금액을 확인할 수 있고 결산 시 별도의 수정분개는 필요 없다. 따라서 기말재고자산을 산출하는 식을 다음과 같이 나타낼 수 있다.

$$기말재고자산 = 기초재고자산 + 당기매입액 - 매출원가$$

(2) 실지재고조사법

계속기록법을 적용하면 재고자산을 판매할 때마다 매출원가를 기록해야 하기 때문에 판매거래가 빈번하게 발생할 경우 판매되는 재고자산의 취득원가가 얼마인지 일일이 파악해야 하는 번거로움이 있다. 이러한 번거로움을 피할 수 있는 방법이 기간법(periodic inventory system) 또는 **실지재고조사법**이다.

    실지재고조사법은 회계기간 중에 재고자산의 매매거래를 간편하게 회계처리하기 위해서 재고자산을 매입할 때에는 재고자산 계정이 아니라 매입 계정(비용)의 증가로 회계처리한다. 또한 재고자산을 매출할 때에는 매출만 인식할 뿐 재고자산을 매출원가로 대체하는 회계처리를 하지 않는다.

    실지재고조사법을 사용하면 재고자산 계정의 변동과 매출원가를 모두 인식하지 않기 때문에 결산일 현재 수정전 시산표에는 재고자산 계정이 기초 잔액으로 표시되고, 매입 계정만 표시되어 있을 뿐 매출원가는 표시되어 있지 않다. 따라서 결산일에 재고자산에 대한 실지재고조사를 통해서 재고자산이 얼마나 남아 있는지 확인하여 이를 기말재고자산 잔액으로 결정하고, 매입 대신에 매출원가가 표시되도록 결산 시 수정분개를 해야 한다. 실지재고조사법의 회계처리를 제시하면 다음과 같다.

<매입 시>					
(차변)	매 입	×××	(대변)	매 입 채 무 (또 는 현 금)	×××
<매출 시>					
(차변)	매 출 채 권 (또 는 현 금)	×××	(대변)	매 출	×××
<결산 시>					
(차변)	기 말 재 고 자 산	×××	(대변)	기 초 재 고 자 산	×××
	매 출 원 가	×××		매 입	×××

    실지재고조사법에서는 장부상으로 매출원가와 남아 있는 기말재고자산의 수량과 금액을 알 수 없기 때문에 결산일에 재고자산에 대한 실지재고조사를 통해서 재고자산이 얼마나 남아 있는지 확인하여 이를 기말재고자산 잔액으로 결정한 후에 매출원가를 파악할 수 있다. 따라서 매출원가를 산출하는 식을 다음과 같이 나타낼 수 있다.

매출원가 = 기초재고자산 + 당기매입액 - 기말재고자산

다음 (예 1)을 통해서 재고자산의 원가결정 방법을 비교해 보자.

MK 주식회사는 오토바이를 판매하는 상품 매매 기업이다. 당기 상품의 매입 및 매출 자료는 다음과 같다. 선입선출법, 후입선출법 및 평균법에 따라 MK 주식회사의 당기 매출원가와 기말재고자산, 매출총이익을 계산해 보자. 단, 실지재고조사 결과 기말재고자산의 수량은 25개이다.

	수량	단가
기초 상품(12월 1일)	10개	₩1,000
당기 상품 매입(12월 5일)	40개	₩1,100
당기 매출(12월 10일)	30개	₩1,500
당기 상품 매입(12월 15일)	40개	₩1,215
당기 매출(12월 25일)	35개	₩1,500

(1) 선입선출법

[1] 실지재고조사법

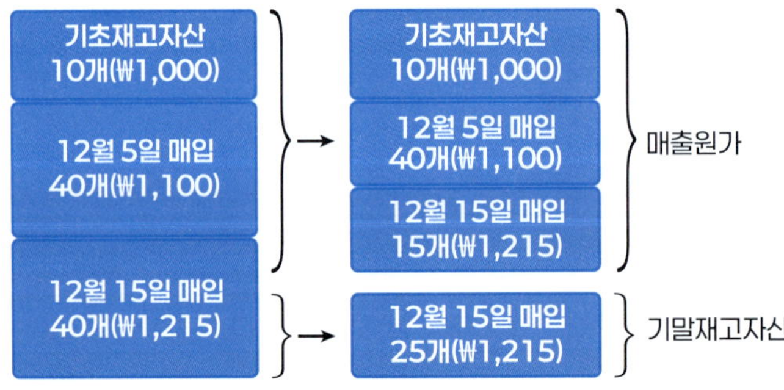

기말재고자산 25개는 12월 15일 매입분 중 25개로 구성되어 있다고 가정한다.

① 기말재고자산 = 25개×₩1,215 = ₩30,375

② 매출원가 = ₩10,000(기초재고자산) + (44,000 + 48,600)(당기매입액)

$$- 30,375(기말재고자산) = ₩72,225$$

또는 매출원가 = 10개×₩1,000 + 40개×₩1,100 + 15개×₩1,215 = ₩72,225

③ 매출 = 65개×₩1,500 = ₩97,500

매출총이익 = ₩97,500 - 72,225 = ₩25,275

[2] 계속기록법

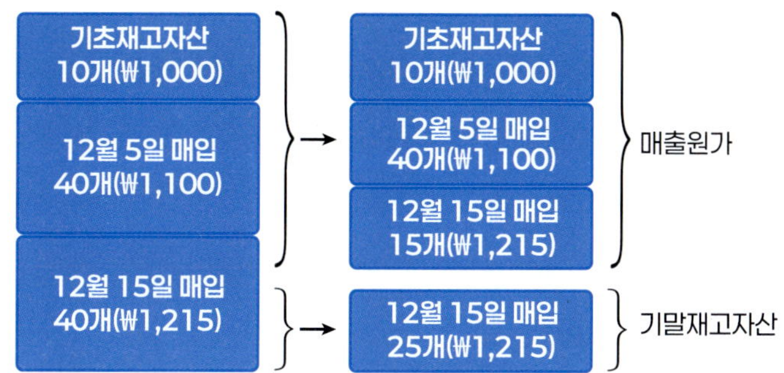

기말재고자산 25개는 12월 15일 매입분 중 25개로 구성되어 있다고 가정한다. 선입선출법의 경우 실지재고조사법과 계속기록법의 기말재고자산 구성은 항상 동일하다.

① 기말재고자산 = 25개×₩1,215 = ₩30,375

② 매출원가 = ₩10,000(기초재고자산) + (44,000 + 48,600)(당기매입액)

$\qquad$ − 30,375(기말재고자산) = ₩72,225

또는 매출원가 = 10개×₩1,000 + 40개×₩1,100 + 15개×₩1,215 = ₩72,225

③ 매출 = 65개×₩1,500 = ₩97,500

매출총이익 = ₩97,500 − 72,225 = ₩25,275

(2) 후입선출법

[1] 실지재고조사법

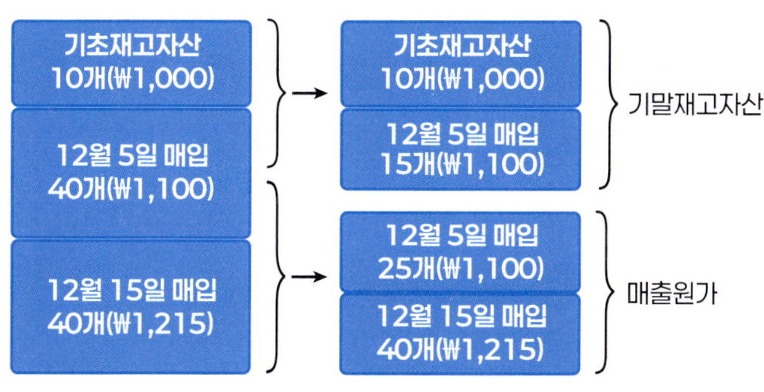

기말재고자산 25개는 기초재고 10개와 12월 5일 매입분 중 15개로 구성되어 있다고 가정한다.

① 기말재고자산 = 10개×₩1,000 + 15개×₩1,100 = ₩26,500

② 매출원가 = ₩10,000(기초재고자산) + (44,000 + 48,600)(당기매입액)

      - 26,500(기말재고자산) = ₩76,100

또는 매출원가 = 25개×₩1,100 + 40개×₩1,215 = ₩76,100

③ 매출 = 65개×₩1,500 = ₩97,500

매출총이익 = ₩97,500 - 76,100 = ₩21,400

[2] 계속기록법

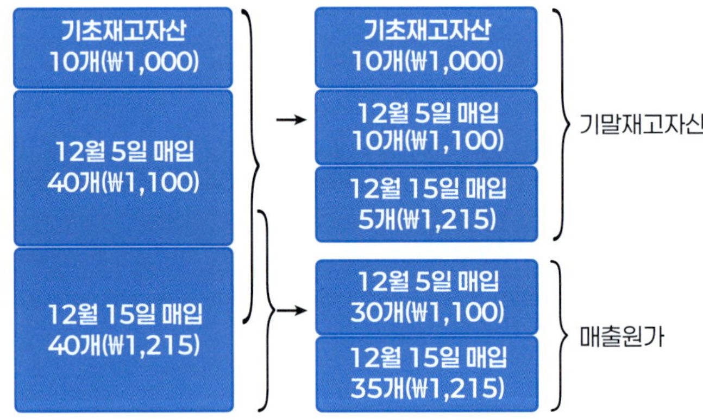

기말재고자산 25개는 매출 당시에 가장 먼저 매입한 재고자산으로 기초재고자산 10개와 12월 5일에 매입분 중 10개, 그리고 12월 15일에 매입분 중 5개로 구성되어 있다고 가정한다.

① 기말재고자산 = 10개×₩1,000 + 10개×₩1,100 + 5개×₩1,215 = ₩27,075

② 매출원가 = ₩10,000(기초재고자산) + (44,000 + 48,600)(당기매입액)

      - 27,075(기말재고자산) = ₩75,525

또는 매출원가 = 30개×₩1,100 + 35개×₩1,215 = ₩75,525

③ 매출 = 65개×₩1,500 = ₩97,500

매출총이익 = ₩97,500 - 75,525 = ₩21,975

(3) 평균법

[1] 실지재고조사법(총평균법)

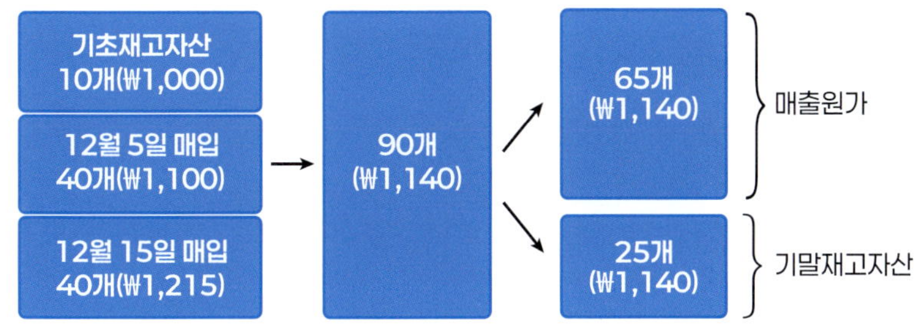

총평균단가 = (₩10,000 + 44,000 + 48,600)÷90개 = ₩1,140

① 기말재고자산 = 25개×₩1,140 = ₩28,500

② 매출원가 = ₩10,000(기초재고자산) + (44,000 + 48,600)(당기매입액)

         - 28,500(기말재고자산) = ₩74,100

   또는 매출원가 = 65개×₩1,140 = ₩74,100

③ 매출 = 65개×₩1,500 = ₩97,500

   매출총이익 = ₩97,500 - 74,100 = ₩23,400

[2] 계속기록법(이동평균법)

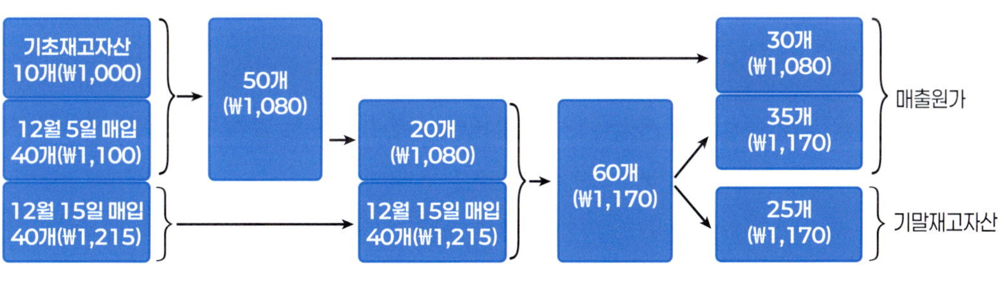

12월 10일 매출 시 이동평균단가 = (₩10,000 + 44,000)÷50개 = ₩1,080

12월 10일 매출 후 재고자산 = 20개×₩1,080 = ₩21,600

12월 25일 매출 시 이동평균단가 = (₩21,600 + 48,600)÷60개 = ₩1,170

① 기말재고자산 = 25개×₩1,170 = ₩29,250

② 매출원가 = ₩10,000(기초재고자산) + (44,000 + 48,600)(당기매입액)

        - 29,250(기말재고자산) = ₩73,350

또는 매출원가 = 30개×₩1,080 + 35개×₩1,170 = ₩73,350

③ 매출 = 65개×₩1,500 = ₩97,500

매출총이익 = ₩97,500 - 73,350 = ₩24,150

1.4 원가결정 방법의 비교

(예 1)에서 원가결정 방법에 따른 기말재고자산, 매출원가 및 매출총이익의 결과를 비교하면 다음 [표 7-2]와 같다.

[표 7-2] 원가결정 방법의 비교

과목	선입선출법 (실지재고조사법 =계속기록법)	이동평균법	총평균법	후입선출법 (계속기록법)	후입선출법 (실지재고조사법)
기말재고자산	₩30,375	₩29,250	₩28,500	₩27,075	₩26,500
매 출 원 가	72,225	73,350	74,100	75,525	76,100
매출총이익	25,275	24,150	23,400	21,975	21,400

[표 7-2]에서 보는 바와 같이 인플레이션 상황에서 원가결정 방법에 의한 기말재고자산, 매출원가 및 매출총이익의 크기를 비교하면 [표 7-3]과 같다.

[표 7-3] 원가결정 방법의 크기 순서

기말재고자산:	선입선출법 > 이동평균법 > 총평균법 > 후입선출법(계속기록법) > (실지재고조사법)
매 출 원 가:	선입선출법 < 이동평균법 < 총평균법 < 후입선출법(계속기록법) < (실지재고조사법)
매출총이익:	선입선출법 > 이동평균법 > 총평균법 > 후입선출법(계속기록법) > (실지재고조사법)

원가결정 방법들 간에 기말재고자산과 매출총이익이 같은 방향이고, 매출원가는 반대 방향이라는 것을 알 수 있다. 계속기록법에서 평균법과 후입선출법의 기말재고자산이 실지재고조사법에서 평균법과 후입선출법보다 더 큰 이유는 최근에 구입한 재고자산이 기말재고자산에 더 많이 남아 있다고 가정하기 때문이다.

2. ChatGPT를 활용한 재고자산 계산 실습

2.1 ChatGPT를 활용한 재고자산 계산의 핵심 원칙

ChatGPT를 활용하여 재고자산을 효율적이고 정확하게 계산하기 위해서는 원가결정 방법을 사전에 명확히 제시하는 것이 중요하다. 원가결정 방법으로는 선입선출법, 후입선출법 및 평균법 등이 있다. 단, 한국채택국제회계기준은 실물 흐름과 원가 흐름이 일치하지 않는 점과 판매 수량보다 구입 수량을 적게 하여 이익 조작이 가능하다는 점 등을 이유로 후입선출법에 대해서 허용하지 않는다.

또한, 기초재고자산과 당기매입액을 더한 판매가능 재고자산이 매출원가와 기말재고자산으로 보고되도록 회계처리하는 방법에는 계속기록법과 실지재고조사법이 있다. 특히 후입선출법과 평균법은 두 회계처리 방법에 따라 매출원가와 기말재고자산 금액이 달라지므로 이에 대한 명확한 제시가 필요하다.

재고자산 계산의 핵심 사항은 어떤 재고자산을 판매하고 어떤 재고자산이 기말에 남아있는지 여부이다. 즉 매출원가와 기말재고자산을 정확히 계산하는 것이다. 이를 위해서 매입과 매출 시 재고자산의 수량 및 금액 등에 대한 정보를 구체적으로 전달해야 정확한 매출원가와 기말재고자산을 계산할 수 있다.

다음 [표 7-4]는 ChatGPT를 활용한 재고자산 계산의 실습에서 정확도를 높일 수 있는 핵심 원칙을 정리한 것이다.

핵심 원칙	내 용
원가결정 방법 제시	선입선출법, 후입선출법, 평균법 등 원가결정 방법을 명확히 제시
회계처리 방법 제시	계속기록법 또는 실지재고조사법 등 회계처리 방법을 명확히 제시
재고자산의 흐름에 대한 정보 전달	매입과 매출 시 재고자산 수량 및 금액 등에 대한 정보를 구체적으로 전달
수정·보완	매출원가나 기말재고자산을 잘못 계산한 경우 올바른 결과로 수정 지시
결과 검증 절차의 수행	ChatGPT의 출력 결과에 대해 매출원가나 기말재고자산 수량 및 금액의 정확성 등을 사용자가 직접 검토

2.2 재고자산 계산 실습

(예 1)을 이용해서 기말재고자산, 매출원가 및 매출총이익을 계산해 보자.

(1) 선입선출법

[1] 실지재고조사법 적용

ChatGPT 결과

MK 주식회사는 오토바이를 판매하는 상품 매매 기업이다. 당기 상품의 매입 및 매출 자료는 다음과 같다. 기초상품(12월 1일) 수량: 10개, 단가: 개당 1,000원, 당기 상품 매입(12월 5일) 수량: 40개, 단가: 개당 1,100원, 당기 매출(12월 10일) 수량: 30개, 단가: 개당 1,500원, 당기 상품 매입(12월 15일) 수량: 40개, 단가: 개당 1,215원, 당기 매출(12월 25일) 수량: 35개, 단가: 개당 1,500원. 단, 실지재고조사 결과 기말재고자산의 수량은 25개이다. 선입선출법 중 실지재고조사법에 따라서 기말재고자산, 매출원가, 매출총이익 계산해줘.

📋 전제 (FIFO · 실지재고조사법(기간말))

- 총 가용수량 = 10 + 40 + 40 = **90개**
- 총 판매수량 = 30 + 35 = **65개**
- ☑ 실사 기말재고 = **25개** *(90–65=25로 일치)*

🔵 1) 기말재고자산 (FIFO · 기간말)

FIFO 기간말은 **기말재고가 "가장 최근 매입분"**으로 구성됩니다.

- 기말재고 25개는 **12/15 매입(1,215원)**에서 25개로 구성
  - 기말재고자산 = **25개 × 1,215원 = 🔵 30,375원**

🔵 2) 매출원가 (COGS)

📌 **(1) 매입가능상품원가(총가용원가)**

- 기초: 10개 × 1,000 = **10,000**
- 12/05 매입: 40개 × 1,100 = **44,000**
- 12/15 매입: 40개 × 1,215 = **48,600**

매입가능상품원가 = 🔵 **102,600원**

ChatGPT를 활용하여 정확한 재고자산을 계산하기 위해서 원가결정방법과 회계처리방법을 명확히 제시하였다. 또한 매입과 매출 시 재고자산의 수량 및 금액을 제시함으로써 재고자산의 흐름에 대한 정보를 구체적으로 전달하였다. 선입선출법 중 실지재고조사법에 따른 기말재고자산은 ₩30,375이고, 매출원가는 ₩72,225이다. 매출이 ₩97,500이므로 매출에서 매출원가를 차감한 매출총이익은 ₩25,275이다.

⑤ ChatGPT 결과

선입선출법 중 계속기록법에 따라서 기말재고자산, 매출원가, 매출총이익 계산해줘.

📒 전제 (FIFO · 계속기록법)

매출 시점마다 **가장 먼저 들어온 재고부터** 출고로 매출원가를 즉시 계산합니다.

---

1) 🔵 매출원가 계산 (매출 시점별)

✅ 12/10 매출 30개

출고(선입선출):

- 12/1 기초 10개 × 1,000 = **10,000**
- 12/5 매입 20개 × 1,100 = **22,000**

🔲 🔵 **12/10 매출원가 = 32,000**

잔량(12/10 후): 12/5 매입 **20개** × **1,100**

✅ 12/25 매출 35개

출고(선입선출):

- 12/5 잔량 20개 × 1,100 = **22,000**
- 12/15 매입 15개 × 1,215 = **18,225**

🔲 🔵 **12/25 매출원가 = 40,225**

잔량(12/25 후): 12/15 매입 **25개** × **1,215**

🔵 당기 매출원가 합계

🔵 **32,000 + 40,225 = 72,225원**

---

3) 🟦 매출총이익

🔵 **매출액**

- 12/10: 30개 × 1,500 = **45,000**
- 12/25: 35개 × 1,500 = **52,500**
  - 🔲 🔵 **매출액 합계 = 97,500원**

■ **매출총이익**

■ **97,500 − 72,225 = 25,275원**

☑ **최종 정리 (FIFO·계속기록법)**

- 🔵 **기말재고자산: 30,375원**
- 🔵 **매출원가: 72,225원**
- 🟦 **매출총이익: 25,275원**

선입선출법 중 계속기록법에 따른 기말재고자산과 매출원가는 실지재고조사법에 따른 금액과 동일하다. 따라서 기말재고자산은 ₩30,375이고, 매출원가는 ₩72,225이다. 매출이 ₩97,500이므로 매출에서 매출원가를 차감한 매출총이익은 ₩25,275이다.

(2) 후입선출법

[1] 실지재고조사법 적용

⑨ ChatGPT 결과

후입선출법 중 실지재고조사법에 따라서 기말재고자산, 매출원가, 매출총이익 계산해줘.

📒 전제 (LIFO · 실지재고조사법(기간말))

- 총 가용수량 = 10 + 40 + 40 = **90개**
- 총 판매수량 = 30 + 35 = **65개**
- ☑ 실사 기말재고 = **25개**

LIFO 기간말은 **기말재고가 "가장 오래된 재고(초기층)"**로 남습니다.

🔵 1) 기말재고자산 (LIFO · 기간말)

기말재고 25개를 오래된 순서로 구성:

- 12/1 기초 10개 × 1,000 = **10,000**
- 12/5 매입 15개 × 1,100 = **16,500**

🟦 🔵 기말재고자산 = 10,000 + 16,500 = 🔵 **26,500원**

🔵 2) 매출원가 (COGS)

🟦 (1) 매입가능상품원가(총가용원가)

- 기초: 10개 × 1,000 = **10,000**
- 12/05: 40개 × 1,100 = **44,000**
- 12/15: 40개 × 1,215 = **48,600**

🟦 총가용원가 = 🔵 **102,600원**

🟦 (2) 매출원가

🟦 🔵 매출원가 = 102,600 − 26,500 = **76,100원**

🟦 3) 매출총이익 (Gross Profit)

🔵 매출액

- 12/10: 30개 × 1,500 = **45,000**
- 12/25: 35개 × 1,500 = **52,500**

🟦 🔵 매출액 합계 = **97,500원**

■ 매출총이익

⊟ ■ 매출총이익 = 97,500 − 76,100 = 21,400원

☑ **최종 정리 (LIFO · 실지재고조사법)**

- ● **기말재고자산: 26,500원**
- ● **매출원가: 76,100원**
- ■ **매출총이익: 21,400원**

후입선출법 중 실지재고조사법에 따른 기말재고자산은 ₩26,500이고, 매출원가는 ₩76,100이다. 매출이 ₩97,500이므로 매출에서 매출원가를 차감한 매출총이익은 ₩21,400이다.

ChatGPT 결과

후입선출법 중 계속기록법에 따라서 기말재고자산, 매출원가, 매출총이익 계산해줘.

📋 전제 (LIFO · 계속기록법)

매출 시점마다 **가장 최근 매입분부터** 출고로 매출원가를 즉시 계산합니다.

---

1) 🔵 매출원가 계산 (매출 시점별)

☑ 12/10 매출 30개 (LIFO)

당시 최근 매입: 12/05 (1,100원)

- 12/05 매입 30개 × 1,100 = **33,000**

➡ 🔵 **12/10 매출원가 = 33,000**

잔량(12/10 후)

- 12/1 기초: 10개 × 1,000
- 12/05 잔량: 10개 × 1,100

☑ 12/25 매출 35개 (LIFO)

12/15 매입(1,215원)이 가장 최근

- 12/15 매입 35개 × 1,215 = **42,525**

➡ 🔵 **12/25 매출원가 = 42,525**

잔량(12/25 후)

- 12/1 기초: 10개 × 1,000
- 12/05 잔량: 10개 × 1,100
- 12/15 잔량: 5개 × 1,215

🔵 당기 매출원가 합계

🔵 **33,000 + 42,525 = 75,525원**

---

2) 🔵 기말재고자산 (계속기록법 기준 잔량)

- 12/1 기초: 10개 × 1,000 = **10,000**
- 12/05 잔량: 10개 × 1,100 = **11,000**

- 12/15 잔량: 5개 × 1,215 = **6,075**

➖ 🔵 **기말재고자산 = 10,000 + 11,000 + 6,075 =** 🔵 **27,075원**

☑ **수량 체크: 10 + 10 + 5 = 25개** (실사 수량과 일치)

---

3) 🟦 **매출총이익**

🔵 **매출액**

- 12/10: 30개 × 1,500 = **45,000**
- 12/25: 35개 × 1,500 = **52,500**
  - ➖ 🔵 **매출액 합계 = 97,500원**

🟦 **매출총이익**

🟦 **97,500 − 75,525 = 21,975원**

☑ **최종 정리 (LIFO · 계속기록법)**

- 🔵 **기말재고자산: 27,075원**
- 🔵 **매출원가: 75,525원**
- 🟦 **매출총이익: 21,975원**

후입선출법 중 계속기록법에 따른 기말재고자산은 ₩27,075이고, 매출원가는 ₩75,525이다. 매출이 ₩97,500이므로 매출에서 매출원가를 차감한 매출총이익은 ₩21,975이다.

(3) 평균법

[1] 실지재고조사법(총평균법) 적용

ChatGPT 결과

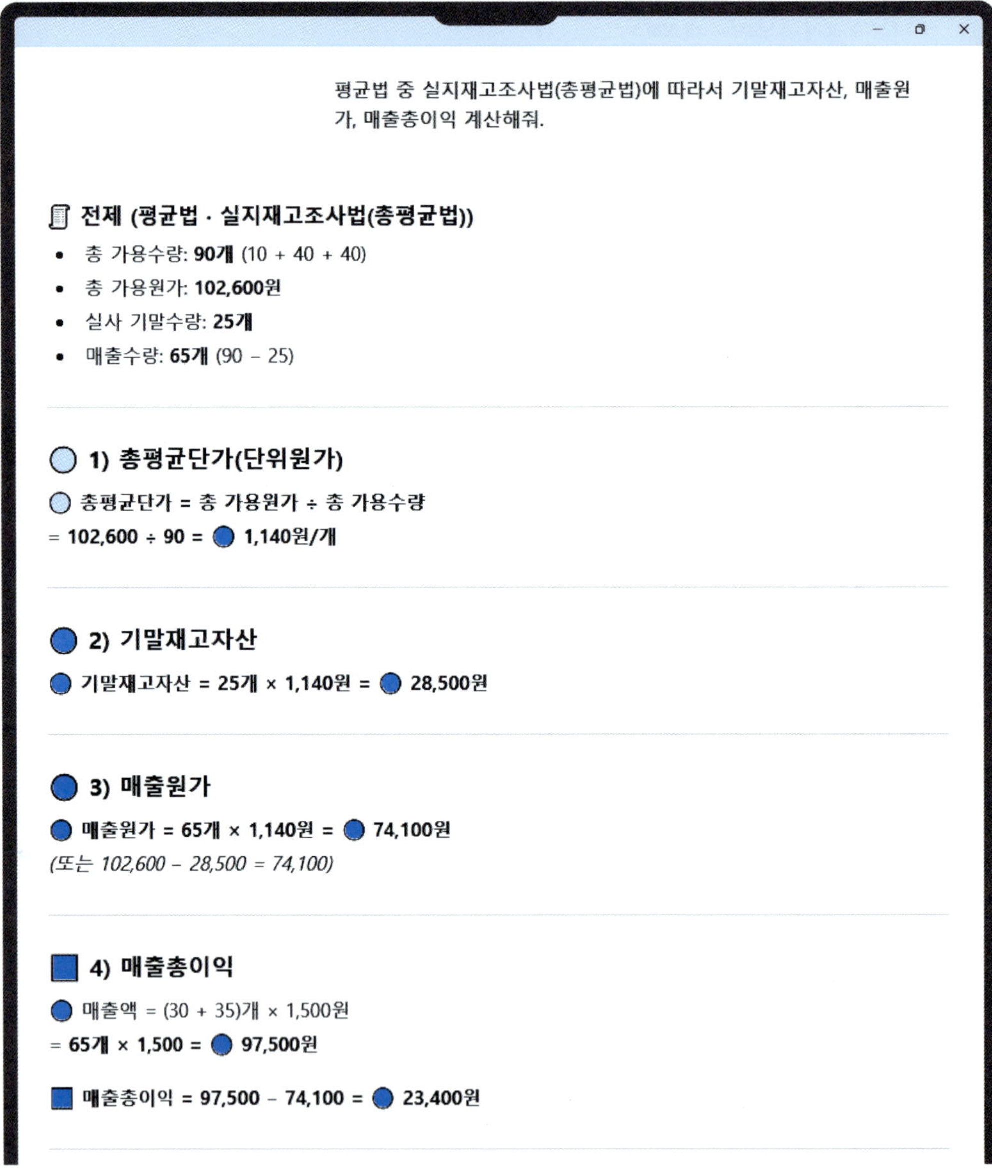

평균법 중 실지재고조사법(총평균법)에 따른 기말재고자산은 ₩28,500이고, 매출원가는 ₩74,100이다. 매출이 ₩97,500이므로 매출에서 매출원가를 차감한 매출총이익은 ₩23,400이다.

[2] 계속기록법(이동평균법) 적용

⑤ ChatGPT 결과

> 평균법 중 계속기록법(이동평균법)에 따라서 기말재고자산, 매출원가, 매출총이익 계산해줘.

📋 전제 (평균법 · 계속기록법 = 이동평균법)

👉 매입 시마다 평균단가 재계산, 매출 시 그 평균단가로 출고

📊 1) 거래 흐름별 계산

◆ ① 기초 (12/1)

- 수량: 10개
- 단가: 1,000
  - ➖ 재고: **10개 / 10,000**

◆ ② 매입 (12/5)

- 매입: 40개 × 1,100 = **44,000**

👉 평균단가 재계산

- 수량: 10 + 40 = **50개**
- 금액: 10,000 + 44,000 = **54,000**
- ⚪ 이동평균단가 = **54,000 ÷ 50 = 1,080**

◆ ③ 매출 (12/10) — 30개

- 매출원가: 30 × 1,080 = **32,400**

👉 매출 후 재고

- 수량: 20개
- 금액: 54,000 − 32,400 = **21,600**

◆ ④ 매입 (12/15)

- 매입: 40개 × 1,215 = **48,600**

👉 평균단가 재계산

- 수량: 20 + 40 = **60개**

- 금액: 21,600 + 48,600 = **70,200**
- ◯ **이동평균단가 = 70,200 ÷ 60 = 1,170**

◆ ⑤ **매출 (12/25) — 35개**
- 매출원가: 35 × 1,170 = **40,950**

☝ 기말 재고
- 수량: 25개
- 금액: 70,200 − 40,950 = **29,250**

● 2) 기말재고자산
● **25개 × 1,170 = ● 29,250원**

● 3) 매출원가 (합계)
- 12/10 매출원가: **32,400**
- 12/25 매출원가: **40,950**
- ➡ ● **매출원가 합계 = 73,350원**

■ 4) 매출총이익
● 매출액
- (30 + 35) × 1,500 = **97,500**

■ **매출총이익 = 97,500 − 73,350 = ● 24,150원**

☑ 최종 정리 (평균법 · 계속기록법)
- ● **기말재고자산: 29,250원**
- ● **매출원가: 73,350원**
- ■ **매출총이익: 24,150원**

⎘ 👍 👎 ⬆ ⟳ …

평균법 중 계속기록법(이동평균법)에 따른 기말재고자산은 ₩29,250이고, 매출원가는 ₩73,350이다. 매출이 ₩97,500이므로 매출에서 매출원가를 차감한 매출총이익은 ₩24,150이다.

ChatGPT를 활용하여 기말재고자산, 매출원가 및 매출총이익을 계산하였다. 정확한 재고자산의 계산을 위해서는 원가결정 방법을 명확히 제시하는 것이 중요하며, 이에 따라 선입선출법, 후입선출법 및 평균법 중 하나에 따라서 계산하도록 지시하였다. 또한, 회계처리 방법에 따라 매출원가와 기말재고자산이 달라지므로 원가결정 방법 중에서 계속기록법인지 또는 실지재고조사법인지를 명확히 제시함으로써 정확한 재고자산을 계산하도록 하였다.

특히 어떤 재고자산을 판매하고 어떤 재고자산이 기말에 남아있는지 여부가 정확한 재고자산 계산의 핵심이므로 이를 위해서 매입과 매출 시 재고자산의 수량 및 금액 등에 대한 정보를 구체적으로 제시하였다.

마지막으로, 사용자는 ChatGPT가 계산한 재고자산의 적정성 및 정확성을 반드시 검증해야 한다. ChatGPT가 제시한 재고자산 수량 및 금액에 오류가 포함될 수 있다는 점을 인식하고, 매출원가와 기말재고자산 수량 및 금액 등을 꼼꼼하게 검토하여야만 재고자산 계산의 정확성을 높일 수 있다.

Chapter 8

유형자산 알아보기

1. 유형자산의 의의

2. ChatGPT를 활용한 유형자산 계산 실습

1. 유형자산의 의의

1.1 유형자산

유형자산(property, plant and equipment)은 기업이 영업활동에 사용하기 위해서 보유하는 물리적 형태가 있는 자산으로서, 1년을 초과하여 사용할 것으로 예상되는 자산을 말한다. 이때 영업활동이란 재화의 생산과 판매, 용역의 제공, 임대 또는 관리활동 등을 포함한다.

유형자산의 유형별 분류는 다음 [표 8-1]과 같다.

[표 8-1] 유형자산의 유형별 분류

유형자산	분류
토지(land)	공장이나 사무실을 짓는 장소로 사용되며, 영구적이거나 반영구적인 진입로, 배수 및 하수시설, 조경공사 등이 포함된다.
건물(buildings)	기업의 영업활동에 사용되는 본사 사옥, 공장건물, 영업소, 창고 등 다양하며, 건물뿐만 아니라 전기통신설비 등 건물부속설비가 포함된다.
기계장치(machinery)	컨베이어 등의 부속 설비가 포함된다.
건설중인 자산 (construction in progress)	기업이 자기 사용 목적으로 건설 중인 유형자산을 말한다. 건설과 직접적으로 관련되어 발생하는 재료비, 노무지, 경비 등이 포함된다.

유형자산은 회사의 영업활동에 사용할 목적으로 보유하는 자산이라는 점에서 생산이나 판매 목적으로 보유하는 재고자산과 구별되고, 장기시세차익이나 결정되지 않은 목적으로 보유하고 있는 투자자산에 속하는 '투자부동산'과 구별된다. 또한, 유형자산은 물리적 형태가 있다는 점에서 무형자산과도 구별된다.

유형자산은 한 회계기간을 초과하여 사용할 것이 예상되는 자산이므로 사용기간이 한 회계기간을 초과하지 못한다면 자산으로 인식하지 않고 발생기간의 비용으로 회계처리한다. 예를 들어, 5년간 사용할 목적으로 컴퓨터를 구입하였다면 유형자산으로 분류하지만, 일시적인 테스트 후에 폐기할 목적으로 컴퓨터를 구입하였다면 구입 시기에 비용으로 회계처리할 것이다.

1.2 감가상각

(1) 감가상각의 의의

토지를 제외한 모든 유형자산은 시간의 경과나 사용에 따라 일정기간 후에는 그 효용가치가 소멸되어 미래 경제적 효익이 점점 감소할 것이다. 미래 경제적 효익의 감소 요인으로는 물리적 마모와 기능적 진부화가 있다. 물리적 마모란 유형자산의 시간의 경과나 사용에 따라 자산이 마모하거나 화재와 같은 우발적 사고 등으로 인해 파괴되는 경우를 말한다.

기능적 진부화란 비록 물리적 상태는 양호하다 할지라도 기술의 혁신 혹은 개선된 대체품이 나타남에 따라 현존하는 유형자산의 경제적 혹은 기능적 가치가 감소되는 경우를 말한다. 또한, 환경의 변화 등으로 유형자산의 사용가치가 감소되는 부적합도 기능적 진부화에 해당된다. 기능이 개선된 신형 컴퓨터가 출시되어 기존의 구형 컴퓨터를 대체하는 경우가 좋은 예이다.

위에서 언급한 것처럼 유형자산의 미래 경제적 효익의 감소 원인은 다양하고 복합적이다. 그리고 실제로 유형자산의 미래 경제적 효익이 감소된 부분을 정확하게 파악하여 그 금액만큼 비용으로 처리하는 것이 가장 합리적일 것이다. 그러나 실제 사용하는 유형자산이 당기에 얼마나 사용되어 미래 경제적 효익이 얼마나 감소되었는지 객관적으로 정확히 평가하는 것은 매우 어려운 일이며 실익도 크지 않다.

따라서 유형자산의 미래 경제적 효익의 감소분을 재무제표에 반영하기 위하여 유형자산으로 인식한 원가를 합리적이고 체계적인 방법으로 배분하는데, 이를 감가상각(depreciation)이라고 한다. 즉 감가상각은 원가의 배분과정(cost allocation)이지 자산의 평가과정(asset valuation)이 아니다.

(2) 감가상각의 결정 요소

감가상각비를 계산하기 위해서는 다음의 요소가 필요하다.

① 잔존가치
② 감가상각대상금액
③ 내용연수
④ 감가상각 방법

[1] 잔존가치

잔존가치(residual value)란 자산의 내용연수가 종료되는 시점에서 해당 자산의 예상처분가액에서 예상처분비용을 차감한 금액이다. 잔존가치는 자산의 취득시점에 추정되는 금액이며, 해당 자산의 취득원가 중에서 총 비용화될 금액을 결정하기 때문에 신뢰성 있는 추정이 필요하다.

[2] 감가상각대상금액

감가상각대상금액(depreciable amount)이란 자산의 취득원가에서 잔존가치를 차감한 금액으로 미래의 기간에 자산의 취득원가 중에서 총 비용화될 금액이다.

[3] 내용연수

내용연수(useful life)란 일반적으로 자산의 예상사용기간을 말하는데, 자산의 예상사용기간 또는 자산의 활용으로 획득할 수 있는 예상생산량(사용량) 등의 단위로 표시한다. 유형자산의 내용연수를 결정할 때 물리적 마모와 기능적 진부화를 모두 고려하여 물리적 내용연수와 기능적 내용연수 중에서 보다 짧은 기간으로 추정한다.

(3) 감가상각 방법

감가상각 방법을 선택할 때는 자산의 미래 경제적 효익이 소비되는 형태를 반영한 합리적인 방법을 고려하여야 한다. 유형자산의 감가상각 방법으로 정액법, 체감잔액법(예: 정률법, 연수합계법), 생산량비례법 등이 있다. 정액법은 내용연수 동안에 동일한 감가상각비를 인식하는 방법이고, 체감잔액법은 내용연수 초기에 더 많은 감가상각비를 인식하다가 내용연수가 경과되면서 점차 감가상각비를 적게 인식하는 방법이다. 한편, 생산량비례법은 생산량에 비례하여 감가상각비를 변동시키는 방법이다.

[그림 8-1]에서 보는 바와 같이 어떤 감가상각 방법이든 유형자산 장부금액을 취득 시의 취득원가로부터 계속 감소시켜 내용연수 만료 시에 잔존가치로 남게 된다. 다만, 감가상각 방법에 따라 그 감소 추이가 달라질 뿐이다.

[그림 8-1] 유형자산의 감가상각 개념

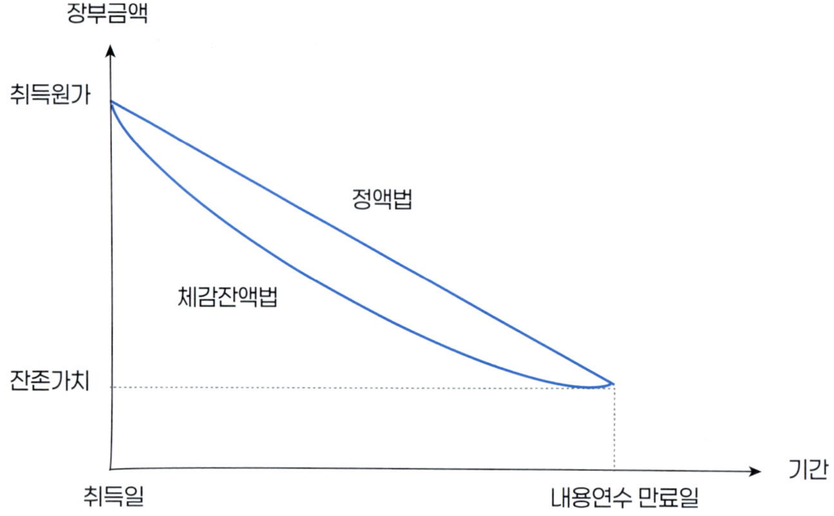

다음의 (예 1)을 통해 여러 감가상각 방법을 비교해 보자.

[예 1] • 유형자산의 감가상각

JK 주식회사는 20×1년 1월 초에 현금 ₩100,000을 지급하고 기계 1대를 구입하여 제품 생산에 사용하기 시작하였다. 기계의 사용가능 내용연수는 5년, 사용가능시간은 15,000시간, 잔존가치는 ₩10,000으로 추정되었다. 기계의 실제 사용시간은 20×1년부터 20×5년까지 2,100시간, 3,300시간, 2,400시간, 3,900시간, 3,300시간이다.

[1] 정액법

정액법(straight-line method)은 유형자산의 내용연수에 걸쳐 매 기간 동일한 금액을 감가상각하는 방법으로서 건물과 같이 시간의 경과에 따라 자산의 미래 경제적 효익이 일정하게 감소되는 경우에 적합한 방법이다. 정액법에 의한 연간 감가상각비 계산식은 다음과 같다.

$$\text{감가상각비} = \frac{\text{감가상각대상금액(취득원가 − 잔존가치)}}{\text{내용연수}}$$

JK 주식회사의 기계장치에 대한 매 기간 감가상각비를 정액법으로 계산하면 다음과 같다.

⇅ **정액법에 의한 감가상각**

연 도	계산 과정	감가상각비	감가상각누계액	기말장부금액
20×1	(₩100,000 - 10,000) ÷ 5년	₩18,000	₩18,000	₩82,000
20×2	(₩100,000 - 10,000) ÷ 5년	18,000	36,000	64,000
20×3	(₩100,000 - 10,000) ÷ 5년	18,000	54,000	46,000
20×4	(₩100,000 - 10,000) ÷ 5년	18,000	72,000	28,000
20×5	(₩100,000 - 10,000) ÷ 5년	18,000	90,000	10,000
합 계		₩90,000		

[2] 체감잔액법

체감잔액법(diminishing balance method) 또는 가속상각법(accelerated depreciation method)은 자산의 내용연수 동안 초기에 가장 많이 상각하고 시간이 지날수록 적게 상각하는 방법이다. 초기에는 유형자산의 생산능률이 높지만 사용시간이 경과할수록 그 능률이 저하되는 기계장치나 설비자산의 경우에 체감잔액법을 사용하는 것이 수익과 비용의 대응이라는 관점에서 더 적정할 것이다.

체감잔액법에는 정률법(fixed percentage method), 연수합계법(sum-of-the-years' digits method) 등이 있다.

정률법에 의한 연간 감가상각비 계산식은 다음과 같다.

$$\text{감가상각비} = \text{기초장부금액} \times \text{감가상각률}^*$$

$$^*\text{감가상각률} = 1 - \sqrt[n]{\dfrac{\text{잔존가치}}{\text{취득원가}}} \quad (n : \text{내용연수})$$

JK 주식회사의 기계장치에 대한 매기간 감가상각비를 정률법으로 계산하면 다음과 같다. 정률법에 의한 감가상각률이 40%라고 가정하자.

↓₸ 정률법에 의한 감가상각

연도	계산 과정	감가상각비	감가상각누계액	기말장부금액
20×1	₩100,000 × 0.4	₩40,000	₩40,000	₩60,000
20×2	(₩100,000 − 40,000) × 0.4	24,000	64,000	36,000
20×3	(₩100,000 − 64,000) × 0.4	14,400	78,400	21,600
20×4	(₩100,000 − 78,400) × 0.4	8,640	87,040	12,960
20×5	₩12,960 − 10,000❶	2,960	90,000	10,000
합계		₩90,000		

❶ 20×5년도 감가상각비는 잔존가치인 ₩10,000이 되도록 금액을 계산한다.

연수합계법에 의한 연간 감가상각비 계산식은 다음과 같다.

$$\text{감가상각비} = \text{감가상각대상금액(취득원가 − 잔존가치)} \times \text{감가상각률}^*$$

$$^*\text{감가상각률} = \dfrac{\text{잔여내용연수}}{\text{내용연수 합계}}$$

JK 주식회사의 기계장치에 대한 매기간 감가상각비를 연수합계법으로 계산하면 다음과 같다.

연 도	계산 과정	감가상각비	감가상각누계액	기말장부금액
20×1	(₩100,000 - 10,000) × 5/15	₩30,000	₩30,000	₩70,000
20×2	(₩100,000 - 10,000) × 4/15	24,000	54,000	46,000
20×3	(₩100,000 - 10,000) × 3/15	18,000	72,000	28,000
20×4	(₩100,000 - 10,000) × 2/15	12,000	84,000	16,000
20×5	(₩100,000 - 10,000) × 1/15	6,000	90,000	10,000
합 계		₩90,000		

[3] 생산량비례법

생산량비례법(units-of-production method)은 내용연수를 기준으로 감가상각하지 않고 생산량 또는 사용량에 비례하여 감가상각비를 계산하는 방법이다. 천연자원이나 광물자원의 경우에는 그 가치가 채굴량에 비례하여 감소되므로, 추정 총생산량이나 추정 총사용가능량에 대한 당기 실제 생산량 또는 당기 실제 사용량 비율을 기준으로 감가상각비를 계산한다. 생산량비례법의 연간 감가상각비 계산식은 다음과 같다.

$$\text{감가상각비} = \text{감가상각대상금액(취득원가 - 잔존가치)} \times \text{감가상각률*}$$

$$\text{*감가상각률} = \frac{\text{당기 실제 사용량}}{\text{추정된 총사용가능량}}$$

JK 주식회사의 기계장치에 대한 매 기간 감가상각비를 생산량비례법으로 계산하면 다음과 같다.

↓↑ 생산량비례법에 의한 감가상각

연 도	계산 과정	감가상각비	감가상각누계액	기말장부금액
20×1	(₩100,000 - 10,000) × (2,100 / 15,000)	₩12,600	₩12,600	₩87,400
20×2	(₩100,000 - 10,000) × (3,300 / 15,000)	19,800	32,400	67,600
20×3	(₩100,000 - 10,000) × (2,400 / 15,000)	14,400	46,800	53,200
20×4	(₩100,000 - 10,000) × (3,900 / 15,000)	23,400	70,200	29,800
20×5	(₩100,000 - 10,000) × (3,300 / 15,000)	19,800	90,000	10,000
합 계		₩90,000		

(4) 감가상각비 회계처리

감가상각의 회계처리는 다음과 같이 차변에는 **감가상각비**(depreciation expense)를 당기비용으로 인식하고, 대변에는 유형자산의 차감계정인 **감가상각누계액**(accumulated depreciation)을 기록한다. 감가상각누계액은 유형자산의 취득시점부터 당해 연도 말까지 감가상각비를 누적한 금액을 보여주는 계정이다. 감가상각누계액 계정을 사용함으로써 재무상태표에 유형자산의 취득원가와 감가상각누계액, 그리고 취득원가에서 감가상각누계액을 차감한 장부금액을 모두 나타낼 수 있게 된다.

〈감가상각비 회계처리 시〉

(차변) 감 가 상 각 비   ×××   (대변) 감 가 상 각 누 계 액   ×××

(예 1)에서 연수합계법에 따라 계산된 감가상각비를 연도별로 회계처리하면 다음 [표 8-2]와 같다.

[표 8-2] 연수합계법에 따른 감가상각 회계처리

일자	차변	대변
20×1.12.31	감가상각비 30,000	감가상각누계액 30,000
20×2.12.31	감가상각비 24,000	감가상각누계액 24,000
20×3.12.31	감가상각비 18,000	감가상각누계액 18,000
20×4.12.31	감가상각비 12,000	감가상각누계액 12,000
20×5.12.31	감가상각비 6,000	감가상각누계액 6,000

연수합계법을 사용하는 경우, 연도별 재무제표에 다음 [표 8-3]과 같이 표시된다.

[표 8-3] 연수합계법에 따른 재무제표 표시

재무제표	20×1년	20×2년	20×3년	20×4년	20×5년
[손익계산서] 당기총제조원가:					
감가상각비	₩(30,000)	₩(24,000)	₩(18,000)	₩(12,000)	₩(6,000)
[재무상태표] 기계장치	₩100,000	₩100,000	₩100,000	₩100,000	₩100,000
감가상각누계액	(30,000)	(54,000)	(72,000)	(84,000)	(90,000)
장부금액	₩70,000	₩46,000	₩28,000	₩16,000	₩10,000

2. ChatGPT를 활용한 유형자산 계산 실습

2.1 ChatGPT를 활용한 유형자산 계산의 핵심 원칙

ChatGPT를 활용하여 유형자산의 감가상각비를 효율적이고 정확하게 계산하기 위해서는 감가상각 방법을 사전에 명확히 제시하는 것이 중요하다. 감가상각 방법에는 정액법, 체감잔액법(예: 정률법, 연수합계법), 생산량비례법 등이 있으며, 앞서 설명한 바와 같이 감가상각 방법의 선택은 자산의 미래 경제적 효익이 소비되는 형태를 합리적으로 반영하는 방식을 기준으로 이루어져야 한다.

또한, 감가상각비를 정확하게 계산하기 위해서는 취득일, 취득원가, 잔존가치, 내용연수 등에 대한 정보를 구체적으로 전달해야 한다. 이러한 정보가 없는 경우 감가상각비 자체를 계산할 수 없으며, 정보가 부정확하게 전달될 경우에는 잘못된 감가상각비가 산출될 수 있다. 따라서 감가상각비 계산과 관련된 핵심 정보를 누락 없이, 그리고 정확하게 전달하는 것이 필수적이다.

정확한 감가상각비 계산이 중요한 이유는 계산된 감가상각비로 손익계산서에 표시될 감가상각비와 재무상태표에 표시될 유형자산의 장부금액이 동시에 결정되기 때문이다. 따라서 감가상각비를 정확히 계산하는 것뿐만 아니라 해당 감가상각비를 적정하게 회계처리하는 것 역시 매우 중요하다. 즉 정확한 감가상각비 계산과 적정한 회계처리가 선행되어야만 유형자산의 감가상각비와 장부금액이 올바르게 표시될 수 있다.

　다음 [표 8-4]는 ChatGPT를 활용한 유형자산 감가상각비 계산의 실습에서 정확도를 높일 수 있는 핵심 원칙을 정리한 것이다.

[표 8-4] ChatGPT를 활용한 유형자산 계산의 핵심 원칙

핵심 원칙	내 용
감가상각 방법 제시	정액법, 체감잔액법(예: 정률법, 연수합계법), 생산량비례법 등 감가상각 방법을 명확히 제시
감가상각을 위한 요소 제시	취득일, 취득원가, 잔존가치, 내용연수 등에 대한 정보를 구체적으로 전달
감가상각 관련 회계처리 지시	계산된 감가상각비를 이용하여 감가상각 관련 회계처리 지시
수정·보완	감가상각비를 잘못 계산한 경우 올바른 결과로 수정 지시
결과 검증 절차의 수행	ChatGPT의 출력 결과에 대해 감가상각비의 정확성과 회계처리의 적정성 등을 사용자가 직접 검토

2.2 유형자산 계산 실습

(예 1)을 이용해서 유형자산의 감가상각비를 계산해 보자.

(1) 정액법

[1] 감가상각비 계산

ChatGPT 결과

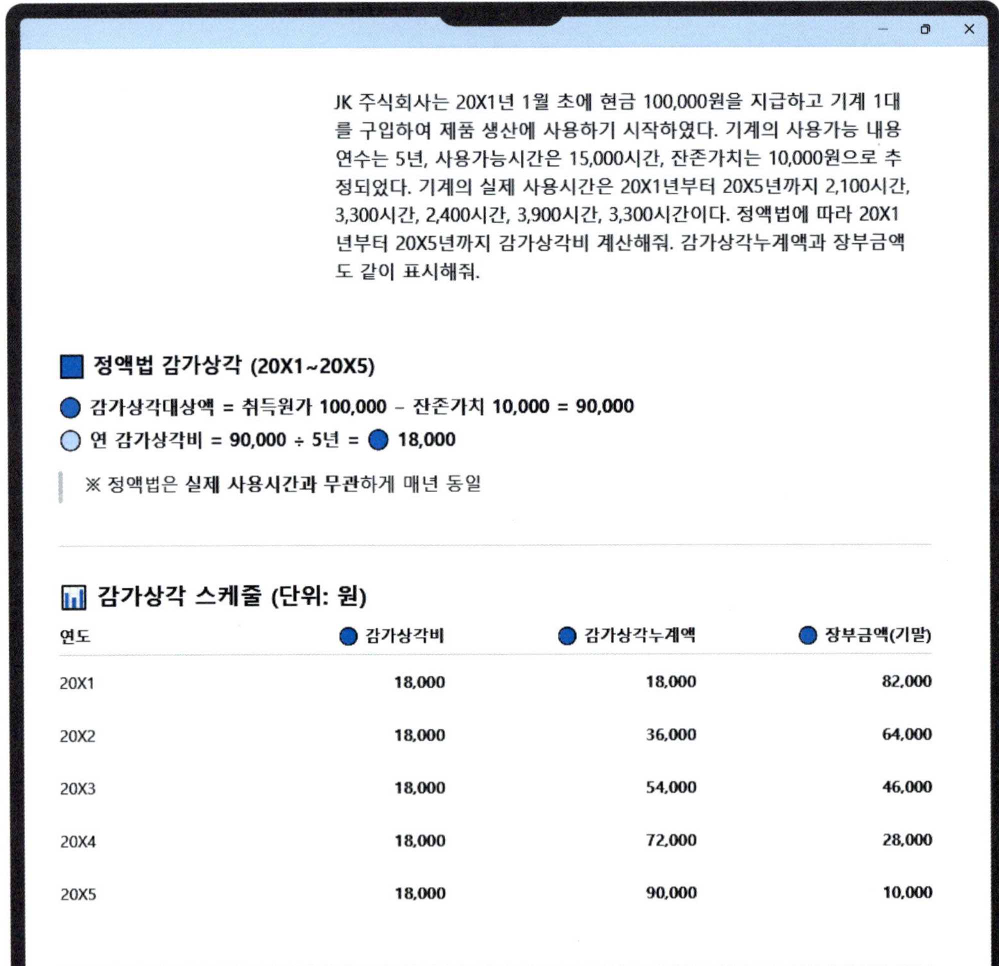

연도	감가상각비	감가상각누계액	장부금액(기말)
20X1	18,000	18,000	82,000
20X2	18,000	36,000	64,000
20X3	18,000	54,000	46,000
20X4	18,000	72,000	28,000
20X5	18,000	90,000	10,000

ChatGPT를 활용하여 정확한 유형자산의 감가상각비를 계산하기 위해서 감가상각 방법과 감가상각을 위한 요소를 구체적으로 제시하였다. 또한, 재무상태표에 표시될 금액을 확인하기 위해서 감가상각누계액과 장부금액을 계산하도록 지시하였다. 정액법에 따른 감가상각비는 매년 ₩18,000이고, 20×5년 말 장부금액은 잔존가치와 동일하게 ₩10,000이다.

[2] 분개

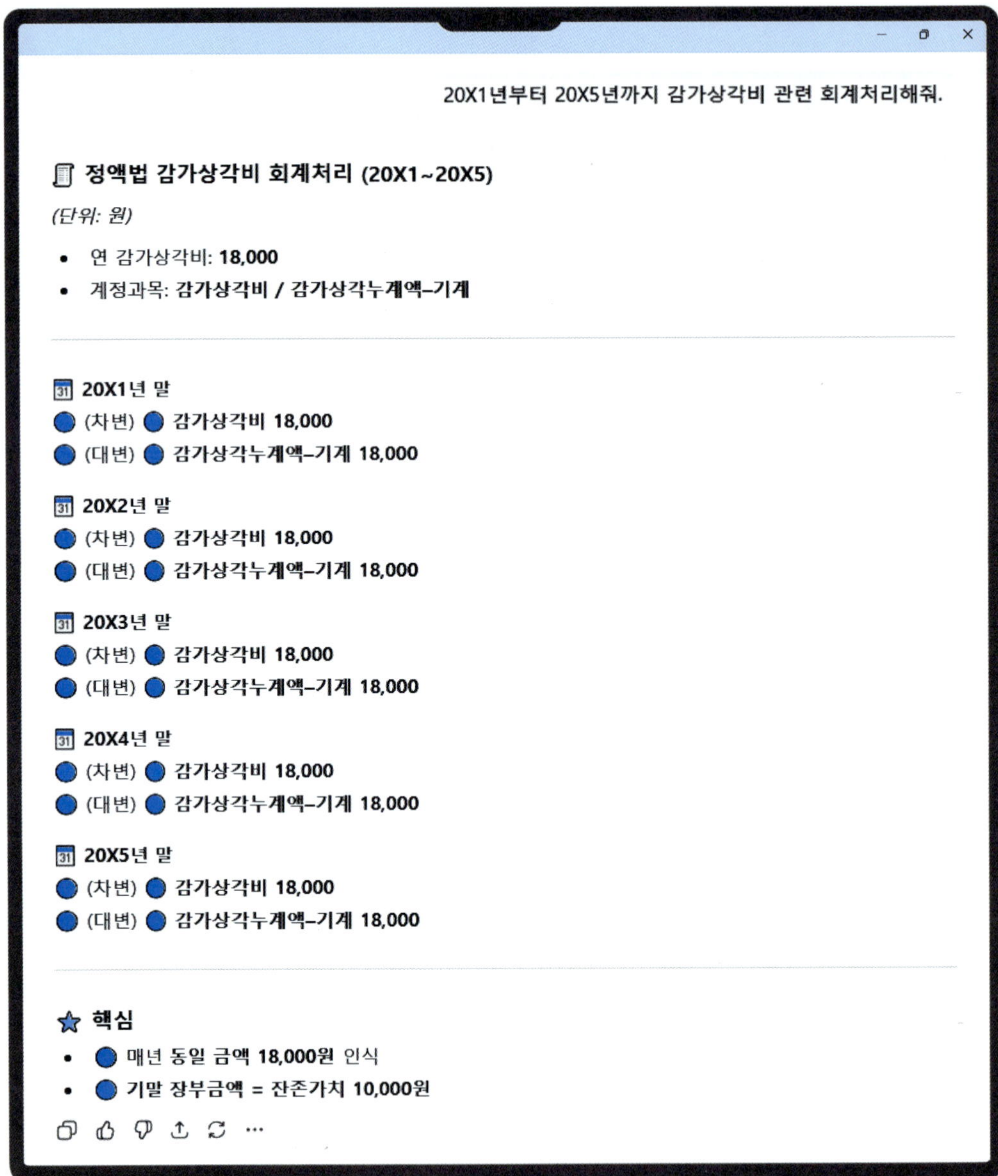

정액법에 따라 계산한 감가상각비를 이용해서 20×1년부터 20×5년까지 회계처리를 하도록 지시하였고, 감가상각비 계산과 회계처리를 통해서 손익계산서에 표시될 감가상각비와 재무상태표에 표시될 장부금액을 상호 검증할 수 있다.

(2) 정률법

[1] 감가상각비 계산

⑨ ChatGPT 결과

정률법에 따라 20X1년부터 20X5년까지 감가상각비 계산해줘. 감가상
각누계액과 장부금액도 같이 표시해줘. 감가상각률은 40%를 적용해줘.

■ **정률법 감가상각 (감가상각률 40%)**

(20X1 ~ 20X5 / 단위: 원)

● **취득원가**: 100,000
○ **잔존가치**: 10,000
● **감가상각률: 40% (정률법)**
📌 *정률법은 매기 기초 장부금액 × 감가상각률 적용, 단 기말 장부금액은 잔존가치 미만 불가*

📊 감가상각 스케줄

연도	● 감가상각비	● 감가상각누계액	● 기말 장부금액
20X1	40,000	40,000	60,000
20X2	24,000	64,000	36,000
20X3	14,400	78,400	21,600
20X4	8,640	87,040	12,960
20X5	2,960 ⚠	90,000	10,000

⚠ **20X5년**: 정률 계산액(5,184)을 적용하면 잔존가치(10,000) 미만 → **잔존가치까지로 조정**

☆ 핵심 요약
- ● 초기 연도 감가상각비 크고, 후반으로 갈수록 **감소**
- ● **최종 장부금액 = 잔존가치 10,000**
- 📌 총 감가상각액 합계 = **90,000** (취득원가 – 잔존가치)

🗗 👍 👎 ⬆ 🔁 …

정률법에 따른 감가상각비는 20×1년에 ₩40,000, 20×2년에 ₩24,000, 20×3년에 ₩14,400, 20×4년에 ₩8,640, 20×5년에 ₩2,960이고, 20×5년 말 장부금액은 잔존가치와 동일하게 ₩10,000이다.

⑤ ChatGPT 결과

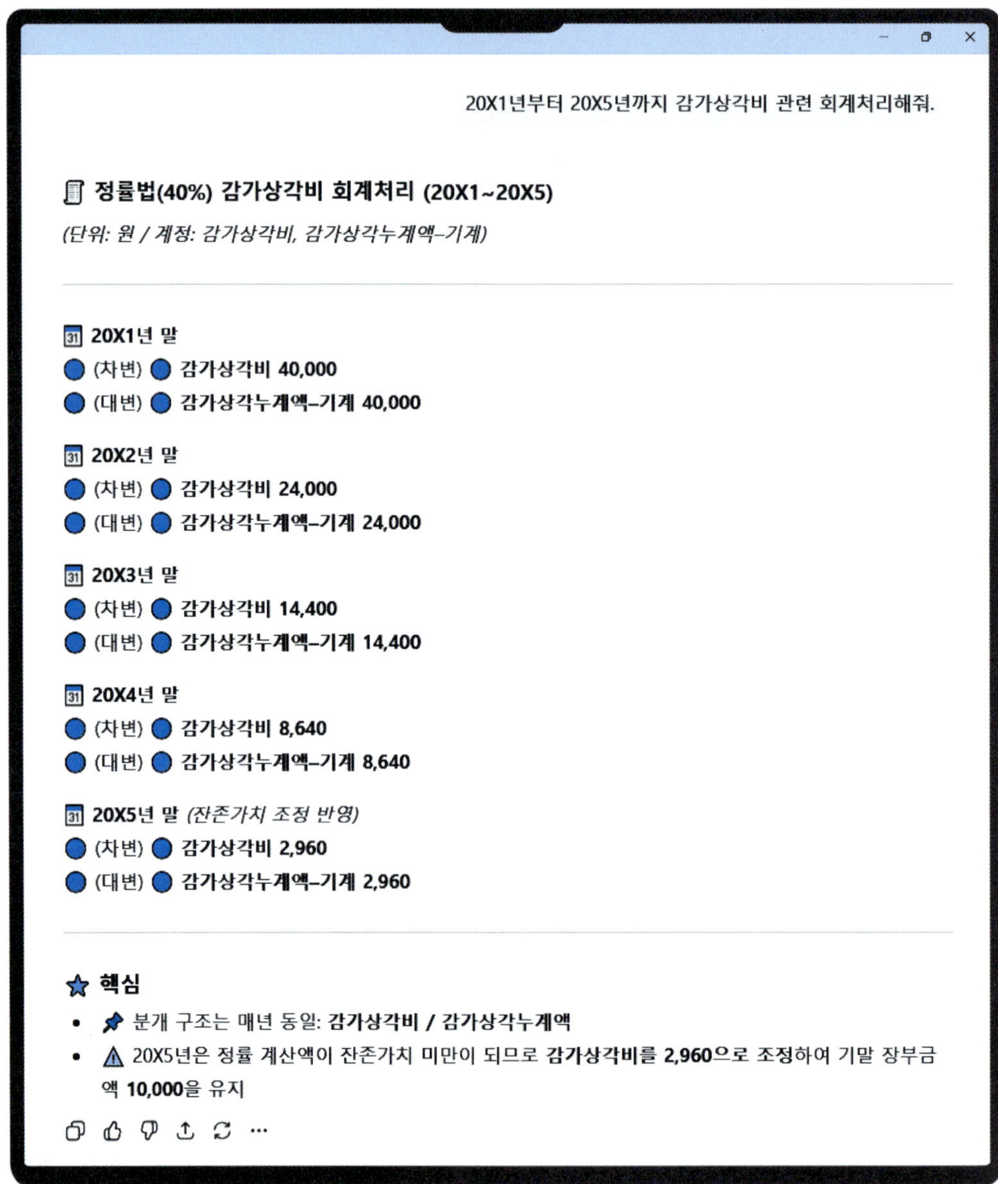

정률법에 따라 계산한 감가상각비를 이용해서 20×1년부터 20×5년까지 회계처리를 하도록 지시하였고, 감가상각비 계산과 회계처리를 통해서 손익계산서에 표시될 감가상각비와 재무상태표에 표시될 장부금액을 상호 검증할 수 있다.

(3) 연수합계법

[1] 감가상각비 계산

⑥ ChatGPT 결과

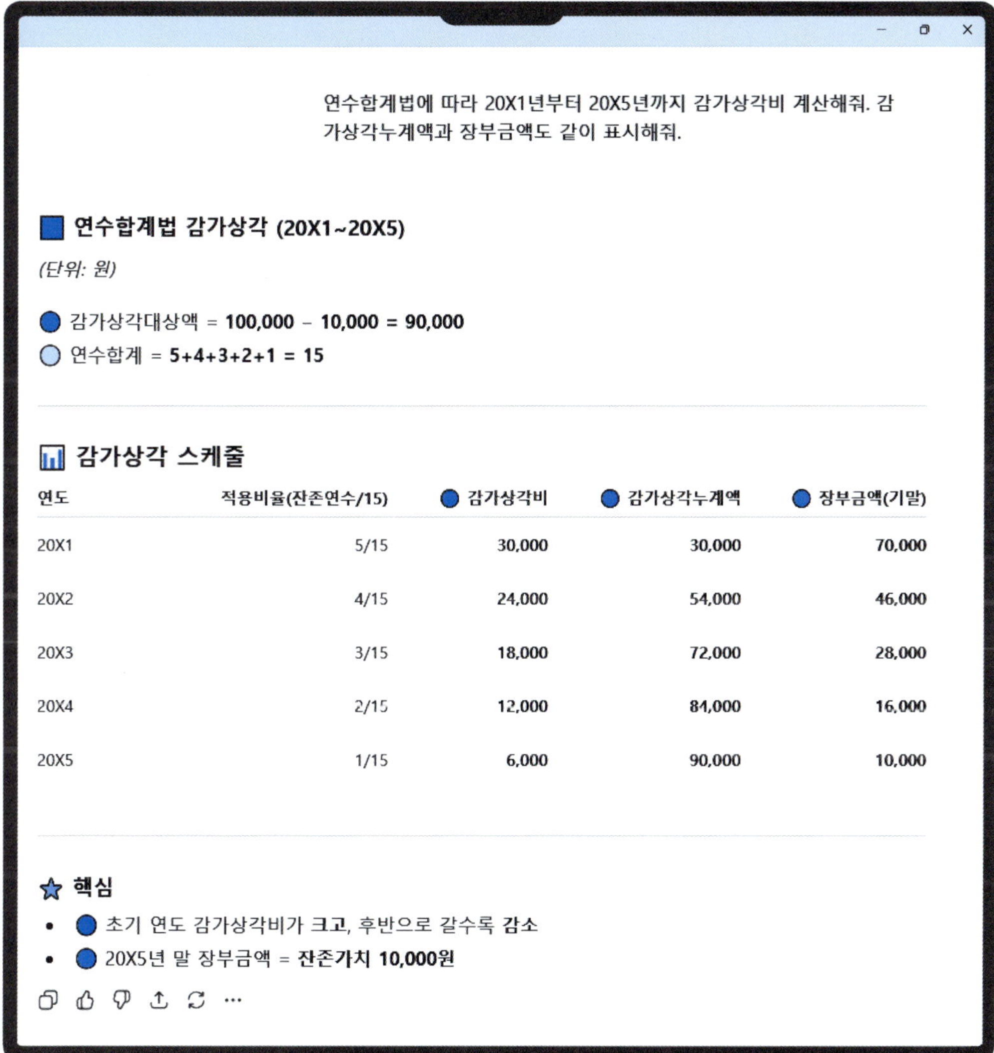

연도	적용비율(잔존연수/15)	● 감가상각비	● 감가상각누계액	● 장부금액(기말)
20X1	5/15	30,000	30,000	70,000
20X2	4/15	24,000	54,000	46,000
20X3	3/15	18,000	72,000	28,000
20X4	2/15	12,000	84,000	16,000
20X5	1/15	6,000	90,000	10,000

연수합계법에 따른 감가상각비는 20×1년에 ₩30,000, 20×2년에 ₩24,000, 20×3년에 ₩18,000, 20×4년에 ₩12,000, 20×5년에 ₩6,000이고, 20×5년 말 장부금액은 잔존가치와 동일하게 ₩10,000이다.

[2] 분개

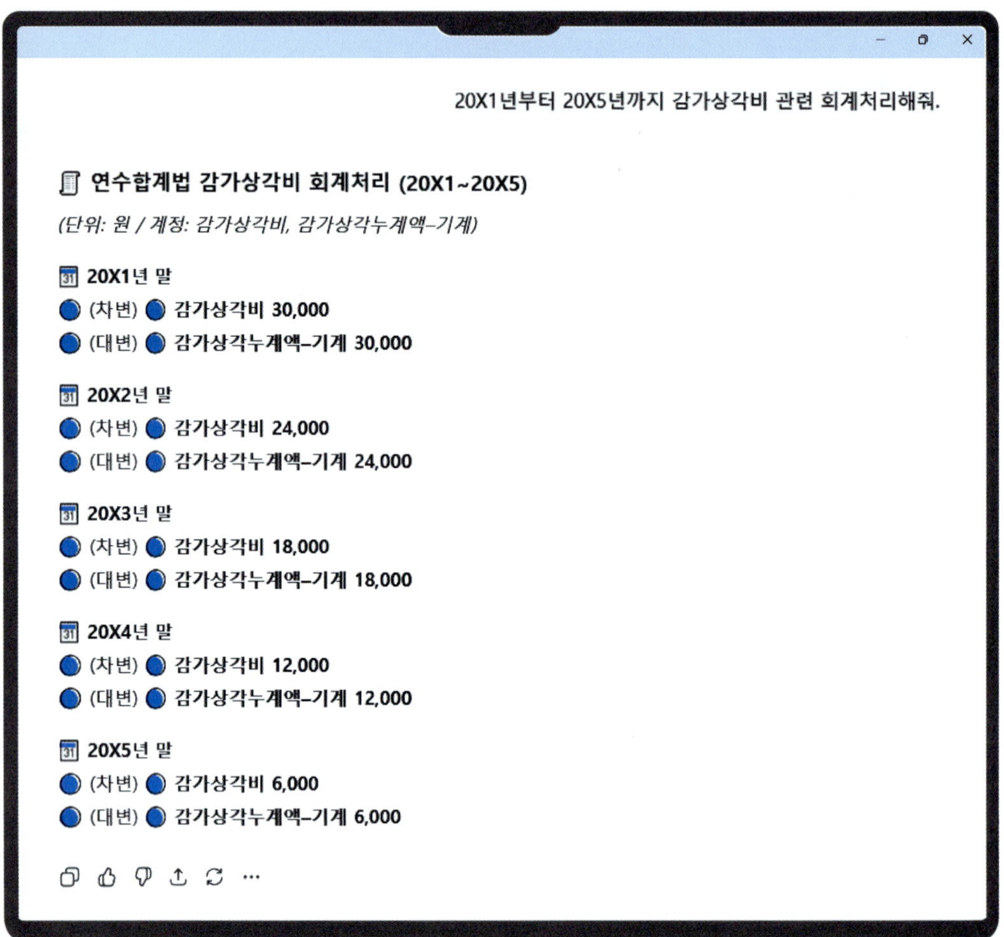

연수합계법에 따라 계산한 감가상각비를 이용해서 20×1년부터 20×5년까지 회계처리를 하도록 지시하였고, 감가상각비 계산과 회계처리를 통해서 손익계산서에 표시될 감가상각비와 재무상태표에 표시될 장부금액을 상호 검증할 수 있다.

(4) 생산량비례법

[1] 감가상각비 계산

⑤ ChatGPT 결과

생산량비례법에 따라 20X1년부터 20X5년까지 감가상각비 계산해줘.
감가상각누계액과 장부금액도 같이 표시해줘.

■ 생산량비례법 감가상각 (20X1~20X5)

(단위: 원)

- 감가상각대상액 = **100,000 − 10,000 = 90,000**
- 총 사용가능시간 = **15,000시간**
- 시간당 감가상각비 = **90,000 ÷ 15,000 =** 6원/시간

📊 감가상각 스케줄

연도	실제 사용시간(시간)	감가상각비	감가상각누계액	장부금액(기말)
20X1	2,100	12,600	12,600	87,400
20X2	3,300	19,800	32,400	67,600
20X3	2,400	14,400	46,800	53,200
20X4	3,900	23,400	70,200	29,800
20X5	3,300	19,800	90,000	10,000

☑ 사용시간 합계: **15,000시간** → 누계 감가상각액 **90,000원** 일치

☆ 핵심

- ⏱ **사용량(시간)에 비례**하여 비용 인식
- 🔵 **20X5년 말 장부금액 = 잔존가치 10,000원**

생산량비례법에 따른 감가상각비는 20×1년에 ₩12,600, 20×2년에 ₩19,800, 20×3년에 ₩14,400, 20×4년에 ₩23,400, 20×5년에 ₩19,800이고, 20×5년 말 장부금액은 잔존가치와 동일하게 ₩10,000이다.

[2] 분개

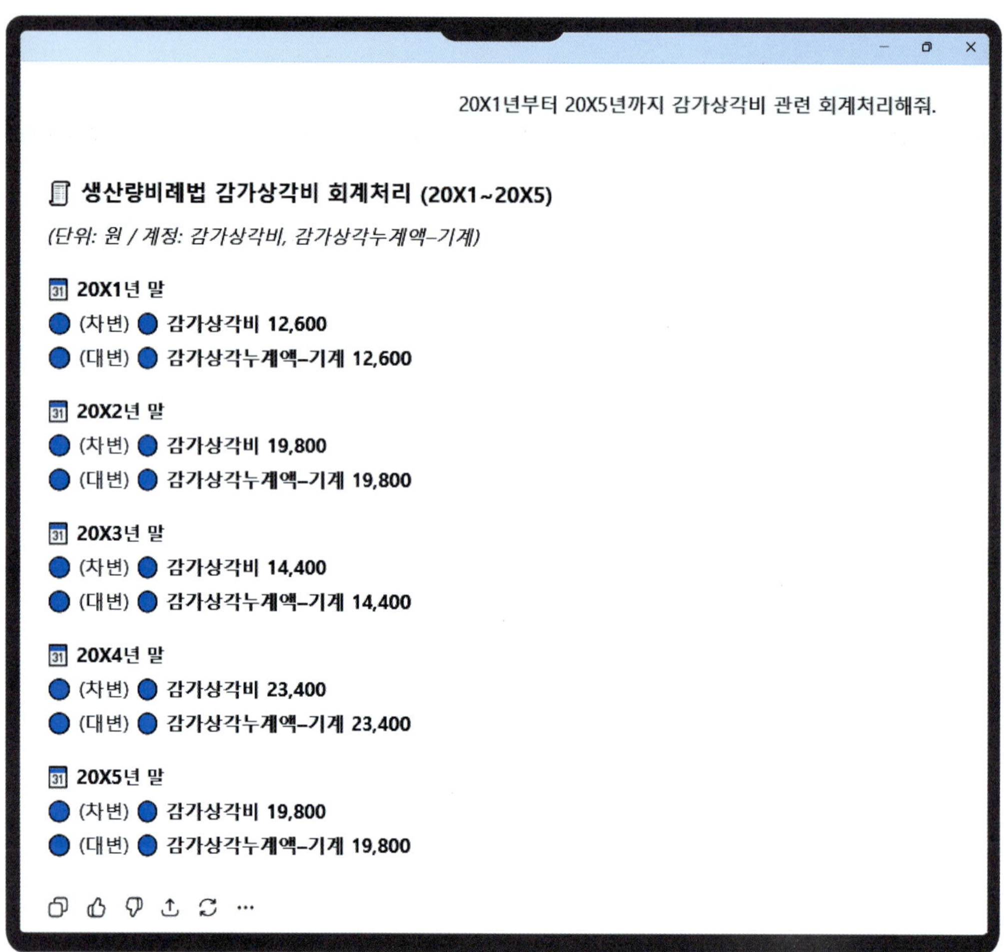

생산량비례법에 따라 계산한 감가상각비를 이용해서 20×1년부터 20×5년까지 회계처리를 하도록 지시하였고, 감가상각비 계산과 회계처리를 통해서 손익계산서에 표시될 감가상각비와 재무상태표에 표시될 장부금액을 상호 검증할 수 있다.

ChatGPT를 활용하여 유형자산의 감가상각비를 계산하였다. 정확한 유형자산의 감가상가비 계산을 위해서는 감가상각 방법을 명확히 제시하는 것이 중요하며, 이에 따라 정액법, 정률법, 연수합계법 및 생산량비례법 중 하나에 따라서 계산하도록 지시하였다. 또한 취득일, 취득원가, 잔존가치, 내용연수 등에 대한 정보를 구체적으로 전달함으로써 정확한 감가상각비를 계산하도록 하였다.

특히 계산된 감가상각비로 손익계산서에 표시될 감가상각비와 재무상태표에 표시될 유형자산의 장부금액이 동시에 결정되므로, 감가상각비 계산 후에 관련 회계처리를 하도록 지시함으로써 손익계산서에 표시될 감가상각비와 재무상태표에 표시될 유형자산의 장부금액을 상호 검증하였다.

마지막으로, 사용자는 ChatGPT가 계산한 감가상각비 금액의 정확성 및 회계처리의 적정성을 반드시 검증해야 한다. ChatGPT가 제시한 결과에 오류가 포함될 수 있다는 점을 인식하고, 계산된 금액 및 관련 회계처리 등을 검토하여야만 유형자산 감가상각비 계산의 정확성을 높일 수 있다.

Chapter 9

은행계정조정표 작성하기

1. 은행계정조정표의 의의

2. ChatGPT를 활용한
   은행계정조정표 작성 실습

1. 은행계정조정표의 의의

1.1 현금및현금성자산의 의의와 분류

기업이 도산이나 지급 불능 상태에 빠지지 않고 안정적인 영업활동을 수행하기 위해서는 유동성이 높은 자산을 많이 보유하고 있어야 한다. 유동성(liquidity)이란 기업의 자산을 현금으로 얼마나 빠르게 전환할 수 있는 정도를 말하는 것이다. 예를 들어, 현금과 현금성자산은 유동성이 가장 높은 자산이며, 평균적으로 매출채권은 재고자산보다 유동성이 높다.

경영자는 기업의 유동성을 항상 관찰하여 일시적 지급 불능 상태에 빠지지 않도록 적정 수준의 유동성을 유지해야 할 책임이 있다. 흑자도산이란 기업의 수익성은 양호하지만 충분한 유동성을 확보하지 못하여 기업이 지급 불능 상태에 빠져 결국은 파산에 이르는 경우를 말한다. 기업이 영업활동을 하면서 적정한 유동성 수준을 유지하는 것이 얼마나 중요한가를 보여주는 단적인 예이다.

재무상태표에서 현금및현금성자산(cash and cash equivalents)으로 표시된 계정 과목에 대한 정보를 제공한다. 현금(cash)은 통화인 지폐와 동전뿐만 아니라, 통화와 마찬가지로 사용할 수 있는 타인발행수표, 송금환, 우편환 증서 등의 통화대용증권을 포함한다. 그리고 언제든지 수표를 발행하여 인출할 수 있는 당좌예금, 예금자가 언제든지 인출할 수 있는 보통예금 등의 요구불예금도 현금에 포함된다.

한편 현금성자산(cash equivalents)이란 현금은 아니지만 단기 현금 수요를 충족하기 위한 목적으로 보유하여 현금처럼 간주되는 단기금융자산을 말한다. 현금성자산으로 분류되기 위해서는 큰 거래 비용 없이 현금으로 전환이 용이하고, 이자율의 변동에 따른 가치 변동이 작아 특별한 위험 부담 없이 현금과 거의 동일하게 사용할 수 있어야 한다. 따라서 금융기관에서 취급하는 정형화된 상품(products)이나 만기일이 취득일로부터 3개월 이내에 도래하는 채권 등이 현금성자산으로 분류된다.

현금및현금성자산에 포함되는 항목을 정리하면 다음 [표 9-1]과 같다.

[표 9-1] 현금및현금성자산에 포함되는 항목

계정	항목	내 용
현 금	통화	지폐, 동전
	통화대용증권	타인발행수표, 송금환, 우편환 증서
	요구불예금	당좌예금, 보통예금
현금성자산	정형화된 상품	양도성예금증서(CD), 기업어음(CP), 어음관리계좌(CMA), 환매조건부채권(RP) 등[1]
	단기채권	취득일로부터 만기일이 3개월 이내에 도래하는 채권

1.2 당좌예금과 은행계정조정표

사용상 편리함뿐 아니라 사무실의 현금 보관 및 현금 사용에 따른 위험을 최소화하기 위해서 이를 은행의 당좌예금(checking account) 계좌에 예치하고 은행으로부터 당좌수표 용지를 받아 보관하다가, 거래처에 대금을 결제할 때가 되면 당좌수표를 발행한다.

당좌예금의 보유자가 당좌수표를 거래처에 발행한다고 당좌예금의 잔액이 바로 줄어드는 것은 아니다. 발행인의 당좌수표 발행 시점과 당좌수표 결제 시점(당좌수표 수취인이 당해 당좌수표를 자신의 은행구좌에 입금하여 당좌수표 발행인의 당좌예금에서 돈이 실제 빠져나가는 시점) 사이에는 어느 정도 시간이 걸린다. 이 기간 중의, 즉 결제가 아직 안 이루어진 상태의 당좌수표를 (기발행)미결제수표(outstanding check)라고 한다.

---

1) 양도성예금증서(CD: certificate of deposit)는 은행이 발행하는 정기예금증서로서 금융시장에서 자유롭게 매매할 수 있는 특징이 있다. 기업어음(CP: commercial paper)은 신용평가에서 적격 등급을 받은 기업이 발행한 어음으로 금융기관이 이를 할인 매입하여 일반 고객에게 판매한 어음을 말한다. 어음관리계좌(CMA: cash management account)는 금융기관이 고객으로부터 받은 예탁금을 양도성예금증서나 기업어음, 국공채 등에 투자하여 그 수익을 고객에게 돌려주는 금융상품을 말한다. 환매조건부채권(RP: repurchase agreement)은 일정기간 경과 후 일정 금액으로 다시 매입하는 조건으로 금융기관이 고객에게 판매한 채권을 말한다.

기업은 당좌예금 계좌에 예치해 놓은 금액을 한도로 당좌수표를 발행할 수 있는데, 만약 기업이 예치한 당좌예금 잔액을 초과하는 금액의 당좌수표를 발행하면 은행은 지급을 거절한다. 이렇게 당좌예금 잔액을 초과하여 은행이 지급을 거절한 당좌수표를 **부도수표**(bad check 또는 bounced check)라고 한다.

당좌수표가 부도날 경우 기업은 은행거래에 있어 상당한 불이익을 받게 된다. 따라서 기업은 당좌예금 잔액을 초과하여 당좌수표가 결제될 수 있도록 사전에 은행과 **당좌차월**(overdraft) 계약을 맺기도 한다. 당좌차월은 당좌예금에 마이너스(−) 잔액으로 나타나며, 단기차입금과 그 성격이 같다. 따라서 결산일에 당좌예금 계정에 대변 잔액이 있으면 단기차입금 계정에 합산하여 표시할 수 있다.

다음 (예 1)을 통해서 당좌예금과 관련된 회계처리를 살펴보자.

[예 1] • 당좌예금의 운용

HK 주식회사는 다음과 같은 당좌거래를 하였다.

- 20×1년 12월 1일: HK 주식회사는 거래은행인 한빛은행과 당좌계약을 체결하고 당좌예금 계좌에 ₩1,000,000을 입금하였다.
- 20×1년 12월 10일: HK 주식회사는 거래처인 MK 주식회사로부터 상품 ₩700,000을 납품받고 수표를 지급하였다. HK 주식회사는 실지재고조사법을 사용한다.
- 20×1년 12월 15일: HK 주식회사는 한빛은행과 ₩500,000을 한도로 당좌차월 약정을 체결하였다. 같은 날 HK 주식회사는 MK 주식회사로부터 상품 ₩600,000을 납품받고 수표를 지급하였다.
- 20×1년 12월 16일: HK 주식회사는 한빛은행의 당좌예금 계좌에 ₩400,000의 현금을 입금하였다.

〈20×1. 12. 1. 당좌예금 입금 시〉

(차변)	당 좌 예 금	1,000,000	(대변)	현　　　　금	1,000,000

〈20×1. 12. 10. 매입 시〉

(차변)	매　　　　입	700,000	(대변)	당 좌 예 금	700,000

〈20×1. 12. 15. 매입 시〉

(차변)	매　　　　입	600,000	(대변)	당 좌 예 금	300,000
				당 좌 차 월	300,000

〈20×1. 12. 16. 당좌예금 입금 시〉

(차변)	당 좌 예 금	100,000	(대변)	현　　　　금	400,000
	당 좌 차 월	300,000			

회사는 당좌예금에 대한 내부 통제를 위하여 수시로 회사의 당좌예금 장부의 잔액과 은행의 당좌예금 계좌의 잔액이 일치하는지 파악할 필요가 있다. 일반적으로 회사 측 당좌예금 장부 잔액과 은행 측 당좌예금 계좌 잔액은 일치하겠지만, 만약에 두 잔액이 일치하지 않는다면 그 원인을 찾아서 두 개의 잔액을 일치시키기 위한 조정표를 작성할 수 있는데, 이를 은행계정조정표(bank reconciliation statement)라고 한다. 만약 은행계정조정표를 작성한 결과 조정 후 회사 측과 은행 측의 당좌예금 잔액이 일치하지 않는다면 그 금액만큼 기업 내의 누군가가 당좌예금을 횡령했을 가능성도 배제할 수 없기 때문에 제3자에 의한 독립적 내부 검증이 필요하다.

회사 측 당좌예금 잔액과 은행측 당좌예금 잔액이 일치하지 않는 원인 및 불일치 금액을 조정하는 방법을 요약하면 [표 9-2]와 같다.

[표 9-2] 당좌예금 잔액의 불일치 원인 및 조정 방법

불일치 원인	내용	조정방법
미기입예금 (deposit-in-transit)	회사가 수령한 타인발행수표를 은행에 입금하고 회사의 당좌예금 장부에 입금 처리하였으나, 은행 결제시스템상 은행의 당좌예금 계좌에는 동일자로 입금 처리되지 않은 경우	은행 측 잔액이 회사 측 잔액보다 적으므로 은행 측 잔액에 가산
(기발행)미결제수표 (outstanding checks)	회사가 당좌수표를 발행하면서 회사의 당좌예금 장부에 출금 처리하였으나, 수표 소지인이 수표를 은행에 제시하지 않음으로써 은행의 당좌예금 계좌에는 아직 출금 처리가 되지 않은 경우	은행 측 잔액이 회사 측 잔액보다 많으므로 은행 측 잔액에서 차감
미통지예금 (deposit by third parties)	회사의 거래처가 회사에 대금결제를 통보하지 않고 회사의 당좌예금 계좌에 입금시킨 경우	회사 측 잔액이 은행 측 잔액보다 적으므로 회사 측 잔액에 가산
부도수표 (bad check 또는 bounced check)	회사가 거래처로부터 수표를 수령하여 장부에 입금 처리한 후 은행에 입금하였으나, 동수표가 은행 결제 과정에서 부도수표로 판명되어 은행에서 입금 처리가 되지 않은 경우	회사 측 입금 처리가 잘못된 것이므로 회사 측 잔액에서 차감
은행수수료, 이자비용 등	은행이 어음추심료 또는 당좌차월에 대한 이자비용 등을 당좌예금 계좌에서 출금 처리하였으나, 회사가 이러한 사실을 모르고 장부에 출금 기록을 하지 않은 경우	회사 측에서 출금 기록을 누락했기 때문에 회사 측 잔액에서 차감
오류	회사나 은행이 장부 기록 시 오류를 범한 경우	오류 발생 금액만큼 가산 또는 차감

만약 당좌예금의 회사 측 잔액과 은행 측 잔액이 일치하지 않는다면 다음 <표 9-3>과 같은 은행계정조정표를 작성하여 당좌예금의 회사 측 잔액과 은행 측 잔액을 일치시킨다.

[표 9-3] 은행계정조정표

은행계정조정표
××××년 ×월 ×일 현재

회 사 측 수 정 전 잔 액	×××	≠ 은 행 측 수 정 전 잔 액	×××
미 통 지 예 금 (+)	×××	미 기 입 예 금 (+)	×××
부 도 수 표 (-)	×××	(기 발 행) 미 결 제 수 표 (-)	×××
은 행 수 수 료 , 이 자 비 용 등 (-)	×××	은 행 측 오 류 (±)	×××
회 사 측 오 류 (±)	×××		
조 정 후 잔 액	×××	= 조 정 후 잔 액	×××

은행계정조정표를 작성하면 특정 시점의 정확한 당좌예금 잔액을 산출할 수 있으며, 정확한 잔액을 산출한 후에 회사는 장부에 반영할 수정분개를 하여야 한다.

다음 (예 2)를 통해서 은행계정조정표의 작성과 수정분개에 대해 살펴보자.

[예 2] · 은행계정조정표의 작성

HK 주식회사의 한빛은행 당좌예금 잔액을 확인한 결과이다.

20×1년 12월 31일 현재 HK 주식회사의 당좌예금 계정의 잔액은 ₩144,000인데, 당좌계약을 체결한 한빛은행으로부터 수령한 회사의 은행조회서상의 잔액은 ₩150,000으로 기록되어 있다. 차이에 대한 원인은 다음과 같다.

① HK 주식회사가 12월 29일에 발행한 수표 ₩70,000이 은행에서 아직 인출되지 않았다.
② HK 주식회사의 거래처가 12월 30일에 대금결제를 통보하지 않고 HK 주식회사의 당좌예금 계좌에 ₩30,000을 입금시켰다.
③ HK 주식회사가 거래처로부터 수표 ₩50,000을 수령하여 은행에 입금 처리하였으나, 은행결제 과정에서 부도수표로 판명되었다.
④ HK 주식회사가 12월 31일에 입금한 ₩40,000을 한빛은행 측이 아직 기록하지 않았다.
⑤ 12월 중 은행수수료가 ₩10,000이 발생하였으나, 회사 측은 아직 기록하지 않았다.
⑥ HK 주식회사가 거래처로부터 받은 수표 ₩66,000을 은행에 입금 처리하면서 ₩60,000으로 잘못 기록하였다.

은행계정조정표

HK 주식회사	20×1년 12월 31일 현재			(단위 : 원)
HK 주식회사 수정전 잔액	144,000	한빛은행 수정전 잔액		150,000
② 미통지예금	(+)30,000	① (기발행)미결제수표		(-)70,000
③ 부도수표	(-)50,000	④ 미기입예금		(+)40,000
⑤ 은행수수료	(-)10,000			
⑥ 회사측오류	(+)6,000			
조 정 후 잔 액	120,000	조 정 후 잔 액		120,000

〈수정분개〉

② (차변)	당 좌 예 금	30,000	(대변)	매 출 채 권	30,000
③ (차변)	매 출 채 권	50,000	(대변)	당 좌 예 금	50,000
⑤ (차변)	수수료비용	10,000	(대변)	당 좌 예 금	10,000
⑥ (차변)	당 좌 예 금	6,000	(대변)	매 출 채 권	6,000

2. ChatGPT를 활용한 은행계정조정표 작성 실습

2.1 ChatGPT를 활용한 은행계정조정표 작성의 핵심 원칙

ChatGPT를 활용하여 은행계정조정표를 효율적이고 정확하게 작성하기 위해서는 회사 측 당좌예금 장부 잔액과 은행 측 당좌예금 계좌 잔액의 불일치 원인을 사전에 명확히 제시하는 것이 중요하다. 불일치 원인에는 미기입예금, (기발행)미결제수표, 미통지예금, 부도수표 등이 있으며, 앞서 설명한 바와 같이 미기입예금과 (기발행)미결제수표는 은행 측 잔액에서 조정이 이루어져야 하며, 미통지예금과 부도수표는 회사 측 잔액에서 조정이 이루어져야 한다.

또한, 회사 측 잔액과 은행 측 잔액의 불일치 원인이 어느 한 일방의 단순 오류나 계산 실수 때문일 수도 있다. 이러한 경우를 대비하여 일정기간 동안의 회사 측 당좌예금 장부와 은행 측 당좌예금 계좌를 비교·분석하는 작업이 필요하다.

은행계정조정표 작성의 핵심은 회사 측 당좌예금 장부 잔액과 은행 측 당좌예금 계좌 잔액을 일치시키는 것이다. 이를 위해서는 많은 불일치 원인을 한꺼번에 입력하고 은행계정조정표를 작성하도록 지시하는 것보다는 불일치 원인을 하나씩 단계별로 조정하고 정확성을 확인한 후에 최종적으로 은행계정조정표를 작성하도록 지시하는 것이 효율적이다.

다음 [표 9-4]는 ChatGPT를 활용한 은행계정조정표 작성의 실습에서 정확도를 높일 수 있는 핵심 원칙을 정리한 것이다.

📠 [표 9-4] ChatGPT를 활용한 은행계정조정표 작성의 핵심 원칙

핵심 원칙	내 용
불일치 원인 제시	미기입예금, (기발행)미결제수표, 미통지예금, 부도수표 등 불일치 원인을 명확히 제시
오류 파악	일정기간 동안의 회사 측 당좌예금 장부와 은행 측 당좌예금 계좌를 비교·분석하여 오류 등을 반영
단계별 조정	불일치 원인을 하나씩 단계별로 조정하고 정확성을 확인한 후에 은행계정조정표를 작성하도록 지시
수정·보완	불일치 원인을 잘못 조정하거나 은행계정조정표를 잘못 작성한 경우 올바른 결과로 수정 지시
결과 검증 절차의 수행	ChatGPT의 출력 결과에 대해 불일치 원인에 대한 조정의 적정성과 계산의 정확성 등을 사용자가 직접 검토

2.2 은행계정조정표 작성 실습

(예 2)를 이용해서 은행계정조정표를 작성해 보자.

[1] (기발행)미결제수표 조정

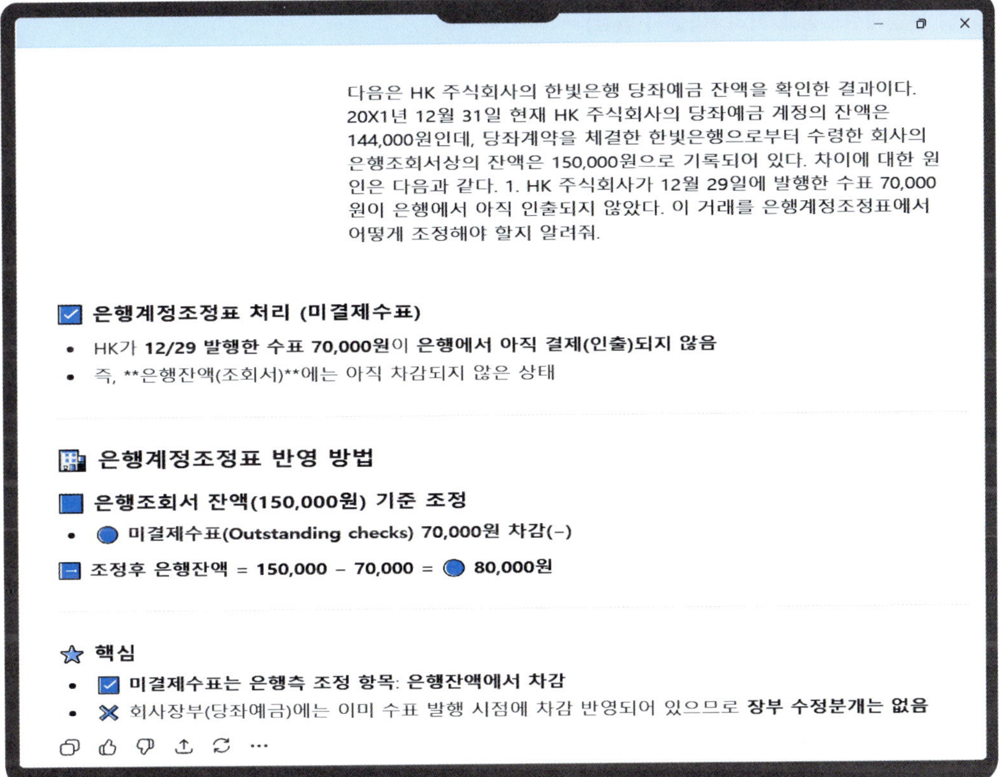

ChatGPT를 활용하여 정확한 은행계정조정표를 작성하기 위해서 먼저 회사 측 당좌예금 장부 잔액과 은행 측 당좌예금 계좌 잔액을 제시하여 회사 측 잔액과 은행 측 잔액이 일치하지 않는다는 사실을 제시했다. 또한, 은행계정조정표 작성 전에 불일치 원인이 되는 거래를 단계별로 조정하고, 그 결과에 대한 정확성을 확인하는 것이 중요하다. 거래 [1]에서 수표 ₩70,000이 은행에서 아직 인출되지 않았으므로 (기발행)미결제수표에 해당된다. 따라서 ₩70,000을 은행 측 잔액에서 차감한다.

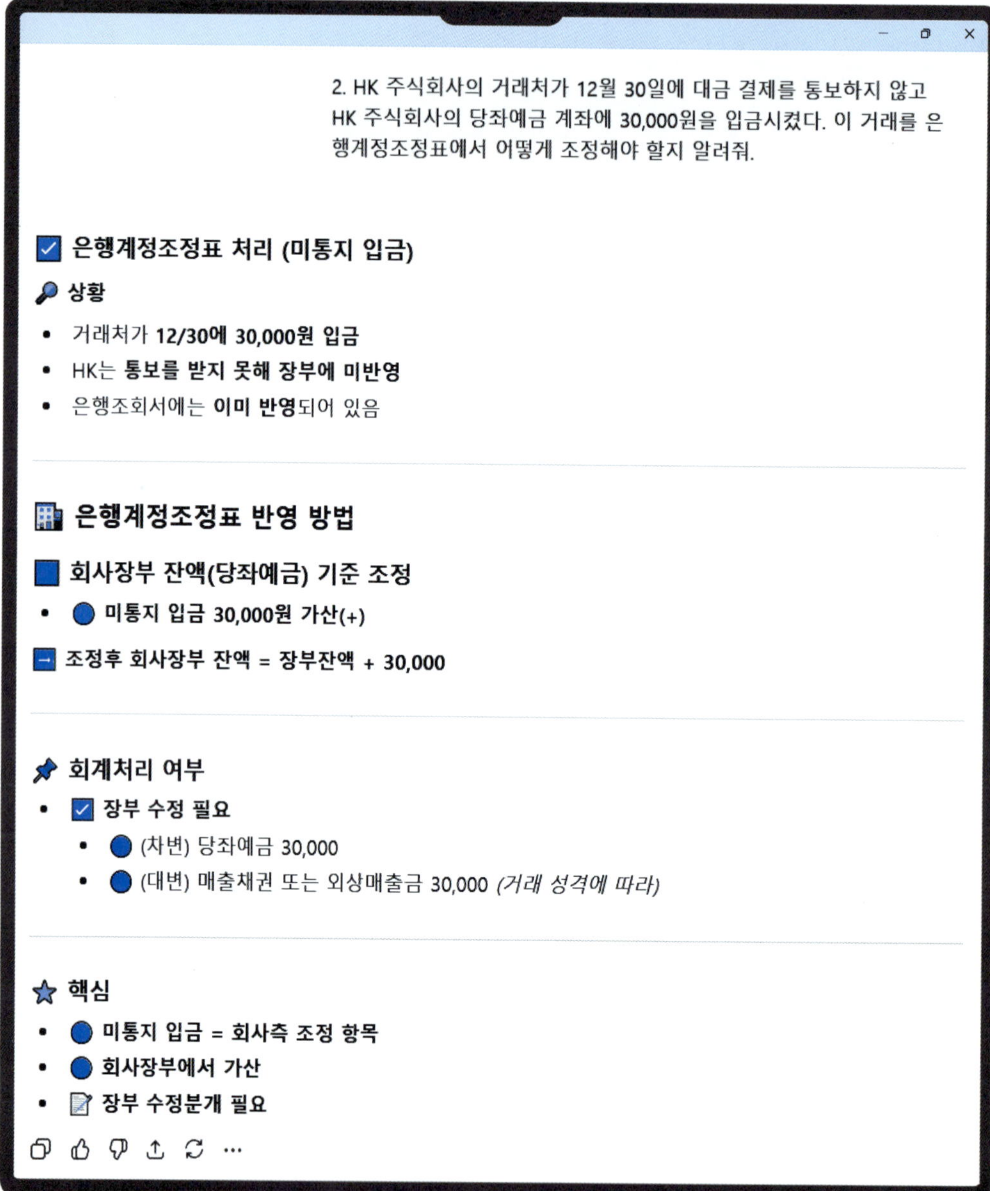 ChatGPT 결과

거래 [2]에서 거래처가 회사의 당좌예금 계좌에 입금한 ₩30,000이 회사에 아직 통보되지 않았으므로 미통지예금에 해당된다. 따라서 ₩30,000을 회사 측 잔액에 가산한다.

[3] 부도수표 조정

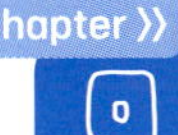

거래 [3]에서 거래처로부터 받은 수표 ₩50,000을 은행에 입금 처리하였으나 은행결제 과정에서 부도수표로 판명되었으므로 부도수표에 해당된다. 따라서 ₩50,000을 회사 측 잔액에서 차감한다.

⑤ ChatGPT 결과

4. HK 주식회사가 12월 31일에 입금한 40,000원을 한빛은행 측이 아직 기록하지 않았다. 이 거래를 은행계정조정표에서 어떻게 조정할지 알려줘.

☑ 은행계정조정표 처리 (미기록 입금 · 미결제예금)

🔍 **상황**

- HK가 **12/31에 입금 40,000원**
- **은행 미기록** → 은행조회서 잔액에 아직 **미반영**

🏢 은행계정조정표 반영 방법

🟦 **은행조회서 잔액 기준 조정**

- 🔵 미기록 입금(미결제예금) **40,000원 가산(+)**

🔲 조정후 은행잔액 = 은행조회서 잔액 + 40,000

📌 회계처리 여부

- ❌ 장부 수정분개 없음
  (회사는 이미 12/31에 입금 처리 완료)

⭐ 핵심

- 🔵 **미기록 입금 = 은행측 조정 항목**
- 🔵 **은행잔액에 가산**
- ❌ **장부 수정 불필요**

거래 [4]에서 회사가 입금한 ₩40,000을 은행 측이 아직 기록하지 않았으므로 미기입예금에 해당된다. 따라서 ₩40,000을 은행 측 잔액에 가산한다.

 ChatGPT 결과

5. 12월 중 은행수수료가 10,000원이 발생하였으나, 회사 측은 아직 기록하지 않았다. 이 거래를 어떻게 은행계정조정표에서 조정할지 알려줘.

☑ 은행계정조정표 처리 (은행수수료 미기록)

🔍 **상황**

- 12월 중 **은행수수료 10,000원 발생**
- 은행조회서에는 **이미 차감**
- 회사 장부에는 **아직 미반영**

🏢 은행계정조정표 반영 방법

■ 회사장부 잔액 기준 조정

- 🔵 은행수수료 10,000원 차감(−)

▣ 조정후 회사장부 잔액 = 장부잔액 − 10,000

✍ 장부 수정분개 (필수)

- 🔵 (차변) 🔵 지급수수료(또는 은행수수료) 10,000
- 🔵 (대변) 📖 당좌예금 10,000

⭐ 핵심

- 🔵 은행수수료 = 회사측 조정 항목
- 🔵 회사장부에서 차감
- 📝 장부 수정분개 필요

거래 [5]에서 은행수수료 ₩10,000이 발생하였으나 회사가 아직 기록하지 않았으므로, 해당 은행수수료 ₩10,000을 회사 측 잔액에서 차감한다.

ChatGPT 결과

6. HK 주식회사가 거래처로부터 받은 수표 66,000원을 은행에 입금 처리하면서, 60,000원으로 잘못 기록하였다. 이 거래를 어떻게 은행계정 조정표에서 조정할지 알려줘.

☑ **은행계정조정표 처리 (회사 장부 오류)**

🔍 **상황**

- 실제 입금액: **66,000원**
- 회사 장부 기록: **60,000원** *(6,000원 과소기록)*
- 은행조회서에는 **정확히 66,000원 반영**

🏢 **은행계정조정표 반영 방법**

■ **회사장부 잔액 기준 조정**

- 🔵 장부 오류 수정 가산(+) **6,000원**

▣ 조정후 회사장부 잔액 = 장부잔액 + 6,000

✍️ **장부 수정분개 (필수)**

- 🔵 (차변) 당좌예금 **6,000**
- 🔵 (대변) 🔵 **매출채권** *(또는 외상매출금)* **6,000**

(거래 성격에 따라 수익 계정일 수도 있음)

⭐ **핵심**

- 🔵 회사 장부 오류 → 회사측 조정 항목
- 🔵 부족 기록분만큼 가산
- 📝 장부 수정분개 필요

거래 [6]에서 회사가 거래처로부터 받은 수표 ₩66,000을 은행에 입금 처리하면서 ₩60,000으로 잘못 기록하였으므로, 회사 측 오류에 해당된다. 따라서 그 차이 금액인 ₩6,000을 회사 측 잔액에 가산한다.

6가지 불일치 원인을 반영한 은행계정조정표를 작성해 보자.

ChatGPT 결과

첨부된 은행계정조정표 양식을 사용해서, 6가지 불일치 원인을 모두 반영한 은행계정조정표를 작성해줘.

🏢 은행계정조정표

20X1년 12월 31일 현재

회사 측(당좌예금)			은행 측(조회서)	
회사 측 수정전 잔액	144,000	≠	은행 측 수정전 잔액	150,000
미통지 예금	(+) 30,000		미기입 예금(미결제예금)	(+) 40,000
부도수표	(−) 50,000		(기발행) 미결제 수표	(−) 70,000
은행수수료	(−) 10,000			
회사 측 오류(과소기록)	(+) 6,000			
회사 측 조정후 잔액	120,000	=	은행 측 조정후 잔액	120,000

★ 핵심 정리
- 🔵 회사측 조정 항목
  - 미통지 예금 +30,000
  - 부도수표 −50,000
  - 은행수수료 −10,000
  - 회사 장부 오류 +6,000
- 🔵 은행측 조정 항목
  - 미결제 수표 −70,000
  - 미기입 예금 +40,000
- ☑ 조정후 잔액 일치: **120,000원**

6가지 불일치 원인을 모두 반영하여 은행계정조정표를 작성하였다. 이를 반영한 결과, 회사 측 당좌예금 장부 잔액과 은행 측 당좌예금 계좌 잔액이 ₩120,000으로 일치하는 것을 확인하였다.

ChatGPT를 활용하여 은행계정조정표를 작성하였다. 정확한 은행계정조정표 작성을 위해서는 불일치 원인을 명확히 제시하는 것이 중요하다. 그 원인으로는 미기입예금, (기발행)미결제수표, 미통지예금, 부도수표 등이 있으며, 미기입예금과 (기발행)미결제수표는 은행 측 잔액에서 조정이 이루어져야 하며, 미통지예금과 부도수표는 회사 측 잔액에서 조정이 이루어져야 한다. 또한, 불일치 원인이 어느 한 일방의 단순 오류나 계산 실수에서 발생할 수 있기 때문에, 이러한 경우를 대비하여 일정기간 동안의 회사 측 장부와 은행 측 계좌를 비교·분석하는 작업이 필요하다.

정확한 은행계정조정표를 작성하기 위해서 불일치 원인을 하나씩 단계별로 조정하고 그 결과에 대한 정확성을 확인하였다. 해당 불일치 원인에 대한 조정 내역을 확인한 후에 최종적으로 은행계정조정표를 작성하도록 지시하였다. 또한, 은행계정조정표 양식이 다양하기 때문에 사용자가 원하는 양식을 첨부하여 해당 양식에 따라서 작성하도록 지시하면 그 결과를 더 편리하게 사용할 수 있다.

마지막으로, 사용자는 ChatGPT가 작성한 은행계정조정표의 정확성을 반드시 검증해야 한다. ChatGPT가 제시한 결과에 오류가 포함될 수 있다는 점을 인식하고, 불일치 원인에 대한 조정사항 및 산출내역 등을 검토하여야만 은행계정조정표 작성의 정확성을 높일 수 있다.

사채 알아보기

1. 사채의 의의

2. ChatGPT를 활용한 사채 계산 실습

1.1 사채

사채(bonds)는 기업이 장기적으로 거액의 자금을 조달하기 위해서 일반 대중을 대상으로 발행하는 유가증권이다. 일반 대중을 대상으로 자금을 조달하는 방식은 주식발행과 동일하다. 그러나 사채의 권면에 액면금액, 표시이자율, 이자지급일, 상환일 및 상환방법 등이 기재되어 있으며, 발행회사(채무자)는 사채의 권면에 기재되어 있는 조건에 따라 채권자에게 이자 및 원금을 지급해야 한다는 점은 주식과 다른 점이다. 차입금과의 차이점은 차입금은 특정인이나 금융기관으로부터 자금을 차입하는 경우에 발생하지만, 사채는 공개적으로 다수의 일반 대중으로부터 자금을 조달한다는 점이다.

1.2 사채의 발행금액

사채의 발행금액은 표시이자(액면금액 × 표시이자율)와 원금(액면금액)에 대한 미래현금흐름을 사채발행일 현재 시장이자율(market interest rate)로 할인한 것이다. 이때 시장이자율이란 투자자 입장에서는 시장에서 투자하여 실제 얻을 수 있으리라 기대하는 최소필수수익률이며, 사채의 발행회사 입장에서는 실질적으로 부담하게 되는 이자율이 되기 때문에 이를 유효이자율(effective interest rate) 또는 실질이자율이라고 한다. 사채의 발행금액은 다음과 같다.

$$\text{사채의 발행금액} \ = \ \sum \frac{I}{(1+r)^n} + \frac{P}{(1+r)^n}$$

$$= \ \text{이자} \times (r, n, \text{정상연금현가계수}) + \text{원금} \times (r, n, \text{단일금액현가계수})$$

$$(I = \text{표시이자}, \ P = \text{원금}, \ r = \text{이자율}, \ n = \text{기간})$$

사채의 발행금액을 도식화하면 다음 [그림 10-1]과 같다.

[그림 10-1] 사채의 발행금액

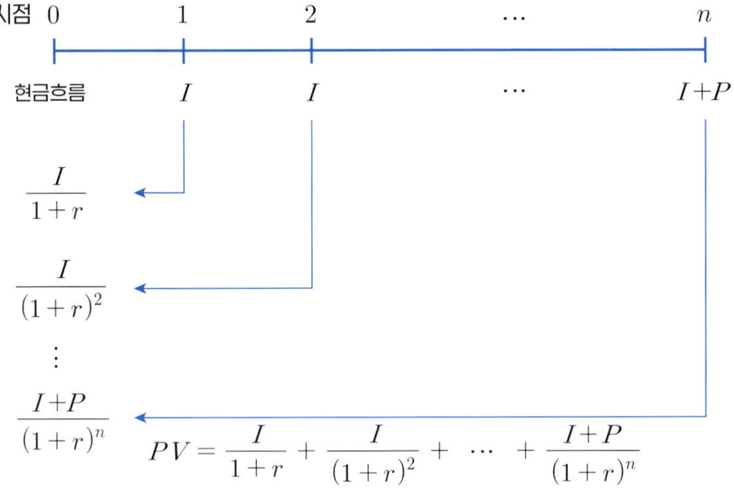

사채의 발행금액이 액면발행인지, 할인발행인지, 아니면 할증발행인지 여부는 시장이자율과 사채권면에 표시되어 있는 **표시이자율**(stated interest rate) 또는 **액면이자율**(coupon interest rate)의 관계에 따라 다음과 같이 결정된다.

표시이자율 = 시장이자율 → 액면발행
표시이자율 < 시장이자율 → 할인발행
표시이자율 > 시장이자율 → 할증발행

표시이자율과 시장이자율의 관계에 따른 사채의 발행금액을 도식화하면 다음 [그림 10-2]와 같다.

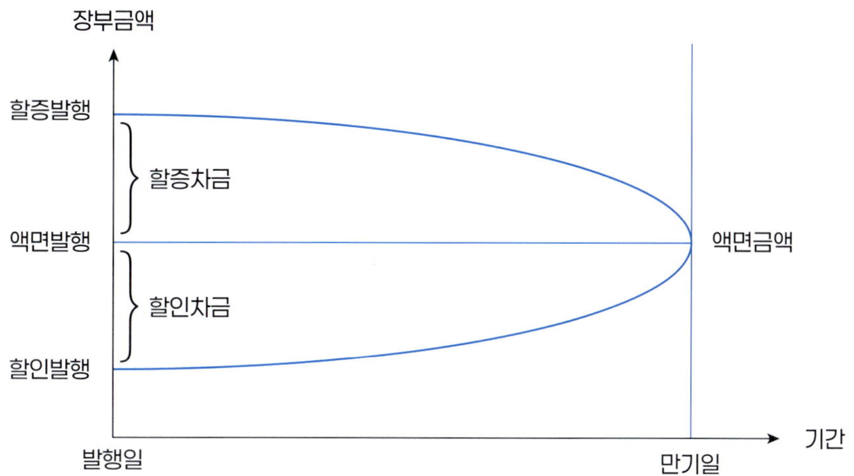

다음 (예 1)를 통해서 사채의 발행금액을 계산하여 액면발행인지, 할인발행인지, 아니면 할증발행인지 여부를 살펴보자.

[예 1] • 사채의 발행금액

MK 주식회사는 20×1년 1월 1일에 액면금액 ₩1,000,000(표시이자율 연 5%, 이자지급일 매년 12월 31일, 만기일 20×3년 12월 31일)의 사채를 발행하였다. 유효이자율이 3%, 5%, 7%라고 가정한다.

[1] 유효이자율이 3%인 경우(할증발행)

사채의 발행금액

= 이자의 현재가치 + 원금의 현재가치

= ₩50,000 × 2.8286(3기간, 3%, 정상연금현가계수)

  + 1,000,000 × 0.9151(3기간, 3%, 단일금액현가계수)

= ₩1,056,530

[2] 유효이자율이 5%인 경우(액면발행)

사채의 발행금액

= 이자의 현재가치 + 원금의 현재가치

= ₩50,000 × 2.7232(3기간, 5%, 정상연금현가계수)

+ 1,000,000 × 0.8638(3기간, 5%, 단일금액현가계수)

≒ ₩1,000,000(현가계수의 단수 차이로 인하여 정확히 ₩1,000,000은 아님)

[3] 유효이자율이 7%인 경우(할인발행)

사채의 발행금액

= 이자의 현재가치 + 원금의 현재가치

= ₩50,000 × 2.6243(3기간, 7%, 정상연금현가계수)

+ 1,000,000 × 0.8163(3기간, 7%, 단일금액현가계수)

= ₩947,515

즉 표시이자율이 5%이기 때문에 유효이자율이 3%인 경우에 사채가 할증발행되고, 유효이자율이 5%인 경우에 사채가 액면발행된다. 그리고 유효이자율이 표시이자율보다 높은 7%인 경우에는 사채가 할인발행된다는 것을 알 수 있다.

1.3 사채발행 시의 회계처리

사채는 액면발행, 할인발행 및 할증발행 조건으로 발행될 수 있으며 각 경우의 회계처리는 다음과 같다.

〈액면발행 시〉							
(차변)	현	금	×××	(대변)	사	채	×××
〈할인발행 시〉							
(차변)	현	금	×××	(대변)	사	채	×××
	사채할인발행차금		×××				
〈할증발행 시〉							
(차변)	현	금	×××	(대변)	사	채	×××
					사채할증발행차금		×××

사채할인발행차금은 사채에서 차감하는 평가계정이며 발행 당시 발행금액인 장부금액은 액면금액보다 작다. 사채할증발행차금은 사채에 가산하는 평가계정이며 발행 당시 발행금액인 장부금액은 액면금액보다 크다.

다음 (예 2)를 통하여 사채발행 시 회계처리를 살펴보자.

[예 2] • 사채의 발행 시 회계처리

MK 주식회사는 20×1년 1월 1일에 액면금액 ₩1,000,000(표시이자율 연 5%, 이자지급일 매년 12월 31일, 만기일 20×3년 12월 31일)의 사채를 발행하였다. 유효이자율이 3%, 5%, 7%라고 가정한다.

[1] 유효이자율이 5%인 경우(액면발행)

사채의 발행금액 = ₩1,000,00(예 1 참조)

⟨20×1. 1. 1. 발행 시⟩

(차변)	현 금	1,000,000	(대변)	사 채	1,000,000

[2] 유효이자율이 7%인 경우(할인발행)

사채의 발행금액 = ₩947,515(예 1 참조)

사채할인발행차금 = ₩1,000,000(액면금액) – 947,515(발행금액) = ₩52,485

⟨20×1. 1. 1. 발행 시⟩

(차변)	현 금	947,515	(대변)	사 채	1,000,000
	사채할인발행차금	52,485			

[3] 유효이자율이 3%인 경우(할증발행)

사채의 발행금액 = ₩1,056,530(예 1 참조)

사채할증발행차금 = ₩1,056,530(발행금액) – 1,000,000(액면금액) = ₩56,530

⟨20×1. 1. 1. 발행 시⟩

(차변)	현 금	1,056,530	(대변)	사 채	1,000,000
				사채할증발행차금	56,530

사채발행 시 유효이자율이 5%, 7%, 3%인 경우 재무제표에 각각 표시하면 다음 [표 10-1]
과 같다.

[표 10-1] 사채발행 관련 재무제표 표시

재무제표	5%(액면발행)	7%(할인발행)	3%(할증발행)
[재무상태표]			
사채(원금)	₩1,000,000	₩1,000,000	₩1,000,000
사채할인발행차금		(52,485)	
사채할증발행차금			56,530
장부금액	₩1,000,000	₩947,515	₩1,056,530

1.4 사채이자비용의 계산

(예 2)를 이용해 사채를 액면발행, 할인발행 및 할증발행한 경우에 각각 얼마의 이자비
용을 부담하는지 알아보자. 먼저 액면발행한 경우에는 발행금액과 액면금액이 동일하기
때문에 3년 동안 매년 말에 ₩50,000씩 총 ₩150,000의 이자비용을 부담한다.

할인발행한 경우에 3년 동안 매년 말에 ₩50,000씩 총 ₩150,000의 이자비용을 부담
하는 것은 액면발행한 경우와 동일하다. 그러나 ₩947,515에 사채를 발행해서 만기인 3년
말에 원금인 ₩1,000,000을 상환한다. 따라서 그 차액인 ₩52,485를 더 지급하는 셈이 된
다. 이때 ₩52,485도 사채 기간 동안 인식해야 할 이자비용에 포함한다.

할증발행한 경우에도 마찬가지로 3년 동안 매년 말에 ₩50,000씩 총 ₩150,000의 이
자비용을 부담한다. 그러나 ₩1,056,530에 사채를 발행해서 만기인 3년 말에 원금인
₩1,000,000을 상환한다. 따라서 그 차액인 ₩56,530을 덜 지급하는 셈이 된다. 이때
₩56,530은 사채 기간 동안 인식해야 할 이자비용의 차감액이다.

(예 2)에서 액면발행, 할인발행 및 할증발행한 사채의 이자비용을 정리하면 다음과 같다.

$$액면발행한 \ 사채의 \ 이자비용 \ 총액 = ₩50,000 × 3 = ₩150,000$$
$$할인발행한 \ 사채의 \ 이자비용 \ 총액 = ₩50,000 × 3 + 52,485 = ₩202,485$$
$$할증발행한 \ 사채의 \ 이자비용 \ 총액 = ₩50,000 × 3 - 56,530 = ₩93,470$$

그렇다면 연도별로 인식할 이자비용은 어떻게 계산하는가? 다음과 같이 유효이자율법을 적용한다. 사채를 액면발행한 경우에는 유효이자율법에 따라 계산한 이자비용과 표시이자가 동일하기 때문에 추가적인 조정사항이 없다. 그러나 사채를 할인발행하거나 할증발행한 경우에는 유효이자율법에 따라 계산한 이자비용과 표시이자가 다르기 때문에 그 차이만큼을 사채할인발행차금 또는 사채할증발행차금으로 다음과 같이 조정한다.

$$이자비용 = 사채의 \ 기초장부금액 × 유효이자율$$
$$사채 \ 장부금액 \ 조정액 = 이자비용 - 표시이자$$

사채를 액면발행, 할인발행 및 할증발행한 경우 이자비용을 인식하는 회계처리는 다음과 같다.

<액면발행 시 이자비용 인식>

(차변)	이 자 비 용	×××	(대변)	현　　　금	×××

<할인발행 시 이자비용 인식>

(차변)	이 자 비 용	×××	(대변)	현　　　금	×××
				사채할인발행차금	×××

<할증발행 시 이자비용 인식>

(차변)	이 자 비 용		(대변)	현　　　금	×××
	사채할증발행차금	×××			

다음 (예 3)을 통해서 유효이자율법을 이용하여 매년의 이자비용 산출과 회계처리에 대해 살펴보자.

MK 주식회사는 20×1년 1월 1일에 액면금액 ₩1,000,000(표시이자율 연 5%, 이자지급일 매년 12월 31일, 만기일 20×3년 12월 31일)의 사채를 발행하였다. 유효이자율이 3%, 5%, 7%라고 가정한다.

[1] 유효이자율이 5%인 경우(액면발행)

사채의 발행금액 = ₩1,000,00(예 1 참조)

액면발행이기 때문에 사채할인(할증)발행차금은 발생하지 않는다. 따라서 매년 인식하는 이자비용은 동일하며, 표시이자와 일치한다.

〈매년 12. 31.〉

(차변)	이 자 비 용	50,000	(대변)	현 금	50,000

〈상환 시〉

(차변)	사 채	1,000,000	(대변)	현 금	1,000,000

[2] 유효이자율이 7%인 경우(할인발행)

사채의 발행금액 = ₩947,515(예 1 참조)

사채할인발행차금 = ₩1,000,000(액면금액) − 947,515(발행금액) = ₩52,485

유효이자율법을 이용한 사채의 장부금액 조정표를 작성하면 다음과 같다.

사채의 장부금액 조정표

일자	유효이자 (사채 장부금액 × 7%)	표시이자 (사채 액면금액 × 5%)	사채할인발행차금상각 (유효이자 − 표시이자)	사채의 장부금액
20×1. 1. 1.				₩947,515
20×1. 12. 31.	66,326	₩50,000	₩16,326	963,841
20×2. 12. 31.	67,469	50,000	17,469	981,310
20×3. 12. 31.	68,690[1]	50,000	18,690	1,000,000
합 계	₩202,485	₩150,000	₩52,485	

[1] ₩981,310 × 7% = ₩68,692이나 만기일에 사채의 장부금액을 액면금액과 일치시켜야 하기 때문에 단수차이 조정

⟨20×1.12.31.⟩

(차변)	이 자 비 용	66,326	(대변)	현　　　금	50,000
				사채할인발행차금	16,326

⟨20×2.12.31.⟩

(차변)	이 자 비 용	67,469	(대변)	현　　　금	50,000
				사채할인발행차금	17,469

⟨20×3.12.31.⟩

(차변)	이 자 비 용	68,690	(대변)	현　　　금	50,000
				사채할인발행차금	18,690
(차변)	사　　　채	1,000,000	(대변)	현　　　금	1,000,000

[3] 유효이자율이 3%인 경우(할증발행)

사채의 발행금액 = ₩1,056,530(예 1 참조)

사채할증발행차금 = ₩1,056,530(발행금액) − 1,000,000(액면금액) = ₩56,530

유효이자율법을 이용한 사채의 장부금액 조정표를 작성하면 다음과 같다.

사채의 장부금액 조정표

일자	유효이자 (사채 장부금액 × 3%)	표시이자 (사채 액면금액 × 5%)	사채할증발행차금상각 (표시이자 − 유효이자)	사채의 장부금액
20×1.1.1.				₩1,056,530
20×1.12.31.	₩31,696	₩50,000	₩18,304	1,038,226
20×2.12.31.	31,147	50,000	18,853	1,019,373
20×3.12.31.	30,627[1]	50,000	19,373	1,000,000
합　　계	₩93,470	₩150,000	₩56,530	

[1] ₩1,019,373 × 3% = ₩30,581이나 만기일에 사채의 장부금액을 액면금액과 일치시켜야 하기 때문에 단수차이 조정

⟨20×1.12.31.⟩

(차변)	이 자 비 용	31,696	(대변)	현　　　금	50,000
	사채할증발행차금	18,304			

⟨20×2.12.31.⟩

(차변)	이 자 비 용	31,147	(대변)	현　　　금	50,000
	사채할증발행차금	18,853			

⟨20×3.12.31.⟩

(차변)	이 자 비 용	30,627	(대변)	현　　　금	50,000
	사채할증발행차금	19,373			
(차변)	사　　　채	1,000,000	(대변)	현　　　금	1,000,000

2. ChatGPT를 활용한 사채 계산 실습

2.1 ChatGPT를 활용한 사채 계산의 핵심 원칙

ChatGPT를 활용하여 사채를 효율적이고 정확하게 계산하기 위해서는 사채의 발행조건을 명확히 제시하는 것이 중요하다. 사채의 발행조건에는 발행일, 액면금액, 표시이자율, 유효이자율, 이자지급일, 만기일 등이다. 이러한 내용을 정확히 전달함으로써 사채의 발행금액과 이자비용 등을 정확히 계산할 수 있다.

또한, ChatGPT를 활용하여 사채 회계처리를 하기 위해서 먼저 사채의 장부금액 조정표를 작성하는 것이 중요하다. 사채의 장부금액 조정표가 적정하게 작성되었는지를 확인한 후에 해당 조정표를 이용하여 회계처리를 하도록 지시하면 회계처리 시 발생할 수 있는 계정 및 금액상의 오류를 방지할 수 있다.

사채 계산의 핵심은 사채의 장부금액과 이자비용 등을 재무제표에 정확히 반영하는 것이다. 앞서 수행한 사채 계산, 장부금액 조정표 및 회계처리를 이용하여 재무제표에 반영할 사채의 장부금액과 이자비용을 제시하도록 하면 사채 관련 계정들을 재무제표에 반영하는 데 정확성을 높일 수 있다.

다음 [표 10-2]는 ChatGPT를 활용한 사채 계산의 실습에서 정확도를 높일 수 있는 핵심 원칙을 정리한 것이다.

핵심 원칙	내 용
사채의 발행조건 제시	발행일, 액면금액, 표시이자율, 유효이자율, 이자지급일, 만기일 등 사채의 발행조건을 명확히 제시
사채의 장부금액 조정표 작성	사채 회계처리 전에 사채의 장부금액 조정표를 작성하도록 지시
사채의 회계처리 작성	정확한 회계처리를 위해서 사채의 장부금액 조정표를 이용하여 회계처리 하도록 지시
수정·보완	사채의 발행금액을 잘못 계산하였거나 장부금액 조정표를 잘못 작성한 경우 올바른 결과로 수정 지시
결과 검증 절차의 수행	ChatGPT의 출력 결과에 대해 사채의 발행금액 계산의 정확성과 장부금액 조정표 작성의 적정성 등을 사용자가 직접 검토

2.2 사채 계산 실습

(1) 액면발행

[1] 발행금액 산출

ChatGPT 결과

MK 주식회사는 20X1년 1월 1일에 액면금액 1,000,000원(표시이자율 연 5%, 이자지급일 매년 12월 31일, 만기일 20X3년 12월 31일)의 사채를 발행하였다. 유효이자율이 5%일 때 발행금액 계산해줘.

사채 발행금액의 현재가치 계산식

(유효이자율 5% 적용)

◆ **조건**

- 액면금액: **1,000,000**
- 연 이자액: **1,000,000 × 5% = 50,000**
- 기간: **3년**
- 할인율: **5%**

현재가치 계산식

● 이자현금흐름의 현재가치

$$50,000 \times \left(\frac{1}{(1.05)^1} + \frac{1}{(1.05)^2} + \frac{1}{(1.05)^3} \right)$$

● 원금의 현재가치

$$1,000,000 \times \frac{1}{(1.05)^3}$$

발행금액(현재가치 합계)

$$= 50,000 \times \left(\frac{1}{1.05} + \frac{1}{1.05^2} + \frac{1}{1.05^3} \right) + 1,000,000 \times \frac{1}{1.05^3}$$

$$= \boxed{1,000,000}$$

> ⭐ **핵심**
> - 📌 이자율 5%로 할인한 이자 + 원금의 현재가치 합계
> - 📌 계산 결과 발행금액 = 액면금액

ChatGPT를 활용하여 정확한 사채를 계산하기 위해서 발행일, 액면금액, 표시이자율, 유효이자율, 이자지급일, 만기일 등 사채의 발행조건을 명확히 제시하였다. 표시이자율과 유효이자율이 5%로 동일한 경우 액면발행되며, 따라서 발행금액은 ₩1,000,000이다.

[2] 분개

사채를 액면발행한 경우, 매년 동일한 ₩50,000의 이자비용이 발생하며, 만기에 원금 ₩1,000,000을 상환한다.

[3] 재무제표 표시

⑤ ChatGPT 결과

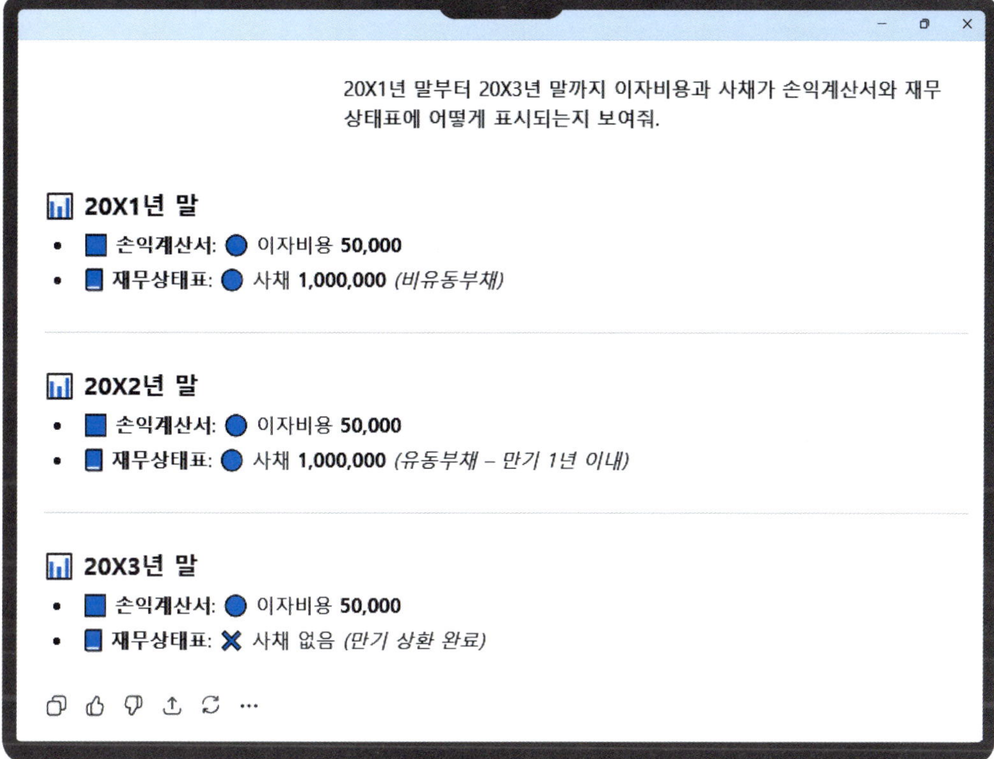

ChatGPT가 작성한 손익계산서와 재무상태표에 표시될 금액을 회계처리 내용과 상호 비교하여 검증하였다. 손익계산서에는 매년 ₩50,000의 이자비용이 표시된다. 재무상태표에는 매년 말 ₩1,000,000의 액면금액이 표시되며, 만기에는 사채가 모두 상환되므로 재무상태표에 표시되지 않는다.

(2) 할인발행

[1] 발행금액 산출

⑤ ChatGPT 결과

MK 주식회사는 20X1년 1월 1일에 액면금액 1,000,000원(표시이자율 연 5%, 이자지급일 매년 12월 31일, 만기일 20X3년 12월 31일)의 사채를 발행하였다. 유효이자율이 7%일 때 발행금액 계산해줘.

📊 사채 발행금액 계산 (유효이자율 7%)

(단위: 원)

◆ 조건

- 액면금액: **1,000,000**
- 연 이자액: **1,000,000 × 5% = 50,000**
- 기간: **3년**
- 할인율(유효이자율): **7%**

◣ 현재가치 계산식

🔵 이자 현금흐름의 현재가치

$$50,000 \times \left(\frac{1}{1.07} + \frac{1}{1.07^2} + \frac{1}{1.07^3} \right)$$

🔵 원금의 현재가치

$$1,000,000 \times \frac{1}{1.07^3}$$

📊 계산 결과

- 이자 현재가치
  $$50,000 \times 2.624315 \approx 131,216$$
- 원금 현재가치
  $$1,000,000 \times 0.816297 \approx 816,297$$

☑ 사채 발행금액

$$131,216 + 816,297 = \boxed{947,513}$$

⭐ **핵심**

- 🔵 유효이자율(7%) > 표시이자율(5%)
- 🔷 사채는 할인발행
- 🔵 발행금액 = 947,513원

표시이자율 5%이고 유효이자율이 7%인 경우, 즉 유효이자율이 표시이자율보다 큰 경우에는 사채가 할인발행되며, 따라서 발행금액은 ₩947,513이다.

[2] 사채의 장부금액 조정표 작성

ChatGPT 결과

첨부된 표를 이용해서 사채의 장부금액 조정표 작성해줘.

📘 사채의 장부금액 조정표

(유효이자율 7%, 표시이자율 5% / 단위: 원)

일자	유효이자 (기초 장부금액 × 7%)	표시이자 (사채 액면금액 × 5%)	사채할인발행차금 상각 (유효이자 – 표시이자)	사채의 장부금액
20X1. 1. 1.				947,513
20X1. 12. 31.	66,326	50,000	16,326	963,839
20X2. 12. 31.	67,469	50,000	17,469	981,308
20X3. 12. 31.	68,692	50,000	18,692	1,000,000
합계	202,487	150,000	52,487	

⭐ 핵심 요약

- 🔵 발행 시 장부금액: **947,513**
- 🔵 사채할인발행차금 상각 총액: **52,487**
- 🔵 만기 장부금액 = 액면금액 **1,000,000**
- 📌 유효이자율법 → 이자비용은 매년 증가

정확한 회계처리를 하기 위해서 사채의 장부금액 조정표를 작성하였다. 유효이자는 기초 장부금액에 유효이자율인 7%를 곱한 금액이다. 표시이자는 액면금액 ₩1,000,000에 표시이자율인 5%를 곱한 ₩50,000이다. 사채할인발행차금 상각액은 유효이자에서 표시이자를 차감한 금액이며, 기말 장부금액은 기초 장부금액에 사채할인발행차금 상각액을 더한 금액이다. 매년 이러한 과정을 통해서 만기일에 장부금액은 원금인 ₩1,000,000과 일치한다.

[3] 분개

⑤ ChatGPT 결과

> 사채의 장부금액 조정표를 이용해서 20X1년 발행 시부터 20X3년 말까지 회계처리해줘.

아래는 **사채의 장부금액 조정표(유효이자율 7%)를 그대로 반영**한
👉 **20X1년 발행 시부터 20X3년 말까지 회계처리**입니다.
(단위: 원 / 핵심만 간결하게)

📅 20X1. 1. 1. (사채 발행)

- 🔵 (차변) 💳 현금 947,513
- 🔵 (차변) 🔵 사채할인발행차금 52,487
- 🔵 (대변) 🔵 사채 1,000,000

📅 20X1. 12. 31. (이자 인식·지급)

- 유효이자비용: **66,326**
- 표시이자 지급액: **50,000**
- 할인상각: **16,326**

- 🔵 (차변) 🔵 이자비용 66,326
- 🔵 (대변) 💳 현금 50,000
- 🔵 (대변) 🔵 사채할인발행차금 16,326

📅 20X2. 12. 31. (이자 인식·지급)

- 유효이자비용: **67,469**
- 표시이자 지급액: **50,000**
- 할인상각: **17,469**

- 🔵 (차변) 🔵 이자비용 67,469
- 🔵 (대변) 💳 현금 50,000
- 🔵 (대변) 🔵 사채할인발행차금 17,469

📅 **20X3. 12. 31. (이자 인식·지급 + 만기상환)**

① 이자 인식·지급

- 유효이자비용: **68,692**
- 표시이자 지급액: **50,000**
- 할인상각: **18,692**

🔵 (차변) 🔵 **이자비용 68,692**
🔵 (대변) 💳 **현금 50,000**
🔵 (대변) 🔵 **사채할인발행차금 18,692**

② 만기 원금 상환
🔵 (차변) 🔵 **사채 1,000,000**
🔵 (대변) 💳 **현금 1,000,000**

사채를 할인발행한 경우, 사채와 현금(발행금액) 간의 차이인 사채할인발행차금을 차변에 회계처리한다. 매년 이자비용을 회계처리할 때 사채할인발행차금 상각액을 대변에 회계처리함으로써 사채할인발행차금을 감소시키고, 사채의 장부금액은 증가시킨다. 이러한 과정을 통해 만기에 원금 ₩1,000,000을 상환한다.

[4] 재무제표 표시

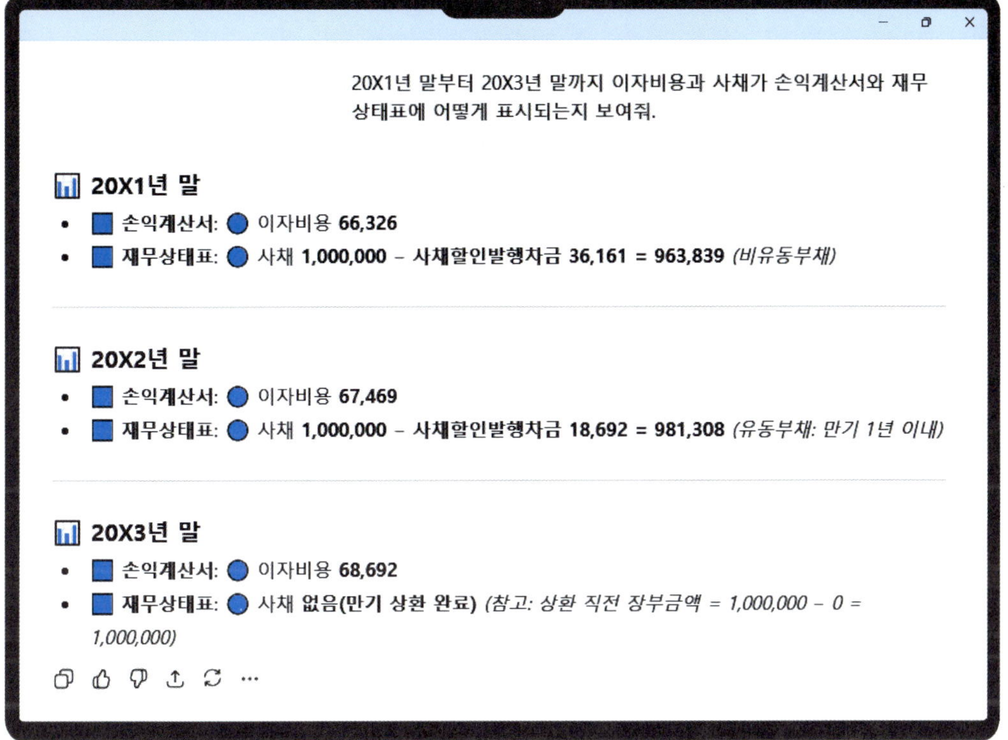

ChatGPT가 작성한 손익계산서와 재무상태표에 표시될 금액을 앞서 작성한 사채의 장부금액 조정표 및 회계처리 내용과 상호 비교하여 검증하였다. 손익계산서에는 20×1년에 ₩66,326, 20×2년에 ₩67,469, 20×3년에 ₩68,692의 이자비용이 표시되고, 재무상태표에는 20×1년 말에 ₩963,839, 20×2년 말에 ₩981,308의 사채 장부금액이 표시되며, 만기에는 사채가 상환되므로 재무상태표에 표시되지 않는다.

(3) 할증발행

[1] 발행금액 산출

⑤ ChatGPT 결과

MK 주식회사는 20X1년 1월 1일에 액면금액 1,000,000원(표시이자율 연 5%, 이자지급일 매년 12월 31일, 만기일 20X3년 12월 31일)의 사채를 발행하였다. 유효이자율이 3%일 때 발행금액 계산해줘.

🏦 사채 발행금액 계산 (유효이자율 3%)

(단위: 원)

조건

- 액면금액: **1,000,000**
- 연 이자액: **1,000,000 × 5% = 50,000**
- 기간: **3년**
- 할인율(유효이자율): **3%**

📐 현재가치 계산식

이자 현금흐름의 현재가치

$$50,000 \times \left(\frac{1}{1.03} + \frac{1}{1.03^2} + \frac{1}{1.03^3} \right)$$

원금의 현재가치

$$1,000,000 \times \frac{1}{1.03^3}$$

📊 계산 결과

- 이자 현재가치:
  $$50,000 \times 2.828611 \approx 141,431$$
- 원금 현재가치:
  $$1,000,000 \times 0.915142 \approx 915,142$$

표시이자율 5%이고 유효이자율이 3%인 경우, 즉 유효이자율이 표시이자율보다 작은 경우에는 사채가 할증발행되며, 따라서 발행금액은 ₩1,056,573이다.

[2] 사채의 장부금액 조정표 작성

ChatGPT 결과

첨부된 표를 이용해서 사채의 장부금액 조정표 작성해줘.

📖 **사채의 장부금액 조정표** *(유효이자율 3% / 표시이자율 5% / 단위: 원)*

일자	🟦 유효이자 (기초 장부금액 × 3%)	🟦 표시이자 (액면 × 5%)	🟦 사채할증발행차금 상각 (표시이자 − 유효이자)	🔵 사채의 장부금액
20X1. 1. 1.				1,056,573
20X1. 12. 31.	31,697	50,000	18,303	1,038,270
20X2. 12. 31.	31,148	50,000	18,852	1,019,418
20X3. 12. 31.	30,582	50,000	19,418	1,000,000
합계	93,427	150,000	56,573	

⭐ **핵심**
- 🟦 **할증발행차금 상각 합계 = 56,573** *(= 1,056,573 − 1,000,000)*
- 🔵 **만기 장부금액 = 1,000,000** ✅

유효이자는 기초 장부금액에 유효이자율인 3%를 곱한 금액이다. 표시이자는 액면금액 ₩1,000,000에 표시이자율인 5%를 곱한 ₩50,000이다. 사채할증발행차금 상각액은 표시이자에서 유효이자를 차감한 금액이며, 기말 장부금액은 기초 장부금액에 사채할증발행차금 상각액을 차감한 금액이다. 매년 이러한 과정을 통해서 만기일에 장부금액은 원금인 ₩1,000,000과 일치한다.

[3] 분개

 ChatGPT 결과

> 사채의 장부금액 조정표를 이용해서 20X1년 발행 시부터 20X3년 말까지 회계처리해줘.

아래는 **유효이자율 3% (할증발행)** 기준으로, **사채 장부금액 조정표**의 수치(유효이자·표시이자·할증상각)를 그대로 반영한 **20X1 발행~20X3 말 회계처리**입니다. *(단위: 원)*

📅 20X1. 1. 1. (사채 발행)

- (차변) 현금 1,056,573
- (대변) 사채 1,000,000
- (대변) 사채할증발행차금 56,573

📅 20X1. 12. 31. (이자 인식·지급)

- 유효이자비용: **31,697**
- 표시이자 지급액: **50,000**
- 할증상각: **18,303** *(= 표시이자 – 유효이자)*

- (차변) 이자비용 31,697
- (차변) 사채할증발행차금 18,303
- (대변) 현금 50,000

📅 20X2. 12. 31. (이자 인식·지급)

- 유효이자비용: **31,148**
- 표시이자 지급액: **50,000**
- 할증상각: **18,852**

- (차변) 이자비용 31,148
- (차변) 사채할증발행차금 18,852
- (대변) 현금 50,000

📅 **20X3. 12. 31. (이자 인식·지급 + 만기상환)**

① **이자 인식·지급**

- 유효이자비용: **30,582**
- 표시이자 지급액: **50,000**
- 할증상각: **19,418**

🔵 (차변) 🔵 **이자비용 30,582**
🔵 (차변) 🟦 **사채할증발행차금 19,418**
🔵 (대변) 🔳 **현금 50,000**

② **만기 원금 상환**

🔵 (차변) 🔵 **사채 1,000,000**
🔵 (대변) 🔳 **현금 1,000,000**

사채를 할증발행한 경우, 현금(발행금액)과 사채 간의 차이인 사채할증발행차금을 대변에 회계처리한다. 매년 이자비용을 회계처리할 때 사채할증발행차금 상각액을 차변에 회계처리함으로써 사채할증발행차금과 사채의 장부금액을 동시에 감소시킨다. 이러한 과정을 통해 만기에 원금 ₩1,000,000을 상환한다.

[4] 재무제표 표시

ChatGPT가 작성한 손익계산서와 재무상태표에 표시될 금액을 사채의 장부금액 조정표 및 회계처리 내용과 상호 비교하여 검증하였다. 손익계산서에는 20×1년에 ₩31,697, 20×2년에 ₩31,148, 20×3년에 ₩30,582의 이자비용이 표시되고, 재무상태표에는 20×1년 말에 ₩1,038,270, 20×2년 말에 ₩1,019,418의 사채 장부금액이 표시되며, 만기에는 사채가 상환되므로 재무상태표에 표시되지 않는다.

ChatGPT를 활용하여 사채를 계산하였다. 정확한 사채의 계산을 위해서는 사채의 발행조건을 명확히 제시하는 것이 중요하다. 사채의 발행조건에는 발행일, 액면금액, 표시이자율, 유효이자율, 이자지급일, 만기일 등이 있으며, 이러한 내용을 명확히 제시해야 정확한 사채의 발행금액 등을 계산할 수 있다.

또한, ChatGPT를 활용하여 정확한 회계처리를 하기 위해서 먼저 사채의 장부금액 조정표를 작성하도록 지시하였다. 사채의 장부금액 조정표가 적정하게 작성되었는지를 확인한 후에 해당 조정표를 이용하여 회계처리하도록 함으로써 회계처리 시 발생할 수 있는 계정 및 금액상의 오류를 방지하였다.

사채의 장부금액과 이자비용이 재무제표에 정확히 반영되었는지를 확인하기 위해서 ChatGPT를 활용하여 재무제표에 반영될 사채의 장부금액과 이자비용을 산출하도록 지시하고, 해당 금액이 장부금액 조정표 및 회계처리 금액과 일치하는지를 상호 비교하여 검증함으로써 재무제표에 반영되는 금액의 정확성을 확인하였다.

마지막으로, 사용자는 ChatGPT가 작성한 사채 계산의 정확성과 회계처리의 적정성을 반드시 검증해야 한다. ChatGPT가 제시한 결과에 오류가 포함될 수 있다는 점을 인식하고, 발행금액과 사채의 장부금액 조정표 및 회계처리 내역 등을 검토하여야만 사채 계산의 정확성을 높일 수 있다.

자본변동표 작성하기

1. 자본의 의의

2. ChatGPT를 활용한 자본변동표 작성 실습

1. 자본의 의의

1.1 자본

자본(equity)은 주식시장에서 주식을 발행하여 주주로부터 조달된 자금이다. 채권시장에서 사채를 발행하여 채권자들로부터 조달된 자금은 재무상태표의 부채(liabilities)에 표시되고, 주주로부터 조달된 자금은 자본에 표시되는 것이다. 주식과 사채 모두 자금을 조달하기 위해서 발행된 유가증권이라는 점에서 유사하나 다음 [표 11-1]과 같이 몇 가지 차이점이 있다.

[표 11-1] 주식과 사채의 차이점

구 분	주 식	사 채
상환 의무	상환 의무 없음	상환 의무 있음
이자 지급 의무	이자 지급 의무 없음 단, 이익 수준을 고려해 배당금 지급할 수 있으나 의무는 아님	이자 지급 의무 있음
경영 참여 여부	의결권을 통해 경영에 직·간접적 참여 가능	경영에 참여할 수 없음
청산 시	잔여재산에 대한 분배청구권	주주에 우선하여 채무변제권

일반적으로 부채는 상환 의무가 있기 때문에 타인자본(debt capital)이라 하고, 자본은 상환 의무가 없기 때문에 자기자본(equity capital) 또는 소유주지분(owners' equity)이라고 한다. 또한, 자산에서 부채를 차감한 후라는 의미에서 잔여지분(residual equity) 또는 는 순자산(net assets)이라고 한다.

1.2 자본의 구성

자본은 자본금, 자본잉여금, 자본조정, 이익잉여금 및 기타포괄손익누계액으로 분류할 수 있다. 자본금, 자본잉여금 및 자본조정은 소유주의 납입 등 자본거래를 통해서 발생한 계정들을 반영한다. 기타포괄손익누계액과 이익잉여금은 매출과 평가손익 등 영업거래를 통해서 발생한 계정들을 반영한다.

[표 11-2] 자본의 분류

분류	세부 계정
자본금	보통주자본금, 우선주자본금
자본잉여금	주식발행초과금, 감자차익, 자기주식처분이익 등
자본조정	자기주식, 감자차손, 자기주식처분손실, 주식할인발행차금, 미교부주식배당금 등
기타포괄손익누계액	FVOCI금융자산평가손익, 재평가잉여금 등
이익잉여금	법정적립금, 임의적립금, 미처분이익잉여금(또는 미처리결손금)

1.3 주식의 발행

기업은 필요한 자금을 조달하기 위해서 주식을 발행한다. 이때 주식의 발행금액과 액면금액 간의 관계에 따라 액면발행인지, 할증발행인지, 아니면 할인발행인지 여부가 다음과 같이 결정된다.

$$액면금액 = 발행금액 \rightarrow 액면발행$$
$$액면금액 < 발행금액 \rightarrow 할증발행$$
$$액면금액 > 발행금액 \rightarrow 할인발행$$

① 액면발행(issue at par): 액면금액과 동일하게 발행하는 경우를 말한다. 발행금액이 액면금액과 동일하기 때문에 발행금액을 자본금으로 대변에 회계처리한다.

② **할증발행**(issue at a premium): 발행금액이 액면금액보다 높은 경우를 말한다. 액면금액은 자본금으로, 초과하는 금액(발행금액-액면금액)은 **주식발행초과금**(paid-in capital in excess of par value)으로 대변에 회계처리한다.

③ **할인발행**(issue at a discount): 발행금액이 액면금액보다 낮은 경우를 말한다. 이때도 마찬가지로 액면금액은 자본금으로 대변에 회계처리하고, 할인액(액면금액-발행금액)은 **주식할인발행차금**(discount on stock)은 차변에 회계처리한다. 기존에 주식발행초과금이 있는 경우에는 주식발행초과금을 먼저 상계하고 나머지 금액에 대해서 주식할인발행차금을 회계처리한다. 그리고 주식을 발행할 때 발생하는 금융기관수수료 등 주식발행비는 주식의 발행금액에서 차감한다.

주식의 액면발행, 할증발행 및 할인발행 시 발행회사의 회계처리는 다음과 같다.

〈액면발행의 경우〉

| (차변) | 현 금 | ××× | (대변) | 자 본 금 | ××× |

〈할증발행의 경우〉

(차변)	현 금	×××	(대변)	사 채	×××
				주식발행초과금	
				(자 본 잉 여 금)	

〈할인발행의 경우〉

(차변)	현 금	×××	(대변)	자 본 금	×××
	주식할인발행차금	×××			
	(자 본 조 정)				

다음 〈예 1〉을 통해서 주식 발행의 회계처리에 대해 살펴보자.

[예 1] • 주식의 발행

AK 주식회사는 주당 액면금액이 ₩5,000인 보통주 200주를 발행하였다. 1주당 발행금액이 ₩5,000, ₩6,000, ₩4,000이라고 가정한다. 또한, 1주당 발행금액이 ₩6,000이고, 주식발행비 ₩20,000이 발생하여 현금을 지급하였다고 가정한다.

[1] 발행금액이 ₩5,000인 경우

| (차변) | 현 금 | 1,000,000 | (대변) | 보 통 주 자 본 금 | 1,000,000 |

[2[발행금액이 ₩6,000인 경우

| (차변) | 현 금 | 1,200,000 | (대변) | 보 통 주 자 본 금 | 1,000,000 |
| | | | | 주 식 발 행 초 과 금 | 200,000 |

[3] 발행금액이 ₩4,000인 경우

| (차변) | 현 금 | 800,000 | (대변) | 자 본 금 | 1,000,000 |
| | 주식할인발행차금❶ | 200,000 | | | |

❶ 기존에 주식발행초과금이 있다면 먼저 상계한다.

[4] 발행금액이 ₩6,000이고 주식발행비 ₩20,000 현금을 지급한 경우

(차변)	현 금	1,200,000	(대변)	자 본 금	1,000,000
				주 식 발 행 초 과 금	200,000
(차변)	주 식 발 행 초 과 금	20,000	(대변)	현 금	20,000

두 개의 회계처리를 합치면 다음과 같다.

| (차변) | 현 금 | 1,180,000 | (대변) | 자 본 금 | 1,000,000 |
| | | | | 주 식 발 행 초 과 금 | 180,000 |

1.4 이익잉여금의 처분

기업은 처분 가능한 이익잉여금을 재원으로 하여 법정적립금과 임의적립금에 적립하고, 주식할인발행차금 등을 상각하며, 현금배당 등을 할 수 있게 된다.

배당과 주식할인발행차금 등의 상각은 이익잉여금 자체를 감소시키는 처분이다. 그러나 법정적립금과 임의적립금의 적립은 이익잉여금 안에서 세부 계정을 옮기는 처분이며, 이익 잉여금 자체가 감소되는 처분은 아니다. 즉 법정적립금과 임의적립금을 적립하였다고 하여 서 이익잉여금 총액이 변하지 않으며, 이익잉여금을 재원으로 하는 배당을 제한한다는 의미로 해석할 수 있다.

법정적립금(legal reserves)은 재무구조 강화를 위하여 법에서 강제로 규정함에 따라 이루어지는 적립금이다. 대표적으로 이익준비금이 있으며, 이것은 상법에 의하여 '결산기마다 금전에 의한 이익배당(현금배당)의 10% 이상에 해당하는 금액을, 자본금의 50%에 달할 때까지 이익준비금으로 적립'해야 한다. 법정적립금은 그것의 사용 역시 제한되며, 이익준비금은 자본전입 및 자본의 결손보전에만 사용할 수 있다.

임의적립금(voluntary reserves)은 주주총회 결의 혹은 정관 규정에 의하여 이루어지는 적립금이다. 대표적으로 감채기금적립금, 배당평균적립금 등이 있다. 임의적립금을 설정하는 이유가 기업의 소기의 목적을 달성할 때까지 배당을 제한하여 기업자원(현금)의 유출을 막기 위한 것이기 때문에 원래의 적립 목적이 달성되면 미처분이익잉여금으로 다시 되돌려지고, 이것을 임의적립금의 '이입'이라고 한다. 이익잉여금의 처분과 임의적립금의 이입과 관련된 회계처리는 다음과 같다.

<이익잉여금의 처분>

(차변)	미처분이익잉여금	×××	(대변)	법 정 적 립 금	×××
				임 의 적 립 금	×××
				주식할인발행차금 등	×××
				미 지 급 배 당 금	×××

<임의적립금의 이입>

(차변)	임 의 적 립 금	×××	(대변)	미처분이익잉여금	×××

다음 (예 2)를 통해서 이익잉여금의 처분에 대해 살펴보자.

[예 2] • 이익잉여금의 처분

AK 주식회사의 20×2년 12월 31일 재무상태표의 일부분이다.

이익잉여금

이익준비금	₩10,000
감채기금적립금	40,000
미처분이익잉여금	100,000
	₩150,000

AK 주식회사의 20×2년도 재무제표에 대한 결산승인은 20×3년 2월 10일에 주주총회에서 이루어졌으며, 그 내용은 다음과 같다.

감채기금적립금 이입	₩40,000
배당평균적립금 적립	20,000
주식할인발행차금 상각	5,000
현금배당	80,000
이익준비금	8,000*

* 현금배당의 10%에 해당하는 금액

[1] 이익잉여금 처분에 대한 분개

〈임의적립금 이입〉

(차변)	감채기금적립금	40,000	(대변)	미처분이익잉여금	40,000

〈이익잉여금 처분〉

(차변)	미처분이익잉여금	113,000	(대변)	배당평균적립금	20,000
				주식할인발행차금	5,000
				미지급배당금	80,000
				이익준비금	8,000

[2] 이익잉여금 처분에 대한 분개 반영 후 이익준비금, 임의적립금 및 미처분이익잉여금 잔액

이익준비금 = ₩10,000 + 8,000 = ₩18,000

임의적립금 = ₩40,000 − 40,000 + 20,000 = ₩20,000

미처분이익잉여금 = ₩100,000 + 40,000 − 113,000 = ₩27,000

참고로 이익잉여금 처분 분개를 반영한 후의 이익잉여금은 다음과 같다.

이익잉여금
    이익준비금   ₩18,000
    배당평균적립금   20,000
    미처분이익잉여금   27,000
                                                    ₩65,000

1.5 자본변동표 작성

자본변동표(statement of changes in equity)는 한 회계기간 동안 발생한 자본의 변동을 표시하는 재무제표로서 자본을 구성하고 있는 자본금, 자본잉여금, 자본조정, 기타포괄손익누계액 및 이익잉여금의 변동에 대한 포괄적인 정보를 제공한다. 자본변동표는 재무상태표에 표시되어 있는 자본의 기초잔액과 기말잔액의 내용을 모두 제시함으로써 재무상태표와 연결할 수 있고, 당기순손익과 기타포괄손익은 포괄손익계산서와 연결되며, 유상증자와 배당금 등은 현금흐름표에 나타난 정보와 연결되어 있어 정보이용자들이 보다 명확하게 재무제표 간의 연계성을 파악할 수 있게 한다.

다음 (예 3)을 통해서 자본변동표에 대해 살펴보자.

[예 3] • 재무상태표 작성

AK 주식회사의 20×1년 12월 31일의 자본 내역은 다음과 같다.
자본금
- 보통주자본금: ₩1,000,000(액면금액 ₩5,000, 200주)
- 우선주자본금: ₩500,000(액면금액 ₩5,000, 100주, 배당률 6%)
자본잉여금
- 주식발행초과금: ₩200,000
자본조정: ₩0
기타포괄손익누계액
- FVOCI금융자산평가이익(지분상품): ₩20,000
이익잉여금
- 감채기금적립금: ₩50,000
- 미처분이익잉여금: ₩100,000

[1] 20×2년도 자본과 관련하여 발생한 거래에 대한 분개

① 〈배당〉

(차변)	보 통 주 배 당 금	40,000	(대변)	현　　　　　금	70,000
	우 선 주 배 당 금	30,000			

〈이입〉

(차변)	감 채 기 금 적 립 금	50,000	(대변)	미처분이익잉여금	50,000

〈처분〉

(차변)	미처분이익잉여금	37,000	(대변)	이 익 준 비 금	7,000
				배 당 평 균 적 립 금	30,000

② 〈자본전입〉

(차변)	주 식 발 행 초 과 금	100,000	(대변)	보 통 주 자 본 금	100,000

③ 〈자기주식 취득〉

(차변)	자 기 주 식	70,000	(대변)	현　　　　　금	70,000

④ 〈자기주식 매각〉

(차변)	현　　　　　금	36,000	(대변)	자 기 주 식	42,000
	자기주식처분손실	6,000			

〈자기주식 소각〉

(차변)	보 통 주 자 본 금	20,000	(대변)	자 기 주 식	28,000
	감 자 차 손	8,000			

⑤ 〈FVOCI금융자산 평가〉

(차변)	금융자산평가손실	10,000	(대변)	FVOCI금융자산	10,000

[2] 20×2년 말 자본항목의 잔액

  자본금

  • 보통주자본금 = ₩1,000,000 − 100,000 + 20,000 = ₩1,080,000

  • 우선주자본금 = ₩500,000

  자본잉여금

  • 주식발행초과금 = ₩200,000 − 100,000 = ₩100,000

  자본조정

  • 자기주식처분손실 = ₩6,000

  • 감자차손 = ₩8,000

  기타포괄손익누계액

  • FVOCI금융자산평가이익(지분상품) = ₩20,000 − 10,000 = ₩10,000

  이익잉여금

  • 이익준비금 = ₩7,000

  • 배당평균적립금 = ₩30,000

  • 미처분이익잉여금 = ₩100,000 + 75,000 − 70,000 + 50,000 − 37,000 = ₩118,000

[3] 자본변동표 작성

자본변동표

구 분	자본금	자본잉여금	자본조정	기타포괄 손익누계액	이익잉여금	총 계
20×2.1.1.(보고금액)	1,500,000	200,000	0	20,000	150,000	1,870,000
배당					(70,000)	(70,000)
무상증자	100,000	(100,000)				0
자기주식 취득			(70,000)			(70,000)
자기주식 처분			42,000			42,000
자기주식처분손실			(6,000)			(6,000)
자기주식 소각	(20,000)		28,000			8,000
감자차손			(8,000)			(8,000)
FVOCI금융자산평가손익				(10,000)		(10,000)
당기순이익					75,000	75,000
20×2.12.31.	1,580,000	100,000	(14,000)	10,000	155,000	1,831,000

AK 주식회사   20×2년 1월 1일부터 20×2년 12월 31일까지   (단위 : 원)

2. ChatGPT를 활용한 자본변동표 작성 실습

2.1 ChatGPT를 활용한 자본변동표 작성의 핵심 원칙

ChatGPT를 활용하여 자본변동표를 효율적이고 정확하게 작성하기 위해서는 자본과 관련된 거래 내역을 명확히 제시하는 것이 중요하다. 자본 항목에는 자본금, 자본잉여금, 자본조정, 기타포괄손익누계액 및 이익잉여금이 있으며, 이들 항목과 관련된 거래에 대한 정보를 빠짐없이 전달해야 정확한 자본변동표를 작성할 수 있다.

또한, ChatGPT를 활용하여 자본변동표를 작성하기에 앞서 자본 관련 거래에 대해 회계처리하는 것이 중요하다. 많은 거래를 한꺼번에 입력하여 바로 자본변동표를 작성하도록 지시할 경우, 각 거래가 자본 항목에 미치는 영향이 명확히 반영되지 않아 오류가 발생할 가능성이 높다. 따라서 거래를 하나씩 회계처리하고 분석하면서 그 결과를 바탕으로 자본변동표를 작성하도록 지시하면 자본변동표의 정확성을 높일 수 있다.

자본변동표 작성의 핵심은 각 자본 항목의 변동 금액을 자본변동표에 정확히 반영하는 것이다. 이를 위해서는 자본 항목 중 어떤 항목이 얼마만큼 변동되었는지를 분석할 필요가 있으며, 앞서 제시한 거래 내역과 회계처리 결과를 체계적으로 활용하면 자본 항목별 변동 금액을 자본변동표에 정확히 반영하는 데 도움이 된다.

다음 [표 11-3]은 ChatGPT를 활용한 자본변동표 작성의 실습에서 정확도를 높일 수 있는 핵심 원칙을 정리한 것이다.

[표 11-3] ChatGPT를 활용한 자본변동표 작성의 핵심 원칙

핵심 원칙	내 용
거래 내역 제시	자본금, 자본잉여금, 자본조정, 기타포괄손익누계액 및 이익잉여금과 관련된 거래에 대한 정보를 빠짐없이 전달
회계처리 및 분석	자본변동표를 작성하기에 앞서 자본 관련 거래에 대해 회계처리 및 분석하도록 지시
자본 항목의 변동 금액 반영	자본 항목의 변동 금액을 자본변동표에 정확히 반영하기 위해 거래 내역 및 회계처리 결과를 활용하도록 지시
수정·보완	자본 관련 거래의 회계처리를 잘못하였거나 자본 항목의 변동 금액을 자본변동표에 잘못 반영한 경우 올바른 결과로 수정 지시
결과 검증 절차의 수행	ChatGPT의 출력 결과에 대해 자본변동표 작성의 적정성과 정확성을 사용자가 직접 검토

2.2 자본변동표 작성 실습

(예 3)을 이용해서 각 거래를 분석하고 분개하면 다음과 같다.

[1] 거래 1에 대한 분석 및 분개

ChatGPT 결과

AK 주식회사의 20X1년 12월 31일의 자본 내역은 다음과 같다. 자본금으로 보통주자본금은 1,000,000원(액면금액 5,000원, 200주)와 우선주자본금 500,000원(액면금액 5,000원, 100주, 배당률 6%)이다. 자본잉여금은 주식발행초과금 200,000원이다. 자본조정은 0원이다. 기타포괄손익누계액은 FVOCI금융자산평가이익(지분상품) 20,000원이다. 이익잉여금은 감채기금적립금 50,000원과 미처분이익잉여금 100,000원이다. AK 주식회사의 20X2년도 자본과 관련하여 발생한 거래는 다음과 같다. 20X2년도 AK 주식회사의 당기순이익은 75,000원이다. 1. 20X2년 2월 15일에 주주총회에서 20X1년 12월 31일 기준일로 하여 보통주 주당 200원의 배당을 결의하고, 지급하였다. 우선주는 배당률에 따라 현금 지급하였다. 상법에 따라 이익준비금 7,000원을 적립하였다. 또한 감채기금적립금 50,000원을 이입하고, 배당평균적립금 30,000원을 적립하기로 하였다. 1번 거래를 분석하고 회계처리해줘.

1. 배당 결의 및 지급 (20X2.02.15)

- ◼ 보통주 배당
  200주 × 200원 = **40,000**
- ◼ 우선주 배당(배당률 6%)
  액면총액 500,000 × 6% = **30,000**
- ◼ 총 배당금(현금배당)
  40,000 + 30,000 = **70,000**

2. 이익잉여금 처분 항목

- ● 이익준비금 적립: **7,000**
- ◼ 감채기금적립금 이입: **50,000** *(감채기금적립금 ↓, 미처분이익잉여금 ↑)*
- ◼ 배당평균적립금 적립: **30,000**
- 🎫 현금배당: **70,000**

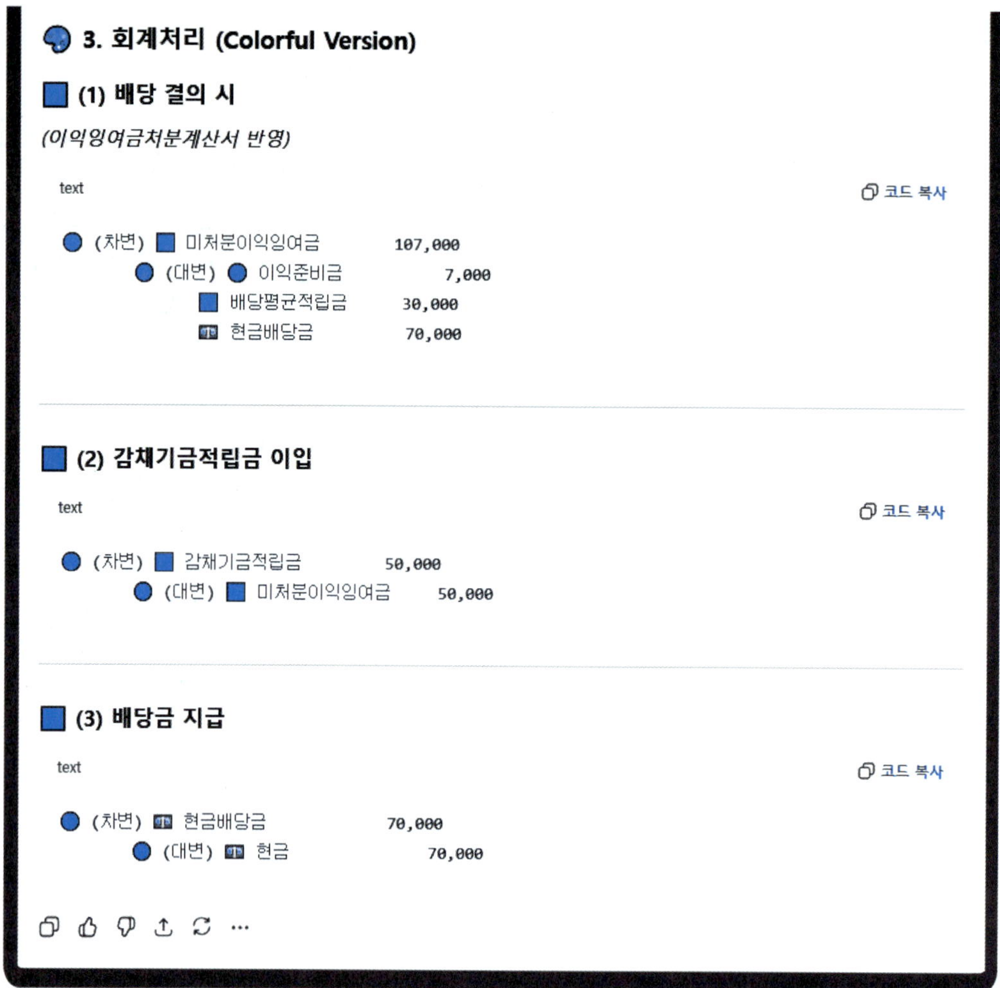

ChatGPT를 활용하여 정확한 자본변동표를 작성하기 위해 자본과 관련된 거래 내역을 제시하고, 거래 [1]에 대한 분석 및 분개를 지시하였다. 이익준비금 ₩7,000과 배당평균적립금 ₩30,000을 적립하고 현금배당 ₩70,000을 결의하고 지급함으로써 미처분이익잉여금 ₩107,000이 감소했다. 또한, 감채기금적립금 ₩50,000을 이입함으로써 미처분이익잉여금 ₩50,000이 증가했다.

[2] 거래 2에 대한 분석 및 분개

⑤ ChatGPT 결과

> 2. 20X2년 4월 1일에 이사회 결의에 따라 주식발행초과금 100,000원을 자본전입하여 액면금액 5,000원인 보통주 20주를 발행하였다. 2번 거래를 분석하고 회계처리해줘.

아래는 요청하신 형식대로 **(1) 거래 분석 → (2) 회계처리(컬러풀 분개)**로 정리했습니다. *(단위: 원)*

---

2. 주식발행초과금 자본전입(무상증자) (20X2.04.01)

1) 거래 분석
- 🟦 자본전입 금액(주식발행초과금 감소): **100,000**
- 🔵 발행 보통주 수: 20주
- 🟦 보통주자본금 증가(액면): 5,000 × 20 = **100,000**
- ☑ 현금 유입 없음 *(무상증자: 자본 내 대체)*

---

2) 회계처리 (분개)

text　　　　　　　　　　　　　　　　　　　　　　　　　　　🗐 코드 복사

```
🔵 (차변) 🔵 주식발행초과금        100,000
        🔵 (대변) 🔵 보통주자본금        100,000
```

거래 [2]에 대한 분석 및 분개를 지시하였다. 주식발행초과금을 자본전입함으로써 주식발행초과금 ₩100,000이 감소하고, 보통주자본금 ₩100,000이 증가했다.

ChatGPT 결과

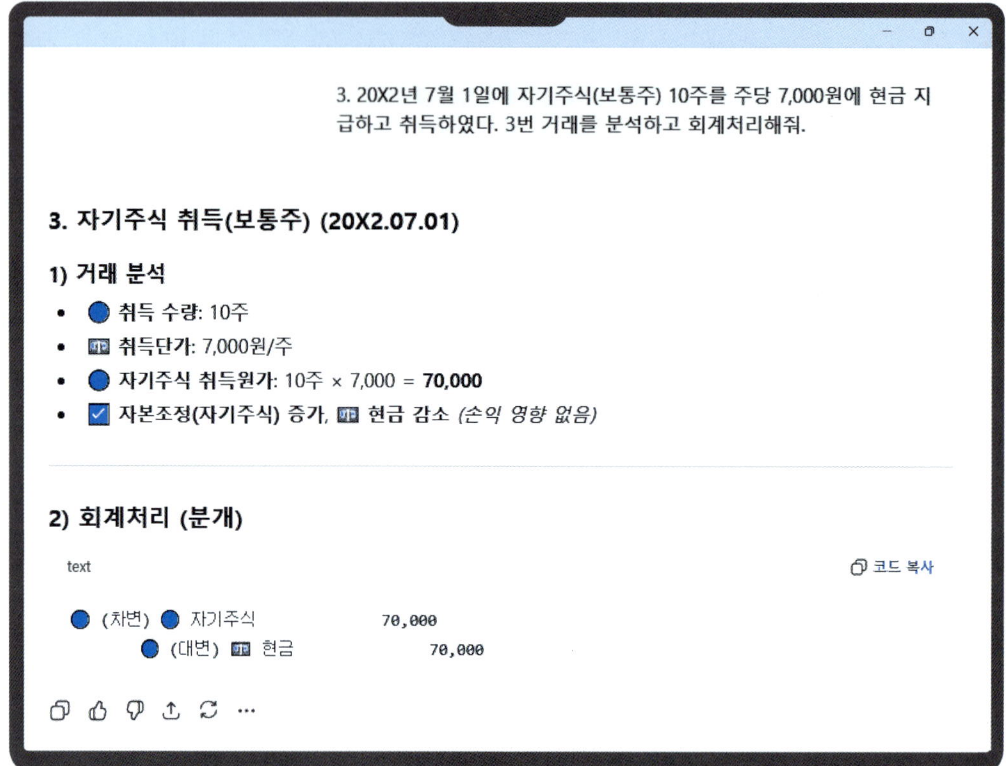

거래 [3]에 대한 분석 및 분개를 지시하였다. 자기주식을 취득함으로써 자기주식 ₩70,000이 증가하고, 현금 ₩70,000이 감소했다.

⑤ ChatGPT 결과

> 4. 20X2년 10월 1일에 자기주식 10주 중에서 6주를 6,000원에 매각하였다. 또한 4주를 소각하였다. 4번 거래를 분석하고 회계처리해줘.

4. 자기주식 일부 매각(6주) + 잔여 소각(4주) (20X2.10.01)

1) 거래 분석

■ **(1) 자기주식 6주 매각**
- 🔵 매각수량: **6주**
- 🔢 매각대금: 6주 × 6,000 = **36,000**
- 📌 자기주식 장부가(취득원가): 6주 × 7,000 = **42,000**
- 🔵 차이(처분손실): **42,000 – 36,000 = 6,000**

■ **(2) 자기주식 4주 소각**
- 🔵 소각수량: **4주**
- 📌 자기주식 장부가(취득원가): 4주 × 7,000 = **28,000**
- 🔵 소각에 따른 자본금 감소(액면): 4주 × 5,000 = **20,000**
- 🔵 차이: **28,000 – 20,000 = 8,000** → 감자차손

---

2) 회계처리 (분개)

■ **(1) 자기주식 6주 매각**

text   🗗 코드 복사

```
🔵 (차변) 🔢 현금              36,000
🔵 (차변) 🔵 자기주식처분손실      6,000
       🔵 (대변) 🔵 자기주식          42,000
```

■ **(2) 자기주식 4주 소각**

text   🗗 코드 복사

```
🔵 (차변) 🔵 보통주자본금         20,000
🔵 (차변) 🔵 감자차손             8,000
       🔵 (대변) 🔵 자기주식          28,000
```

거래 [4]에 대한 분석 및 분개를 지시하였다. 자기주식 6주를 처분함으로써 자기주식 ₩42,000이 감소하고 현금 ₩36,000이 증가하면서, 그 차이 ₩6,000을 자기주식처분손실로 회계처리하였다. 또한, 자기주식 4주를 소각함으로써 자기주식 ₩28,000이 감소하고 보통주자본금 ₩20,000이 감소하면서, 그 차이 ₩8,000을 감자차손으로 회계처리하였다.

 ChatGPT 결과

5. 20X2년 말 FVOCI금융자산의 장부금액은 120,000원이고, 공정가치는 110,000원이다. 5번 거래를 분석하고 회계처리해줘.

5. FVOCI(지분상품) 공정가치 평가 (20X2년 말)

1) 거래 분석

- ■ **장부금액(평가 전):** 120,000
- ■ **공정가치(기말):** 110,000
- ● **평가손실:** 120,000 – 110,000 = **10,000**
- 📌 FVOCI(지분상품) 평가손익은 당기손익이 **아니라 OCI**로 인식 → **기타포괄손익누계액(FVOCI평가손익)**에 반영

2) 회계처리 (분개)

text   📋 코드 복사

```
● (차변) ● 기타포괄손익누계액(FVOCI금융자산평가손실)    10,000
    ● (대변) ■ FVOCI금융자산(지분상품)                      10,000
```

거래 [5]에 대한 분석 및 분개를 지시하였다. FVOCI금융자산의 장부금액 ₩120,000과 공정가치 ₩110,000의 차이 ₩10,000을 금융자산평가손실로 회계처리하고, 기타포괄손익누계액으로 분류하였다.

자본 관련 거래를 반영하여 자본변동표를 작성해 보자.

ChatGPT 결과

첨부된 표에 맞춰서 20X2년도 자본변동표 작성해줘.

📌 **자본변동표 (AK 주식회사)**

20X2년 1월 1일부터 20X2년 12월 31일까지

구분	자본금	자본잉여금	자본조정	기타포괄손익누계액	이익잉여금	총계
20X2.1.1. (보고금액)	1,500,000	200,000	0	20,000	150,000	1,870,000
배당					(70,000)	(70,000)
무상증자	100,000	(100,000)				0
자기주식 취득			(70,000)			(70,000)
자기주식 처분			42,000			42,000
자기주식처분손실			(6,000)			(6,000)
자기주식 소각	(20,000)		28,000			8,000
감자차손			(8,000)			(8,000)
FVOCI금융자산평가손익				(10,000)		(10,000)
당기순이익					75,000	75,000
20X2.12.31.	1,580,000	100,000	(14,000)	10,000	155,000	1,831,000

자본 관련 거래를 반영하여 자본변동표를 작성하였다. 5개 거래를 모두 반영한 후 자본변동표상 자본금은 ₩1,580,000, 자본잉여금은 ₩100,000, 자본조정은 (-)₩14,000, 기타포괄손익누계액은 ₩10,000, 그리고 이익잉여금은 ₩155,000이며, 따라서 자본 총계는 ₩1,831,000이다.

ChatGPT를 활용하여 자본변동표를 작성하였다. 정확한 자본변동표의 작성을 위해서는 자본과 관련된 거래 내역을 명확히 제시하는 것이 중요하다. 자본 항목에는 자본금, 자본잉여금, 자본조정, 이익잉여금 및 기타포괄손익누계액이 있으며, 정확한 자본변동표의 작성을 위해서 이들 항목과 관련된 거래 내역을 빠짐없이 제시하였다.

또한, ChatGPT를 활용하여 자본변동표를 작성하기 전에 자본 관련 거래를 분석하고 회계처리하도록 지시하였다. 각 거래를 하나씩 분석하고 회계처리함으로써 모든 거래를 한꺼번에 입력하여 자본변동표를 작성할 경우 발생할 수 오류를 방지하였다.

마지막으로, 사용자는 ChatGPT가 작성한 자본변동표의 적정성과 정확성을 반드시 검증해야 한다. ChatGPT가 제시한 결과에 오류가 포함될 수 있다는 점을 인식하고, 각 자본 항목의 변동 금액 및 산출 내역 등을 검토하여야만 자본변동표 작성의 정확성을 높일 수 있다.

Chapter 12

현금흐름표 작성하기

1. 현금흐름표의 의의

2. ChatGPT를 활용한
   현금흐름표 작성 실습

1. 현금흐름표의 의의

1.1 현금흐름표

재무상태표, 포괄손익계산서 및 자본변동표는 발생기준(accrual basis)의 재무제표이고 현금흐름표만이 유일하게 현금기준(cash basis)의 재무제표이다. 정보이용자 입장에서는 발생기준의 수익과 비용에 대한 정보도 필요하지만 현금기준의 수입과 지출에 대한 정보 역시 기업을 평가하는 데 매우 중요한 정보이다. 현금흐름표(statement of cash flows)는 정보이용자들의 이러한 정보 욕구를 충족시키기 위해서 작성하는 재무제표로서 한 회계기간 동안 현금의 유입과 유출에 대한 정보를 제공한다. 특히 현금흐름표는 기업의 영업활동, 투자활동 및 재무활동과 관련된 현금흐름의 유입과 유출에 대한 정보를 구분하여 제공한다. 현금흐름표는 재무상태표에 표시되어 있는 현금및현금성자산의 기초잔액과 기말잔액 내용을 모두 제시함으로써 재무상태표와 연결할 수 있고, 간접법에 의한 현금흐름표의 경우에 현금유출이 없는 비용 및 현금유입이 없는 수익 등은 포괄손익계산서와 연결되며, 재무활동 현금흐름에서 유상증자와 배당금 등은 자본변동표에 나타난 정보와 연결되어 있어 정보이용자들이 보다 명확하게 재무제표 간의 연계성을 파악할 수 있게 한다.

1.2 활동별 현금흐름

(1) 영업활동 현금흐름

영업활동 현금흐름(cash flows from operating activities)은 주로 기업의 주요 수익 창출 활동에서 발생한다. 따라서 영업활동 현금흐름은 일반적으로 당기순손익의 결정에 영향을 미치는 거래나 그 밖의 사건의 결과로 발생한다. 한국채택국제회계기준에서 제시한 영업활동 현금유입과 유출의 예는 다음과 같다.

영업활동 현금유입	영업활동 현금유출
• 재화의 판매와 용역 제공에 따른 현금유입 • 로열티, 수수료, 중개료 및 기타수익에 따른 현금유입 • 법인세의 환급. 다만 재무활동과 투자활동에 명백히 관련되는 것은 제외한다. • 단기매매 목적으로 보유하는 계약에서 발생하는 현금유입	• 재화와 용역의 구입에 따른 현금유출 • 종업원과 관련하여 직·간접으로 발생하는 현금유출 • 법인세의 납부. 다만 재무활동과 투자활동에 명백히 관련되는 것은 제외한다. • 단기매매 목적으로 보유하는 계약에서 발생하는 현금유출

(2) 투자활동 현금흐름

투자활동 현금흐름(cash flows from investing activities)은 미래수익과 미래현금흐름을 창출할 자원의 확보를 위하여 지출된 정도를 나타내기 때문에 현금흐름을 별도로 구분 표시하는 것이 중요하다. 재무상태표에 자산으로 인식되는 지출만이 투자활동으로 분류하기에 적합하다. 한국채택국제회계기준에서 제시한 투자활동 현금유입과 유출의 예는 다음과 같다.

투자활동 현금유입	투자활동 현금유출
• 유형자산, 무형자산 및 기타 장기성 자산의 처분에 따른 현금유입 • 다른 기업의 지분상품이나 채무상품의 처분에 따른 현금유입(현금성자산으로 간주되는 상품이나 단기매매 목적으로 보유하는 상품의 처분에 따른 유입액은 제외) • 제3자에 대한 선급금 및 대여금의 회수에 따른 현금유입	• 유형자산, 무형자산 및 기타 장기성 자산의 취득에 따른 현금유출 • 다른 기업의 지분상품이나 채무상품의 취득에 따른 현금유출(현금성자산으로 간주되는 상품이나 단기매매 목적으로 보유하는 상품의 취득에 따른 유출액은 제외) • 제3자에 대한 선급금 및 대여금의 지급에 따른 현금유출

(3) 재무활동 현금흐름

재무활동 현금흐름(cash flows from financing activities)은 미래현금흐름에 대한 자본 제공자의 청구권을 예측하는 데 유용하기 때문에 현금흐름을 별도로 구분 표시하는 것이 중요하다. 한국채택국제회계기준에서 제시한 재무활동 현금유입과 유출의 예는 다음과 같다.

재무활동 현금유입	재무활동 현금유출
• 주식이나 기타 지분상품의 발행에 따른 현금유입 • 담보·무담보부사채 및 어음의 발행과 기타 장·단기차입에 따른 현금유입	• 주식의 취득이나 상환에 따른 소유주에 대한 현금유출 • 차입금의 상환에 따른 현금유출

1.3 영업활동 현금흐름의 보고

영업활동 현금흐름은 직접법과 간접법 중 하나의 방법으로 보고한다.

(1) 직접법

직접법(direct method)은 총현금유입과 총현금유출을 주요 항목별로 구분하여 표시하는 방법이다. 한국채택국제회계기준에서는 영업활동 현금흐름을 보고하는 경우에 직접법을 사용할 것을 권장한다. 직접법을 적용하여 표시한 현금흐름은 간접법에 의한 현금흐름에서는 파악할 수 없는 정보를 제공하며, 미래현금흐름을 추정하는 데 보다 유용한 정보를 제공하기 때문이다. 직접법을 적용하는 경우 총현금유입과 총현금유출의 주요 항목별 정보는 다음을 통해 얻을 수 있다.

① 회계기록
② 매출, 매출원가 및 그 밖의 포괄손익계산서 항목에 다음 항목을 조정
   ㉠ 회계기간 동안 발생한 재고자산과 영업활동에 관련된 채권·채무의 변동
   ㉡ 기타 비현금항목
   ㉢ 투자활동 현금흐름이나 재무활동 현금흐름으로 분류되는 기타 항목

(2) 간접법

간접법(indirect method)은 당기순손익에 현금을 수반하지 않는 거래, 과거 또는 미래의 영업활동 현금유입이나 현금유출의 이연 또는 발생, 투자활동 현금흐름이나 재무활동 현금흐름과 관련된 손익항목의 영향을 조정하여 표시하는 방법이다. 간접법을 적용하는 경우 영업활동 순현금흐름은 당기순손익에 다음 항목들의 영향을 조정하여 결정한다.

① 회계기간 동안 발생한 재고자산과 영업활동에 관련된 채권·채무의 변동
② 감가상각비, 충당부채와 같은 비현금항목
③ 투자활동 현금흐름이나 재무활동 현금흐름으로 분류되는 기타 모든 항목

이때 당기순손익에서 감가상각비 등 현금지출이 없는 비용은 더하고, 유형자산처분이익 등 현금수입이 없는 수익은 차감한다. 또한, 당기순손익에서 영업활동에 관련된 채권의 증가는 차감하고 감소는 더한다. 채권의 증가는 현금회수가 감소한 것이고, 채권의 감소는 현금회수가 증가한 개념이다. 반대로 당기순손익에서 영업활동에 관련된 채무의 증가는 더하고 감소는 차감한다. 채무의 증가는 현금상환이 감소한 것이고, 채무의 감소는 현금상환이 증가한 개념이다.

1.4 현금흐름표의 양식

한국채택국제회계기준에서 예시한 현금흐름표 양식을 직접법과 간접법에 의한 현금흐름표로 구분하여 제시하면 다음 [표 12-1]과 같다.

[표 12-1] 현금흐름표의 양식

직접법에 의한 현금흐름표		간접법에 의한 현금흐름표	
제×기 20××년 ×월 ×일부터 20××년 ×월 ×일까지		제×기 20××년 ×월 ×일부터 20××년 ×월 ×일까지	
회사명: ×××	(단위: 원)	회사명: ×××	(단위: 원)
영업활동 현금흐름		영업활동 현금흐름	
고객으로부터 유입된 현금	×××	법인세비용차감전순이익	×××
공급자와 종업원에 대한 현금유출	(×××)	가감: 감가상각비 등	×××
영업으로부터 창출된 현금	×××	매출채권증가 등	×××
이자지급	(×××)	이자지급	(×××)
법인세의 납부	(×××)	법인세의 납부	(×××)
영업활동 순현금흐름	×××	영업활동 순현금흐름	×××
투자활동 현금흐름		투자활동 현금흐름	
유형자산의 취득	(×××)	유형자산의 취득	(×××)
설비의 처분	×××	설비의 처분	×××
이자수취	×××	이자수취	×××
배당금수취	×××	배당금수취	×××
…	×××	…	×××
투자활동 순현금흐름	×××	투자활동 순현금흐름	×××
재무활동 현금흐름		재무활동 현금흐름	
유상증자	×××	유상증자	×××
장기차입금	×××	장기차입금	×××
배당금 지급	(×××)	배당금 지급	(×××)
…	×××	…	×××
재무활동 순현금흐름	×××	재무활동 순현금흐름	×××
현금및현금성자산의 순증가	×××	현금및현금성자산의 순증가	×××
기초 현금및현금성자산	×××	기초 현금및현금성자산	×××
기말 현금및현금성자산	×××	기말 현금및현금성자산	×××

1.5 현금흐름표 작성

　다음 (예 1)을 통해서 직접법과 간접법에 의한 현금흐름표를 작성해 보자. 단, 이자수취와 이자지급은 영업활동 현금흐름으로 분류하고 배당금 지급은 재무활동 현금흐름으로 분류한다.

MK 주식회사의 비교재무상태표와 손익계산서 및 현금흐름표 작성을 위한 추가 자료는 다음과 같다.

재무상태표

MK 주식회사　　　　　　　　　　　　　　　　　　　　　　　　　　　　(단위: 원)

과목	기초	기말	증감
현금및현금성자산	100,000	160,000	60,000
매출채권	320,000	400,000	80,000
재고자산	220,000	200,000	(20,000)
장기대여금	40,000	0	(40,000)
비품	500,000	600,000	100,000
감가상각누계액	(250,000)	(280,000)	(30,000)
자산총액	930,000	1,080,000	150,000
매입채무	150,000	180,000	30,000
미지급급여	20,000	10,000	(10,000)
미지급이자	15,000	22,000	7,000
장기차입금	200,000	160,000	(40,000)
부채총액	385,000	372,000	(13,000)
자본금	500,000	550,000	50,000
이익잉여금	45,000	158,000	113,000
자본총액	545,000	708,000	163,000
부채 및 자본총액	930,000	1,080,000	150,000

손익계산서

MK 주식회사　　　　　　　　　　　　　　　　(단위: 원)

과목	금액
매출액	800,000
매출원가	(450,000)
매출총이익	350,000
종업원급여	(65,000)
판매비및관리비	(90,000)
감가상각비	(40,000)
이자수익	10,000
유형자산처분이익	25,000
이자비용	(30,000)
법인세비용	(17,000)
당기순이익	143,000

① 비품을 ₩200,000에 현금을 지급하고 취득하였다.
② 취득원가 ₩100,000, 감가상각누계액 ₩10,000의 비품을 ₩115,000에 현금을 받고 처분하였다.
③ 현금배당 ₩30,000을 주주총회에서 결의하고 지급하였다.
④ 장기대여금 ₩40,000은 모두 현금으로 회수하였다.
⑤ 장기차입금은 ₩100,000을 상환하고, ₩60,000을 새로 차입하였다.
⑥ 액면금액 ₩5,000인 보통주 10주를 발행하였다.

[1] 직접법에 의한 영업활동 현금흐름

직접법에 의한 영업활동 현금흐름을 산출하면 다음과 같다.

영업활동 현금흐름	
고객으로부터 유입된 현금	₩720,000 ❶
공급자에 대한 현금유출	(400,000) ❷
종업원에 대한 현금유출	(75,000) ❸
판매비및관리비 현금유출	(90,000) ❹
영업으로부터 창출된 현금	155,000
이자수취	10,000 ❺
이자지급	(23,000) ❻
법인세의 납부	(17,000) ❼
영업활동 순현금흐름	₩125,000

항목별 현금유입 또는 현금유출을 산출하기 위해서는 관련 재무상태표 계정의 기초금액과 기말금액, 그리고 관련 손익계산서 계정을 통해 산출한다. 예를 들어, 고객으로부터 유입된 현금을 계산하기 위해서 (매출 현금수취액 = 기초매출채권 + 당기매출 – 기말매출채권)의 식을 이용한다. 즉 다음 식을 통해서 현금유입액 또는 현금유출액을 산출한다.

현금유입액 또는 현금유출액 = 기초재무상태표금액 + 관련 손익금액 - 기말재무상태표금액

❶ 고객으로부터 유입된 현금 = ₩320,000(기초매출채권) + 800,000(당기매출액) - 400,000(기말매출채권)
  　　= ₩720,000

❷ 공급자에 대한 현금유출을 알기 위해서는 재고자산과 매출원가를 통해 당기매입액을 먼저 산출해야 한다.
 • 당기매입액 = ₩450,000(매출원가) + 200,000(기말재고자산) - 220,000(기초재고자산) = ₩430,000
 • 당기매입액과 매입채무를 통해 공급자에 대한 현금유출, 즉 매입채무 중 현금지출액을 산출한다.
 • 공급자에 대한 현금유출 = ₩150,000(기초매입채무) + 430,000(당기매입액) - 180,000(기말매입채무)
  　　= ₩400,000

❸ 종업원에 대한 현금유출 = ₩20,000(기초미지급급여) + 65,000(종업원급여) - 10,000(기말미지급급여) = ₩75,000

❹ 판매비및관리비 현금유출 = ₩0(기초미지급비용) + 90,000(판매비및관리비) - 0(기말미지급비용) = ₩90,000

❺ 이자수취 = ₩0(기초미수이자) + 10,000(이자수익) - 0(기말미수이자) = ₩10,000

❻ 이자지급 = ₩15,000(기초미지급이자) + 30,000(이자비용) - 22,000(기말미지급이자) = ₩23,000

❼ 법인세의 납부 = ₩0(기초미지급법인세) + 17,000(법인세비용) - 0(기말미지급법인세) = ₩17,000

[2] 간접법에 의한 영업활동 현금흐름

간접법에 의한 영업활동 현금흐름을 산출하면 다음과 같다.

영업활동 현금흐름	
법인세비용차감전순이익	₩160,000
가감: 감가상각비	40,000 ❶
이자비용	30,000 ❶
유형자산처분이익	(25,000) ❷
이자수익	(10,000) ❷
매출채권증가	(80,000) ❸
재고자산감소	20,000 ❸
매입채무증가	30,000 ❹
미지급급여감소	(10,000) ❹
이자수취	10,000 ❺
이자지급	(23,000) ❻
법인세의 납부	(17,000) ❼
영업활동 순현금흐름	₩125,000

현금유출이 없는 비용을 가산하고 현금유입이 없는 수익을 차감하는 이유는 현금유출과 현금유입에 상관이 없는 비용과 수익이기 때문이다.

영업활동과 관련된 자산과 부채의 증감을 가감하는 이유는 발생기준의 수익과 비용을 현금기준의 수익과 비용으로 전환하기 위해서이다. 예를 들어, 발생기준의 당기매출액은 ₩800,000이고, 여기에 매출채권의 증가로 ₩80,000을 차감하면 ₩720,000이다. 직접법에 의한 영업활동 현금흐름에서 '고객으로부터 유입된 현금'과 동일한 금액으로 전환된 것이다. 발생기준의 매출원가는 (-)₩450,000이고, 여기에 재고자산의 감소로 ₩20,000과 매입채무의 증가로 ₩30,000을 모두 가산하면 (-)₩400,000이다. 직접법에 의한 영업활동 현금흐름에서 '공급자에 대한 현금유출'과 동일한 금액으로 전환된 것을 볼 수 있다.

❶ 현금유출이 없는 비용을 가산함. 이자비용은 '현금유출이 없는 비용' 개념보다는 나중에 현금 이자지급 금액을 차감하기 위해서 손익계산서상의 금액을 먼저 가산한다.

❷ 현금유입이 없는 수익을 차감함. 유형자산처분이익과 이자수익은 '현금유입이 없는 수익' 개념보다는 나중에 유형자산처분으로 인한 현금수취 금액과 현금 이자수취 금액을 가산하기 위해서 손익계산서상의 금액을 먼저 차감한다.

❸ 자산의 증가는 현금의 감소를 의미하기 때문에 차감하고, 자산의 감소는 현금의 증가를 의미하기 때문에 가산한다.

❹ 부채의 증가는 현금의 증가를 의미하기 때문에 가산하고, 부채의 감소는 현금의 감소를 의미하기 때문에 차감한다.

❺, ❻ 및 ❼ 직접법에 의한 영업활동 현금흐름 참조

[3] 투자활동 현금흐름

투자활동 현금흐름을 산출하면 다음과 같다.

투자활동 현금흐름		
장기대여금의 회수	₩40,000 [1]	
비품의 처분	115,000 [2]	
비품의 취득	(200,000) [3]	
투자활동 순현금흐름		₩(45,000)

투자활동의 현금유입(자산의 처분)과 현금유출(자산의 취득)은 추가 사항을 통해 확인한다.

[1] 장기대여금의 회수 = ₩40,000(기초장기대여금) + 0(당기증가액) - 0(기말장기대여금)
　　　　= ₩40,000(추가 사항에서 확인됨)

[2] 비품의 처분 = ₩100,000(취득원가) - 10,000(감가상각누계액) + 25,000(유형자산처분이익)
　　　　= ₩115,000(추가 사항에서 확인됨)

[3] 비품을 ₩200,000에 현금을 지급하고 취득하였다.

[4] 재무활동 현금흐름

재무활동 현금흐름을 산출하면 다음과 같다.

재무활동 현금흐름		
유상증자	₩50,000 [1]	
장기차입금의 차입	60,000 [2]	
장기차입금의 상환	(100,000) [2]	
배당금 지급	(30,000) [3]	
재무활동 순현금흐름		₩(20,000)

재무활동의 현금유입(유상증자 등)과 현금유출(배당금 지급 등)은 추가 사항을 통해 확인한다.

[1] 유상증자 = ₩550,000(기말자본금) + 0(당기감소액) - 500,000(기초자본금) = ₩50,000(추가 사항에서 확인됨)

[2] 장기차입금의 차입 = ₩160,000(기말장기차입금) + 100,000(당기상환액) - 200,000(기초장기차입금)
　　　　= ₩60,000(추가사항에서 확인됨)

[3] 배당금 지급 = ₩0(기초미지급배당금) + 30,000(당기배당금) - 0(기말미지급배당금)
　　　　= ₩30,000(추가 사항에서 확인됨)

[5] 직접법과 간접법에 의한 현금흐름표 비교

직접법과 간접법에 의한 현금흐름표를 비교하면 다음 [표 12-2]와 같다. 보는 바와 같이 두 방법에서 영업활동 현금흐름의 작성만 차이가 나고, 투자활동과 재무활동 현금흐름의 작성은 동일하다.

[표 12-2] 직접법과 간접법에 의한 현금흐름표 비교

직접법에 의한 현금흐름표			간접법에 의한 현금흐름표		
MK 주식회사		(단위: 원)	MK 주식회사		(단위: 원)
영업활동 현금흐름			영업활동 현금흐름		
고객으로부터 유입된 현금	720,000		법인세비용차감전순이익	160,000	
공급자에 대한 현금유출	(400,000)		가감: 감가상각비	40,000	
종업원에 대한 현금유출	(75,000)		이자비용	30,000	
판매비및관리비 현금유출	(90,000)		유형자산처분이익	(25,000)	
영업으로부터 창출된 현금	155,000		이자수익	(10,000)	
			매출채권증가	(80,000)	
			재고자산감소	20,000	
			매입채무증가	30,000	
			미지급급여감소	(10,000)	
이자수취	10,000		이자수취	10,000	
이자지급	(23,000)		이자지급	(23,000)	
법인세의 납부	(17,000)		법인세의 납부	(17,000)	
영업활동 순현금흐름		125,000	영업활동 순현금흐름		125,000
투자활동 현금흐름			투자활동 현금흐름		
장기대여금의 회수	40,000		장기대여금의 회수	40,000	
비품의 처분	115,000		비품의 처분	115,000	
비품의 취득	(200,000)		비품의 취득	(200,000)	
투자활동 순현금흐름		(45,000)	투자활동 순현금흐름		(45,000)
재무활동 현금흐름			재무활동 현금흐름		
유상증자	50,000		유상증자	50,000	
장기차입금의 차입	60,000		장기차입금의 차입	60,000	
장기차입금의 상환	(100,000)		장기차입금의 상환	(100,000)	
배당금 지급	(30,000)		배당금 지급	(30,000)	
재무활동 순현금흐름		(20,000)	재무활동 순현금흐름		(20,000)
현금및현금성자산의 순증가		60,000	현금및현금성자산의 순증가		60,000
기초 현금및현금성자산		100,000	기초 현금및현금성자산		100,000
기말 현금및현금성자산		160,000	기말 현금및현금성자산		160,000

2. ChatGPT를 활용한 현금흐름표 작성 실습

2.1 ChatGPT를 활용한 현금흐름표 작성의 핵심 원칙

ChatGPT를 활용하여 현금흐름표를 효율적이고 정확하게 작성하기 위해서는 영업활동·투자활동·재무활동 현금흐름표를 분리해서 작성하도록 하는 것이 중요하다. 하나의 거래가 둘 이상의 활동에 영향을 미치는 것이 일반적이므로 모든 활동에 대한 현금흐름표를 한 번에 작성하는 경우 오류가 발생할 가능성이 높다. 따라서 활동별로 분리해서 현금흐름표를 작성하고, 각 활동별 결과의 적정성을 검토하면 현금흐름표의 정확성을 높일 수 있다.

또한, 영업활동 현금흐름표는 직접법과 간접법 중 하나를 선택하여 작성하도록 하고 있기 때문에 어떤 방법을 적용할 것인지를 사전에 반드시 제시해야 한다. 직접법은 영업활동과 관련된 총현금유입과 총현금유출을 주요 항목별로 구분하여 표시하는 방법이고, 간접법은 당기순이익에 현금을 수반하지 않는 거래 등을 조정하여 표시하는 방법이다. 두 방법 모두 장·단점이 있으므로 적용할 방법을 먼저 결정한 후 해당 방법에 따라 영업활동 현금흐름표를 작성하도록 ChatGPT에 지시해야 한다.

현금흐름과 관련된 대부분의 거래는 재무상태표와 손익계산서만으로는 실제 얼마의 현금이 유입되고 유출되었는지 알기 어렵다. 따라서 현금흐름표를 정확하게 작성하기 위해서는 비교 재무상태표과 손익계산서뿐만 아니라 현금흐름에 직접적으로 영향을 미치는 거래의 세부 내역을 구체적으로 제시하는 것이 중요하다. 예를 들어, 비품을 구입한 경우 자산의 취득금액뿐만 아니라 실제로 지급한 현금 금액과 지급 시점에 대한 정보를 함께 제공해야 정확한 현금흐름표를 작성할 수 있다.

다음 [표 12-3]은 ChatGPT를 활용한 현금흐름표 작성의 실습에서 정확도를 높일 수 있는 핵심 원칙을 정리한 것이다.

[표 12-3] ChatGPT를 활용한 현금흐름표 작성의 핵심 원칙

핵심 원칙	내 용
활동별 현금흐름표 작성	영업활동·투자활동·재무활동 현금흐름표를 분리해서 작성
직접법과 간접법 중 선택	영업활동 현금흐름표를 작성하기 전에 직접법과 간접법 중 어떤 방법을 적용할 것인지 선택
거래의 세부 내역 제시	현금흐름에 직접적으로 영향을 미치는 거래의 세부 내역을 구체적으로 제시
수정·보완	활동별 구분을 잘못하였거나 현금흐름에 대한 세부 내역을 현금흐름표에 잘못 반영한 경우 올바른 결과로 수정 지시
결과 검증 절차의 수행	ChatGPT의 출력 결과에 대해 활동별 구분의 적정성과 현금흐름 반영의 정확성 등을 사용자가 직접 검토

2.2 현금흐름표 작성 실습

(예 1)을 이용해서 현금흐름표를 작성해 보자.

(1) 활동별 현금흐름표 작성

[1] 직접법에 의한 영업활동 현금흐름

12-2 실습자료 1

12-2 실습자료 2

12-2 실습자료 3

⑤ ChatGPT 결과

> MK 주식회사의 비교재무상태표와 (포괄)손익계산서 및 현금흐름표 작성을 위한 추가 자료는 다음과 같다. 추가사항 1. 비품을 200,000원의 현금을 지급하고 취득하였다. 2. 취득원가 100,000원, 감가상각누계액 10,000원의 비품을 115,000원의 현금을 받고 처분하였다. 3. 현금배당 30,000을 주주총회에서 결의하고 지급하였다. 4. 장기대여금 40,000원은 모두 현금으로 회수하였다. 5. 장기차입금은 100,000원을 상환하고, 60,000원을 새로 차입하였다. 6. 액면금액 5,000원인 보통주 10주를 발행하였다. 직접법에 따라서 영업활동 현금흐름표를 작성해줘. 첨부된 표에 맞춰서 작성해줘.

■ 영업활동 현금흐름 (직접법) – MK 주식회사

(단위: 원 / 첨부 양식 순서 그대로)

구분	금액
■ 영업활동 현금흐름	
● 고객으로부터 유입된 현금	720,000
● 공급자에 대한 현금유출	(400,000)
● 종업원에 대한 현금유출	(75,000)
● 판매비 및 관리비 현금유출	(90,000)
● 영업으로부터 창출된 현금	155,000
● 이자 수취	10,000
● 이자 지급	(23,000)
● 법인세의 납부	(17,000)
☑ 영업활동 순현금흐름	125,000

(계산 근거 핵심만)

- 🔵 고객현금유입 = 매출액 800,000 – 매출채권 증가 80,000 = **720,000**
- 🔵 공급자현금유출 = 매입 430,000 – 매입채무 증가 30,000 = **400,000**
  - 매입 = 매출원가 450,000 + 기말재고 200,000 – 기초재고 220,000 = 430,000
- 🔵 종업원현금유출 = 급여 65,000 + 미지급급여 감소 10,000 = **75,000**
- 🔵 이자지급 = 이자비용 30,000 – 미지급이자 증가 7,000 = **23,000**
- 🔵 법인세 납부 = **17,000** *(법인세 관련 미지급 항목 추가 정보가 없어 비용=납부로 처리)*

ChatGPT를 활용하여 정확한 현금흐름표를 작성하기 위해 활동별 현금흐름표를 작성하였으며, 우선 직접법에 의한 영업활동 현금흐름표를 작성하였다. 고객으로부터 유입된 현금은 ₩720,000이고, 공급자에 대한 현금유출은 (-)₩400,000이며, 종업원에 대한 현금유출과 판매비및관리비 현금유출이 각각 (-)₩75,000과 (-)₩90,000으로 영업으로부터 창출된 현금은 ₩155,000이다. 이자수취는 ₩10,000이고, 이자지급은 (-)₩23,000이며, 법인세의 납부는 (-)₩17,000으로 영업활동 순현금흐름은 ₩125,000이다.

[2] 간접법에 의한 영업활동 현금흐름

⑤ ChatGPT 결과

간접법에 따라서 영업활동 현금흐름표 작성해줘. 첨부된 표에 맞춰서 작성해줘.

■ 영업활동 현금흐름 (간접법)

MK 주식회사

구분	금액
● 법인세비용차감전순이익	160,000
● 가감: 감가상각비	40,000
● 이자비용	30,000
● 유형자산처분이익	(25,000)
● 이자수익	(10,000)
● 매출채권 증가	(80,000)
● 재고자산 감소	20,000
● 매입채무 증가	30,000
● 미지급급여 감소	(10,000)
■ 영업으로부터 창출된 현금	155,000
● 이자 수취	10,000
● 이자 지급	(23,000)
● 법인세의 납부	(17,000)
☑ 영업활동 순현금흐름	125,000

☑ 정합성 체크

- ● 직접법 영업활동 순현금흐름 125,000과 일치
- ● 손익계산서 ↔ 재무상태표 증감 완전 연결

　　ChatGPT를 활용하여 간접법에 의한 영업활동 현금흐름표를 작성하였다. 법인세비용차감전순이익 ₩160,000에 감가상각비와 이자비용 각각 ₩40,000과 ₩30,000을 더하고, 유형자산처분이익과 이자수익 각각 ₩25,000과 ₩10,000을 차감한다. 그리고 매출채권 증가 ₩80,000을 차감하고, 재고자산 감소 ₩20,000을 더하고, 매입채무 증가 ₩30,000을 더하고, 미지급급여 감소 ₩10,000을 차감한다. 여기에 이자수취 ₩10,000을 더하고, 이자지급과 법인세의 납부 각각 ₩23,000과 ₩17,000을 차감하면 영업활동 순현금흐름 ₩125,000이 산출된다.

[3] 투자활동 현금흐름

⑤ ChatGPT 결과

투자활동 현금흐름표 작성해줘. 첨부된 표에 맞춰서 작성해줘.

아래는 **첨부된 표의 항목 순서 그대로 맞춰 작성한**
👉 **투자활동 현금흐름표**입니다. *(단위: 원 / 색깔 동그라미 적용)*

🟦 투자활동 현금흐름

MK 주식회사

구분	금액
🔵 장기대여금의 회수	40,000
🔵 비품의 처분	115,000
🔵 비품의 취득	(200,000)
☑ 투자활동 순현금흐름	(45,000)

🔍 금액 연결 (핵심만)

- 🔵 장기대여금 회수: 추가자료 ④
- 🔵 비품 처분 현금유입: 추가자료 ②
- 🔵 비품 취득 현금유출: 추가자료 ①

이제 남은 것은
👉 **재무활동 현금흐름표** +
👉 **현금 및 현금성자산 증감 검증(기초 100,000 → 기말 160,000)**
입니다. 계속 진행할까요?

🗗 👍 👎 ⬆ ↻ ⋯

ChatGPT를 활용하여 투자활동 현금흐름표를 작성하였다. 장기대여금 회수는 ₩40,000, 비품의 처분은 ₩115,000, 그리고 비품의 취득은 (-)₩200,000으로 투자활동 순현금흐름은 (-)45,000이다.

[4] 재무활동 현금흐름

ChatGPT 결과

재무활동 현금흐름표 작성해줘. 첨부된 표에 맞춰서 작성해줘.

아래는 첨부된 표의 항목 순서 그대로 맞춰 작성한
👉 **재무활동 현금흐름표입니다.** *(단위: 원 / 색깔 동그라미 적용)*

🟦 **재무활동 현금흐름**

MK 주식회사

구분	금액
🔵 유상증자	50,000
🔵 장기차입금의 차입	60,000
🔵 장기차입금의 상환	(100,000)
🔵 배당금 지급	(30,000)
☑ 재무활동 순현금흐름	(20,000)

☑ **정합성 체크**

- 🔵 유상증자: 보통주 10주 × 액면 5,000 = **50,000**
- 🔵 차입·🔵 상환: 추가자료 ⑤
- 🔵 배당금 지급: 추가자료 ③

ChatGPT를 활용하여 재무활동 현금흐름표를 작성하였다. 유상증자는 ₩50,000이고, 장기차입금의 차입은 ₩60,000이다. 그리고 장기차입금의 상환은 (-)₩100,000이고, 배당금 지급은 (-)₩30,000으로 재무활동 순현금흐름은 (-)20,000이다.

(2) 현금흐름표 작성

[1] 직접법에 의한 현금흐름표 작성

⑤ ChatGPT 결과

> 영업활동, 투자활동, 재무활동을 포함한 현금흐름표를 작성해줘. 직접법에 따라서 작성해줘.

■ 현금흐름표 (직접법) – MK 주식회사

(단위: 원)

■ 영업활동 현금흐름 (직접법)

구분	금액
● 고객으로부터 유입된 현금	720,000
● 공급자에 대한 현금유출	(400,000)
● 종업원에 대한 현금유출	(75,000)
● 판매비 및 관리비 현금유출	(90,000)
■ 영업으로부터 창출된 현금	155,000
● 이자 수취	10,000
● 이자 지급	(23,000)
● 법인세의 납부	(17,000)
☑ 영업활동 순현금흐름	125,000

■ 투자활동 현금흐름

구분	금액
● 장기대여금의 회수	40,000
● 비품의 처분	115,000
● 비품의 취득	(200,000)
☑ 투자활동 순현금흐름	(45,000)

■ 재무활동 현금흐름

구분	금액
● 유상증자	50,000
● 장기차입금의 차입	60,000
● 장기차입금의 상환	(100,000)
● 배당금 지급	(30,000)
☑ 재무활동 순현금흐름	(20,000)

■ 현금 및 현금성자산의 순증가(감소)

구분	금액
☑ 현금 및 현금성자산의 순증가	60,000
■ 기초 현금 및 현금성자산	100,000
■ 기말 현금 및 현금성자산	160,000

ChatGPT를 활용하여 직접법에 의한 현금흐름표를 작성하였다. 영업활동 순현금흐름은 ₩125,000이고, 투자활동 순현금흐름은 (-)₩45,000이며, 재무활동 순현금흐름은 (-)₩20,000으로 현금및현금성자산의 순증가는 ₩60,000이다. 여기에 기초 현금및현금성자산 ₩100,000을 더하면 기말 현금및현금성자산 ₩160,000이 산출된다.

[2] 간접법에 의한 현금흐름표 작성

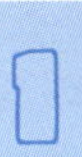

ChatGPT 결과

간접법에 따라서 영업활동, 투자활동, 재무활동을 포함한 현금흐름표 작성해줘.

🟦 현금흐름표 (간접법) – MK 주식회사

(단위: 원 / 🔵 유입·가산, 🔵 유출·차감)

🟦 영업활동 현금흐름 (간접법)

구분	금액
🔵 법인세비용차감전순이익	160,000
🔵 가감: 감가상각비	40,000
🔵 이자비용	30,000
🔵 유형자산처분이익	(25,000)
🔵 이자수익	(10,000)
🔵 매출채권 증가	(80,000)
🔵 재고자산 감소	20,000
🔵 매입채무 증기	30.000
🔵 미지급급여 감소	(10,000)
🟦 영업으로부터 창출된 현금	155,000
🔵 이자 수취	10,000
🔵 이자 지급	(23,000)
🔵 법인세의 납부	(17,000)
☑ 영업활동 순현금흐름	125,000

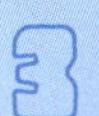

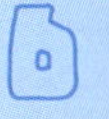

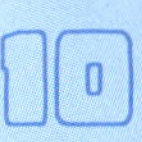

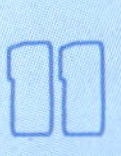

■ 투자활동 현금흐름

구분	금액
● 장기대여금의 회수	40,000
● 비품의 처분	115,000
● 비품의 취득	(200,000)
☑ 투자활동 순현금흐름	(45,000)

■ 재무활동 현금흐름

구분	금액
● 유상증자	50,000
● 장기차입금의 차입	60,000
● 장기차입금의 상환	(100,000)
● 배당금 지급	(30,000)
☑ 재무활동 순현금흐름	(20,000)

▤ 현금 및 현금성자산의 순증가(감소)

구분	금액
☑ 현금 및 현금성자산의 순증가	60,000
■ 기초 현금 및 현금성자산	100,000
■ 기말 현금 및 현금성자산	160,000

ChatGPT를 활용하여 간접법에 의한 현금흐름표를 작성하였다. 영업활동 순현금흐름은 ₩125,000이고, 투자활동 순현금흐름은 (-)₩45,000이며, 재무활동 순현금흐름은 (-)₩20,000으로 현금및현금성자산의 순증가는 ₩60,000이다. 여기에 기초 현금및현금성자산 ₩100,000을 더하면 기말 현금및현금성자산 ₩160,000이 산출된다.

ChatGPT를 활용하여 현금흐름표를 작성하였다. 정확한 현금흐름표 작성을 위해서 영업활동·투자활동·재무활동 현금흐름을 분리하여 작성하였다. 하나의 거래가 둘 이상의 활동에 영향을 미치는 것이 일반적이므로 활동별로 분리해서 현금흐름표를 작성하고 각 활동별 결과의 적정성을 검토함으로써 현금흐름표의 정확성을 높일 수 있다. 또한 영업활동 현금흐름표는 직접법과 간접법 중 하나를 선택하여 작성하도록 하고 있기 때문에 어떤 방법으로 현금흐름표를 작성할 것인지를 명확히 지시하였다.

현금흐름에 직접적으로 영향을 미치는 거래의 세부 내역이 있어야만 정확한 현금흐름표를 작성할 수 있다. 이러한 세부적인 내역은 비교 재무상태표와 손익계산서만으로는 알 수 없기 때문에 현금흐름과 관련된 거래의 세부 내역을 구체적으로 제시하였다.

마지막으로, 사용자는 ChatGPT가 작성한 현금흐름표의 적정성과 정확성을 반드시 검증해야 한다. ChatGPT가 제시한 결과에 오류가 포함될 수 있다는 점을 인식하고, 활동별 구분 및 각 현금흐름에 반영된 금액 등을 검토하여야만 현금흐름표 작성의 정확성을 높일 수 있다.

재무제표 분석하기

1. 재무제표 분석의 의의

2. ChatGPT를 활용한 재무제표 분석 실습

1. 재무제표 분석의 의의

1.1 재무제표 분석

재무제표 분석(financial statement analysis)은 기업의 재무제표를 통해서 수익성, 활동성, 안전성 등을 분석·평가하여 이해관계자들의 의사결정에 도움이 되는 유용한 정보를 제공하는 것이다. 재무제표 분석의 특징은 다음과 같다.

첫째, 재무제표 분석은 재무비율을 중심으로 이루어지고 두 가지 이상의 회계수치를 이용해서 재무비율이 산출된다.

둘째, 재무제표 분석은 비교대상이 필요하다. 즉 산출된 재무비율의 장·단점을 파악하기 위해서는 해당 기업의 과거 재무비율이나 산업평균 등과 비교하여야 한다.

셋째, 재무제표 분석은 주로 재무제표의 수치를 이용하지만 주가나 경제적 지표 등 재무제표 이외의 정보도 추가적으로 이용된다.

넷째, 재무제표 분석은 어느 한 분석에서 정보를 얻는 것보다는 다양한 분석과 종합적인 판단을 통해서 더 유용한 정보를 얻을 수 있다.

다음 (예 1)에서 MK 주식회사의 재무제표 자료를 통해서 재무제표 분석을 살펴보자.

MK 주식회사의 비교재무상태표와 비교손익계산서는 다음과 같다.

재무상태표

MK 주식회사		(단위: 원)
과목	20×1년	20×2년
현금및현금성자산	100,000	160,000
매출채권	320,000	400,000
재고자산	220,000	200,000
장기대여금	40,000	0
비품	500,000	600,000
감가상각누계액	(250,000)	(280,000)
자산총액	930,000	1,080,000
매입채무	150,000	180,000
미지급급여	20,000	10,000
미지급이자	15,000	22,000
장기차입금	200,000	160,000
부채총액	385,000	372,000
자본금	500,000	550,000
이익잉여금	45,000	158,000
자본총액	545,000	708,000
부채 및 자본총액	930,000	1,080,000

손익계산서

MK 주식회사		(단위: 원)
과목	20×1년	20×2년
매출액	800,000	840,000
매출원가	(450,000)	(460,000)
매출총이익	350,000	380,000
종업원급여	(65,000)	(72,000)
판매비및관리비	(90,000)	(136,000)
감가상각비	(40,000)	(40,000)
이자수익	10,000	0
유형자산처분이익	25,000	25,000
이자비용	(30,000)	(27,000)
법인세비용	(17,000)	(20,000)
당기순이익	143,000	110,000

(1) 수익성비율

수익성비율은 기업의 성과를 나타내는 재무비율이며, 주로 매출액순이익률, 자기자본순이익률 및 주가이익비율이 사용된다.

[1] 매출액순이익률

매출액순이익률(ROS: return on sales)은 매출액 ₩1에 대한 당기순이익이 얼마인지를 나타내는 지표이다. 유형자산처분손익 등과 같은 비경상적인 항목을 제거한 후에 이익을 사용하기 위해 당기순이익 대신 영업이익을 사용하기도 한다. 매출액순이익률은 다음과 같이 계산한다.

$$\text{매출액순이익률} = \frac{\text{당기순이익}}{\text{순매출액}} \times 100$$

MK 주식회사의 20×1년과 20×2년 매출액순이익률을 계산하면 다음 [표 13-1]과 같다.

[표 13-1] 매출액순이익률

재무비율	20×1년	20×2년
매출액순이익률	$\dfrac{₩143,000}{₩800,000} \times 100 = 18\%$	$\dfrac{₩110,000}{₩840,000} \times 100 = 13\%$

MK 주식회사의 20×1년도의 매출액순이익률은 18%인 데 반해 20×2년도의 매출액순이익률은 13%로 감소하였다. 매출액은 증가하였으나 당기순이익이 감소한 이유(비용 증가 등)를 찾아 수익성을 개선해야 할 것이다.

[2] 자기자본순이익률

자기자본순이익률(ROE: return on equity)은 자기자본이 얼마의 수익 창출에 이용되고 있는지를 나타내는 지표이다. 보통주 소유자들에 의하여 출자된 자본만을 분모에 사용하는 경우에는 분자에 당기순이익에서 우선주배당금을 차감한 값을 사용한다. 자기자본순이익률은 다음과 같이 계산한다.

$$\text{자기자본순이익률} = \frac{\text{당기순이익}}{\text{평균자기자본}} \times 100$$

MK 주식회사의 20×2년 자기자본순이익률을 계산하면 다음 [표 13-2]와 같다.

[표 13-2] 자기자본순이익률

재무비율	20×2년
자기자본순이익률	$\dfrac{\text{₩110,000}}{(\text{₩545,000} + \text{708,000})/2} \times 100 = 18\%$

MK 주식회사의 20×2년 자기자본순이익률은 18%이며, 자기자본 ₩100을 투자하여 ₩18의 성과를 냈다는 것을 의미한다.

[3] 주가이익비율

주가이익비율(PER: price earnings ratio)은 1주당 순이익에 비해서 주가가 몇 배로 형성되어 있는지를 나타내는 지표이다. 일반적으로 주가이익비율이 낮은 기업의 주가가 향후 상승할 가능성이 높다고 판단한다. 그러나 투자자들이 해당 기업의 미래 성장 가능성을 낮게 평가하여 주가이익비율이 낮을 수도 있다. 주가이익비율은 다음과 같이 계산한다.

$$\text{주가이익비율} = \frac{\text{주당주식가격}}{\text{주당이익}}$$

만약 MK 주식회사의 20×2년 주당이익이 ₩1,000이고, 20×2년 말 주가가 ₩14,000이라면, 주가이익비율은 다음 [표 13-3]과 같다. 1주당 순이익에 비해서 주가가 14배로 형성되어 있다는 의미이다.

[표 13-3] **주가이익비율**

재무비율	20×2년
주가이익비율	$\dfrac{₩14,000}{₩1,000} = 14배$

(2) 활동성비율

활동성비율은 기업이 자산을 얼마나 효율적으로 활용하고 있는지를 나타내는 재무비율이며, 주로 매출채권회전율, 재고자산회전율 및 총자산회전율이 사용된다.

[1] 매출채권회전율

매출채권회전율(account receivable turnover)은 당기 중에 몇 번이나 매출을 하고 매출채권을 회수하였는지, 즉 매출채권을 현금화하는 속도를 나타내는 지표이다. 365일을 매출채권회전율로 나누면 매출채권의 평균회수기간을 나타내며, 다음과 같이 계산한다.

$$\text{매출채권회전율} = \frac{\text{순매출액}}{\text{평균매출채권}}$$

$$\text{매출채권평균회수기간} = \frac{365일}{\text{매출채권회전율}}$$

MK 주식회사의 20×2년 매출채권회전율과 매출채권평균회수기간을 계산하면 다음 [표 13-4]와 같다.

[표 13-4] 매출채권회전율과 매출채권회수기간

재무비율	20×2년
매출채권회전율	$\dfrac{\text{\textwon}840,000}{(\text{\textwon}320,000 + 400,000)/2} = 2.33$회
매출채권평균회수기간	$\dfrac{365\text{일}}{2.33\text{회}} = 157$일

MK 주식회사의 20×2년 매출채권회전율은 2.33회이며, 매출채권의 평균회수기간은 157일이다. 평균회수기간이 짧을수록 매출채권을 현금화하는 속도가 빠르다는 것이므로, 만약 MK 주식회사의 신용기간의 정책이 90일이라면 매출채권을 효율적으로 회수하지 못했다고 판단할 수 있다.

[2] 재고자산회전율

재고자산회전율(inventory turnover)은 당기 중에 몇 번이나 재고자산을 매입 또는 생산하여 판매를 하였는지, 즉 재고재산이 판매되기까지의 처리 속도를 나타내는 지표이다. 365일을 재고자산회전율로 나누면 재고자산의 평균회전기간을 나타내며, 다음과 같이 계산한다.

$$\text{재고자산회전율} = \frac{\text{매출원가}}{\text{평균재고자산}}$$

$$\text{재고자산평균회전기간} = \frac{365\text{일}}{\text{재고자산회전율}}$$

MK 주식회사의 20×2년 재고자산회전율과 재고자산평균회전기간을 계산하면 다음 [표 13-5]와 같다.

[표 13-5] 재고자산회전율과 재고자산평균회전기간

재무비율	20×2년
재고자산회전율	$\dfrac{₩460,000}{(₩220,000 + 200,000)/2} = 2.19회$
재고자산평균회전기간	$\dfrac{365일}{2.19회} = 167일$

MK 주식회사의 20×2년 재고자산회전율은 2.19회이며, 재고자산의 평균회전기간은 167일이다. 평균회전기간이 짧을수록 재고자산이 판매되기까지의 처리 속도가 빠르다는 것을 의미한다. 재고자산평균회전기간은 해당 기업이 어떤 제품 또는 상품을 판매하는지에 따라 매우 다양하다.

[3] 총자산회전율

총자산회전율(asset turnover)은 총자산이 수익을 창출하는 데 얼마나 효율적으로 이용되었는지를 나타내는 지표이며, 다음과 같이 계산한다.

$$총자산회전율 = \frac{순매출액}{평균총자산}$$

MK 주식회사의 20×2년 총자산회전율을 계산하면 다음 [표 13-6]과 같다.

[표 13-6] 총자산회전율

재무비율	20×2년
총자산회전율	$\dfrac{₩840,000}{(₩930,000 + 1,080,000)/2} = 0.84회$

MK 주식회사의 20×2년 총자산회전율은 0.84회이다. 일반적으로 총자산회전율 1회를 총자산의 효율적 활용 기준으로 판단한다면 MK 주식회사는 총자산을 수익 창출에 효율적으로 활용하지 못한다는 것을 의미한다.

(3) 안전성비율

안전성비율은 기업이 채무에 대한 원금과 이자를 원만하게 상환할 수 있는 능력을 나타내는 재무비율이며, 단기채무 상환 능력을 나타내는 유동비율 및 당좌비율과, 장기채무 상환 능력을 나타내는 부채비율을 사용한다.

[1] 유동비율

유동비율(current ratio)은 단기채무 상환에 충당할 수 있는 유동자산이 얼마나 되는지를 나타내는 지표이다. 유동비율이 높을수록 단기채무 상환 능력이 충분하다고 평가할 수 있으며, 일반적으로 유동비율이 100% 이상이면 보통으로, 200% 이상이면 안전하다고 평가한다. 유동비율은 다음과 같이 계산한다.

$$\text{유동비율} = \frac{\text{유동자산}}{\text{유동부채}} \times 100$$

MK 주식회사의 20×1년과 20×2년 유동비율을 계산하면 다음 [표 13-7]과 같다.

[표 13-7] 유동비율

재무비율	20×1년	20×2년
유동비율	$\dfrac{₩640{,}000}{₩185{,}000} \times 100 = 346\%$	$\dfrac{₩760{,}000}{₩212{,}000} \times 100 = 358\%$

MK 주식회사의 20×1년과 20×2년 유동비율은 각각 346%와 358%로 매우 안전하다는 것을 의미한다. 또한, 20×1년에 비해 20×2년 유동비율이 증가한 이유는 현금및현금성자산과 매출채권이 늘어났기 때문이다.

[2] 당좌비율

당좌비율(quick ratio)은 유동자산 중에서 재고자산을 뺀 당좌자산을 유동부채로 나눈 비율로써 유동비율보다 더 엄격한 단기채무 상환 능력을 나타내는 지표이다. 당좌비율을 사용하는 이유는 재고자산 중에서도 장기간 판매되지 않아서 단기적으로 현금화하는 데 문제가 있을 수도 있기 때문이다. 당좌비율은 다음과 같이 계산한다.

$$\text{당좌비율} = \frac{\text{당좌자산}}{\text{유동부채}} \times 100 = \frac{\text{유동자산 - 재고자산}}{\text{유동부채}} \times 100$$

MK 주식회사의 20×1년과 20×2년 당좌비율을 계산하면 다음 [표 13-8]과 같다.

[표 13-8] 당좌비율

재무비율	20×1년	20×2년
당좌비율	$\frac{\text{₩}420,000}{\text{₩}185,000} \times 100 = 227\%$	$\frac{\text{₩}560,000}{\text{₩}212,000} \times 100 = 264\%$

MK 주식회사의 20×1년과 20×2년 당좌비율은 각각 227%와 264%로 매우 양호하다는 것을 의미한다. 또한, 20×1년에 비해 20×2년 당좌비율이 증가한 이유는 유동비율과 마찬가지로 현금및현금성자산과 매출채권이 늘어났기 때문이다.

[3] 부채비율

부채비율(debt-to-equity ratio)은 자기자본 대비 부채가 얼마나 큰지를 나타내는 지표로서, 기업의 장기채무 상환 능력을 나타내는 지표이다. 또한, 부채비율이 높을수록 채권자가 원금과 이자를 받지 못할 가능성이 커지기 때문에 채권자 입장에서 재무위험의 지표로 사용된다. 부채비율은 다음과 같이 계산한다.

$$\text{부채비율} = \frac{\text{부채}}{\text{자기자본}} \times 100$$

MK 주식회사의 20×1년과 20×2년 부채비율을 계산하면 다음 [표 13-9]와 같다.

[표 13-9] 부채비율

재무비율	20×1년	20×2년
부채비율	$\dfrac{\text{₩}385,000}{\text{₩}545,000} \times 100 = 71\%$	$\dfrac{\text{₩}372,000}{\text{₩}708,000} \times 100 = 53\%$

MK 주식회사의 20×1년과 20×2년 부채비율은 각각 71%와 53%로 장기채무 상환능력이 매우 양호하다는 것을 의미한다. 특히 20×2년의 부채비율은 53%로 재무위험이 매우 낮다고 평가할 수 있다.

(4) 성장성비율

성장성비율은 기업이 얼마나 빠르게 성장하고 있는가를 나타내는 재무비율이다. 총자산증가율, 당기순이익증가율 등이 있으나 일반적으로 매출액증가율(sales growth rate)을 기업의 성장성을 나타내는 지표로 사용한다. 매출액증가율은 다음과 같이 계산하다.

$$매출액증가율 = \frac{당기매출액 - 전기매출액}{전기매출액} \times 100$$

MK 주식회사의 20×2년 매출액증가율을 계산하면 다음 [표 13-10]과 같다.

[표 13-10] 매출액증가율

재무비율	20×2년
매출액증가율	$\dfrac{\text{₩}840,000 - 800,000}{\text{₩}800,000} \times 100 = 5\%$

MK 주식회사의 20×2년 매출액증가율은 5%이다. 매출액이 빠르게 성장하는지는 동종 산업의 평균매출액증가율이나 경쟁 기업의 매출액증가율과 비교해야 알 수 있다.

(5) 배당비율

배당비율이 수익성, 활동성, 안전성 및 성장성 못지않게 중요한 이유는 최종적으로 주주에게 얼마의 몫을 지급하는가를 나타내는 재무비율이기 때문이다. 일반적으로 배당성향과 배당수익률을 사용한다.

[1] 배당성향

배당성향(payout ratio)은 당기순이익 중에서 총배당액으로 얼마나 사용했는지를 나타내는 지표이다. 기업 입장에서는 적정한 배당성향을 유지하는 것이 중요하다. 배당성향이 높으면 경영자가 미래 수익 창출을 확신한다는 것과 반면에 뚜렷한 투자계획이 없다는 신호로도 볼 수 있다. 배당성향이 낮으면 경영자의 미래에 대한 불확실성을 반영한다는 것과 반면에 명확한 투자계획이 있다는 신호로 받아들여지기도 한다. 배당성향은 다음과 같이 계산한다.

$$\text{배당성향} = \frac{\text{총배당액}}{\text{당기순이익}} \times 100$$

MK 주식회사의 20×2년 배당성향을 계산하면 다음 [표 13-11]과 같다. 단, 20×2년 현금배당은 ₩30,000으로 가정한다.

[표 13-11] 배당성향

재무비율	20×2년
배당성향	$\dfrac{\text{₩30,000}}{\text{₩110,000}} \times 100 = 27\%$

MK 주식회사의 20×2년 배당성향은 27%이다. 우리나라 상장기업의 배당성향이 20~30% 수준이므로 평균 정도라고 볼 수 있다.

[2] 배당수익률

　배당수익률(dividend yield)은 주식에 투자하여 얼마의 투자수익, 즉 얼마의 배당을 받았는지를 나타내는 지표이다. 배당성향은 다음과 같이 계산한다.

$$배당수익률 = \frac{주당배당액}{주당주식가격} \times 100$$

　MK 주식회사의 20×2년 배당수익률을 계산하면 다음 [표 13-12]와 같다. 단, 20×2년 1주당 배당액은 ₩273이고, 20×2년 말 주가는 ₩14,000으로 가정한다. MK 주식회사의 20×2년 배당수익률은 2%이다.

[표 13-12] 배당수익률

재무비율	20×2년
배당수익률	$\frac{₩273}{₩14,000} \times 100 = 2\%$

재무비율을 정리하면 다음 [표 13-13]과 같다.

📁 [표 13-13] 주요 재무비율

재무비율	계산식	의미
1. 수익성비율		
(1) 매출액순이익률	$\dfrac{당기순이익}{순매출액} \times 100$	매출액 ₩1에 대한 당기순이익이 얼마인지를 나타내는 지표
(2) 자기자본순이익률	$\dfrac{당기순이익}{평균자기자본} \times 100$	자기자본이 얼마의 수익 창출에 이용되고 있는지를 나타내는 지표
(3) 주가이익비율	$\dfrac{주당주식가격}{주당이익}$	1주당 순이익에 비해서 주가가 몇 배로 형성되어 있는지를 나타내는 지표
2. 활동성비율		
(1) 매출채권회전율	$\dfrac{순매출액}{평균매출채권}$	매출채권을 현금화하는 속도를 나타내는 지표
매출채권평균회수기간	$\dfrac{365일}{매출채권회전율}$	
(2) 재고자산회전율	$\dfrac{매출원가}{평균재고자산}$	재고재산이 판매되기까지의 처리 속도를 나타내는 지표
재고자산평균회전기간	$\dfrac{365일}{재고자산회전율}$	
(3) 총자산회전율	$\dfrac{순매출액}{평균총자산}$	총자산이 수익을 창출하는 데 얼마나 효율적으로 이용되었는지를 나타내는 지표
3. 안전성비율		
(1) 유동비율	$\dfrac{유동자산}{유동부채} \times 100$	단기채무 상환에 충당할 수 있는 유동자산이 얼마나 되는지를 나타내는 지표
(2) 당좌비율	$\dfrac{당좌자산}{유동부채} \times 100$	유동비율보다 더 엄격한 단기채무 상환 능력을 나타내는 지표
(3) 부채비율	$\dfrac{부채}{자기자본} \times 100$	장기채무 상환 능력을 나타내는 지표
4. 성장성비율		
(1) 매출액증가율	$\dfrac{당기매출액 - 전기매출액}{전기매출액} \times 100$	매출액이 얼마나 빠르게 성장하는지를 나타내는 지표
5. 배당비율		
(1) 배당성향	$\dfrac{총배당액}{당기순이익} \times 100$	당기순이익 중에서 총배당액으로 얼마나 사용했는지를 나타내는 지표
(2) 배당수익률	$\dfrac{주당배당액}{주당주식가격} \times 100$	주식에 투자하여 얼마의 배당을 받았는지를 나타내는 지표

2. ChatGPT를 활용한 재무제표 분석 실습

2.1 ChatGPT를 활용한 재무제표 분석의 핵심 원칙

ChatGPT를 활용하여 재무제표를 효율적이고 정확하게 분석하기 위해서는 당해 연도 재무제표뿐만 아니라 전년도 재무제표를 함께 제시하는 것이 중요하다. 재무제표 분석을 위한 재무비율에는 수익성비율, 활동성비율, 안전성비율, 성장성비율이 있다. 특히 성장성비율의 경우에는 비교 기준이 되는 연도의 수치가 필수적으로 요구되기 때문에 기준 연도의 재무제표까지 함께 제시해야 한다.

또한, 재무제표 분석의 정확성을 높이기 위해서는 재무비율의 정의를 명확히 제시하는 것이 필요하다. 예를 들어, 부채비율을 산출하는 경우 '부채 ÷ 자기자본'을 의미하는 것인지 또는 '부채 ÷ 총자산'을 의미하는 것인지를 분명하게 전달해야 한다. 이러한 정의가 명확하지 않으면 ChatGPT는 임의의 기준을 적용하여 사용자가 의도하지 않은 재무비율을 산출할 가능성이 있다.

재무제표 분석의 핵심은 재무비율을 단순히 산출하는 데 있는 것이 아니라, 산출된 재무비율이 어떤 수준에 위치해 있는지를 비교·평가하여 기업의 장점과 한계를 파악하는 데 있다. 이를 위해서는 재무비율의 위치를 판단할 수 있는 적절한 비교대상이 필요하다. 비교대상으로는 일반적으로 과거 기간의 재무비율이나 산업 평균치가 활용되며, 경우에 따라서는 기업이 설정한 목표 수치나 내부 관리 기준이 비교대상으로 사용될 수도 있다.

다음 [표 13-14]는 ChatGPT를 활용한 재무제표 분석의 실습에서 정확도를 높일 수 있는 핵심 원칙을 정리한 것이다.

[표 13-14] ChatGPT를 활용한 재무제표 분석의 핵심 원칙

핵심 원칙	내 용
비교재무제표 제시	당해 연도 재무제표뿐만 아니라 전년도 재무제표 또는 비교 기준이 되는 연도의 재무제표까지 함께 제시
재무비율 정의 제시	분석하고자 하는 재무비율의 정의를 명확히 제시
비교대상 제시	산출된 재무비율이 어떤 수준에 위치해 있는지를 파악하기 위해서 적절한 비교대상을 제시
수정·보완	재무제표 수치를 잘못 반영하였거나 재무비율을 잘못 계산한 경우 올바른 결과로 수정 지시
결과 검증 절차의 수행	ChatGPT의 출력 결과에 대해 재무제표 수치의 적정성과 재무비율 계산의 정확성 등을 사용자가 직접 검토

2.2 재무제표 분석 실습

(예 1)을 이용해서 재무제표를 분석해 보자.

(1) 수익성비율

[1] 매출액순이익률

13-2 실습자료 1   13-2 실습자료 2

ⓢ ChatGPT 결과

20X1년과 20X2년 매출액순이익률(당기순이익/순매출액*100) 계산해 줘.

📊 매출액순이익률 계산

(당기순이익 ÷ 순매출액 × 100)

🟦 20X1년

- 🔵 **당기순이익**: 143,000
- 🔵 **순매출액**: 800,000

$$\frac{143{,}000}{800{,}000} \times 100 = \mathbf{17.88\%}$$

🟦 20X2년

- 🔵 **당기순이익**: 110,000
- 🔵 **순매출액**: 840,000

$$\frac{110{,}000}{840{,}000} \times 100 = \mathbf{13.10\%}$$

✅ 요약

- 🔵 **20X1년: 17.88%**
- 🔵 **20X2년: 13.10%**
- 🔽 **수익성 하락** (순이익 감소 + 매출 증가 대비 이익 둔화)

ChatGPT를 활용하여 정확한 재무제표를 분석하기 위해 비교재무제표를 제시하였으며, 재무비율의 정의를 명확히 제시하였다. 또한, ChatGPT에 입력된 재무제표 수치의 적정성과 산출된 재무비율의 정확성을 확인하였다. 20×1년 매출액순이익률은 17.88%이고, 20×2년 매출액순이익률은 13.10%이다. 20×1년 대비 20×2년 매출액순이익률이 감소하였는데, 수익성이 하락한 이유를 매출 증가 대비 이익이 둔화하였기 때문이라고 설명하였다.

[2] 자기자본순이익률

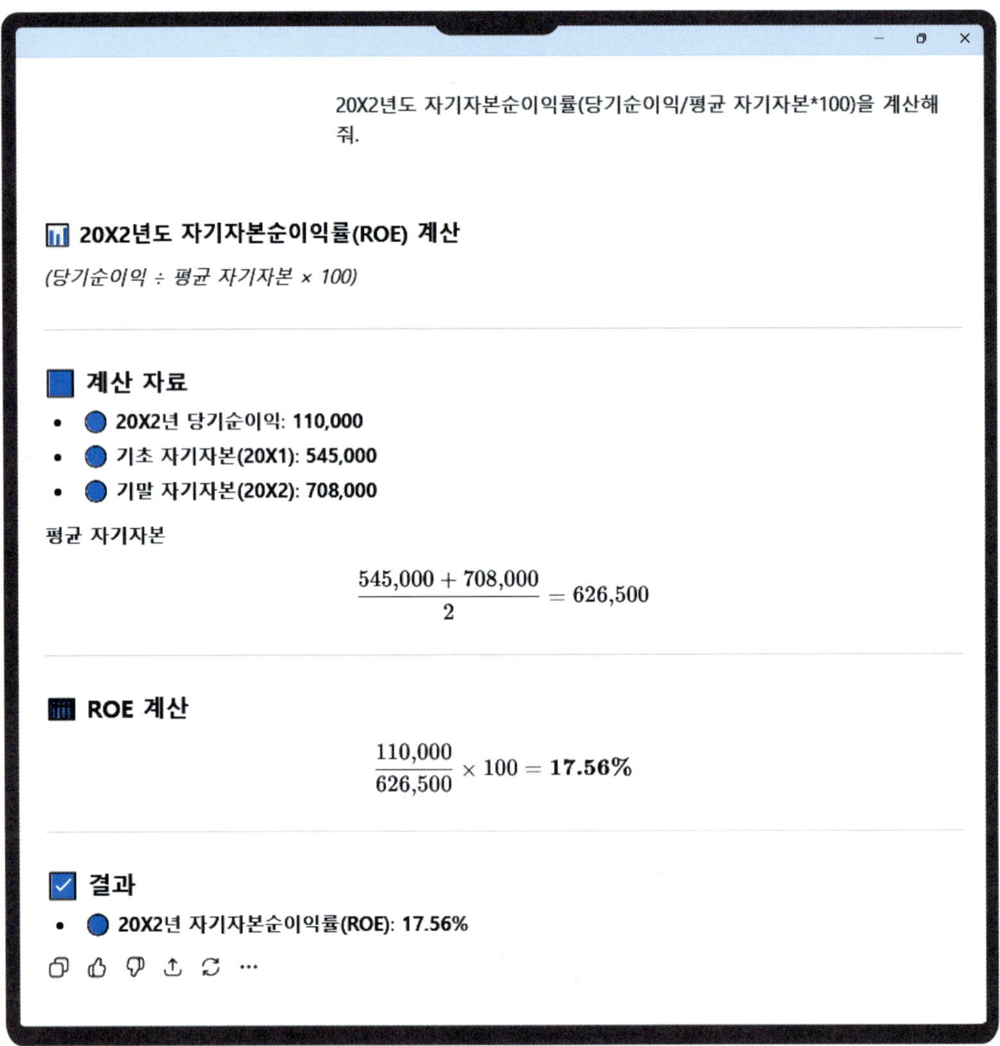

20×2년 자기자본순이익률은 17.56%이며, 자기자본 ₩100을 투자하여 대략 ₩18의 성과를 냈다는 것을 의미한다.

(2) 활동성비율

[1] 매출채권회전율

ChatGPT 결과

20X2년 매출채권회전율(순매출액/평균 매출채권)과 매출채권평균회수기간(365일/매출채권회전율)을 계산해줘.

📊 20X2년 매출채권 회전 분석

기초 자료

- 20X2년 순매출액: 840,000
- 기초 매출채권(20X1): 320,000
- 기말 매출채권(20X2): 400,000

평균 매출채권

$$\frac{320,000 + 400,000}{2} = \mathbf{360,000}$$

매출채권회전율

$$\frac{840,000}{360,000} = \mathbf{2.33\backslash\text{회}}$$

---

31 매출채권 평균회수기간

$$\frac{365}{2.33} \approx \mathbf{156.7\text{일}}$$

✅ 요약

- 매출채권회전율: 2.33회
- 31 매출채권 평균회수기간: 약 157일
- 회수 속도 느린 편 (연 2회대 회전)

20×2년 매출채권회전율은 2.33회이고, 매출채권평균회수기간은 약 157일이다. 매출채권의 회전 속도가 연 2회 정도로 느린 편이라고 설명하고 있으며, 만약 MK 주식회사의 신용기간의 정책이 90일이라면 매출채권을 효율적으로 회수하지 못했다고 판단할 수 있다.

[2] 재고자산회전율

$$\frac{220,000 + 200,000}{2} = 210,000$$

$$\frac{460,000}{210,000} = 2.19\backslash회$$

$$\frac{365}{2.19} \approx 166.7일$$

20×2년 재고자산회전율은 2.19회이고, 재고자산평균회전기간은 약 167일이다. 재고 보
유기간이 비교적 긴 편으로 재고자산회전율이 낮다고 평가하고 있다.

[3] 총자산회전율

ChatGPT 결과

20X2년 총자산회전율(순매출액/평균 총자산)을 계산해줘.

📊 20X2년 총자산회전율 계산

(순매출액 ÷ 평균 총자산)

🟦 기초 자료

- 🔵 **20X2년 순매출액: 840,000**
- 🔵 **기초 총자산(20X1): 930,000**
- 🔵 **기말 총자산(20X2): 1,080,000**

평균 총자산

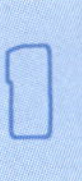

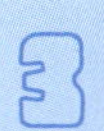

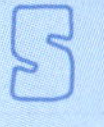

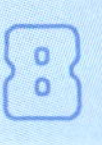

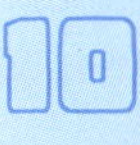

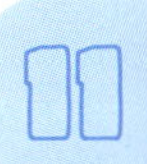

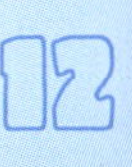

$$\frac{930{,}000 + 1{,}080{,}000}{2} = \mathbf{1{,}005{,}000}$$

🔄 총자산회전율

$$\frac{840{,}000}{1{,}005{,}000} = \mathbf{0.84}\backslash\text{회}$$

✅ 결과

- 🔄 **20X2년 총자산회전율: 0.84회**
- 📌 **자산 대비 매출 창출 효율이 1회 미만**

20×2년 총자산회전율은 0.84회이다. 자산 대비 매출 창출 효율이 1회 미만으로 자산을 효율적으로 사용하지 못한다고 평가하고 있다.

(3) 안전성비율

[1] 유동비율

ChatGPT 결과

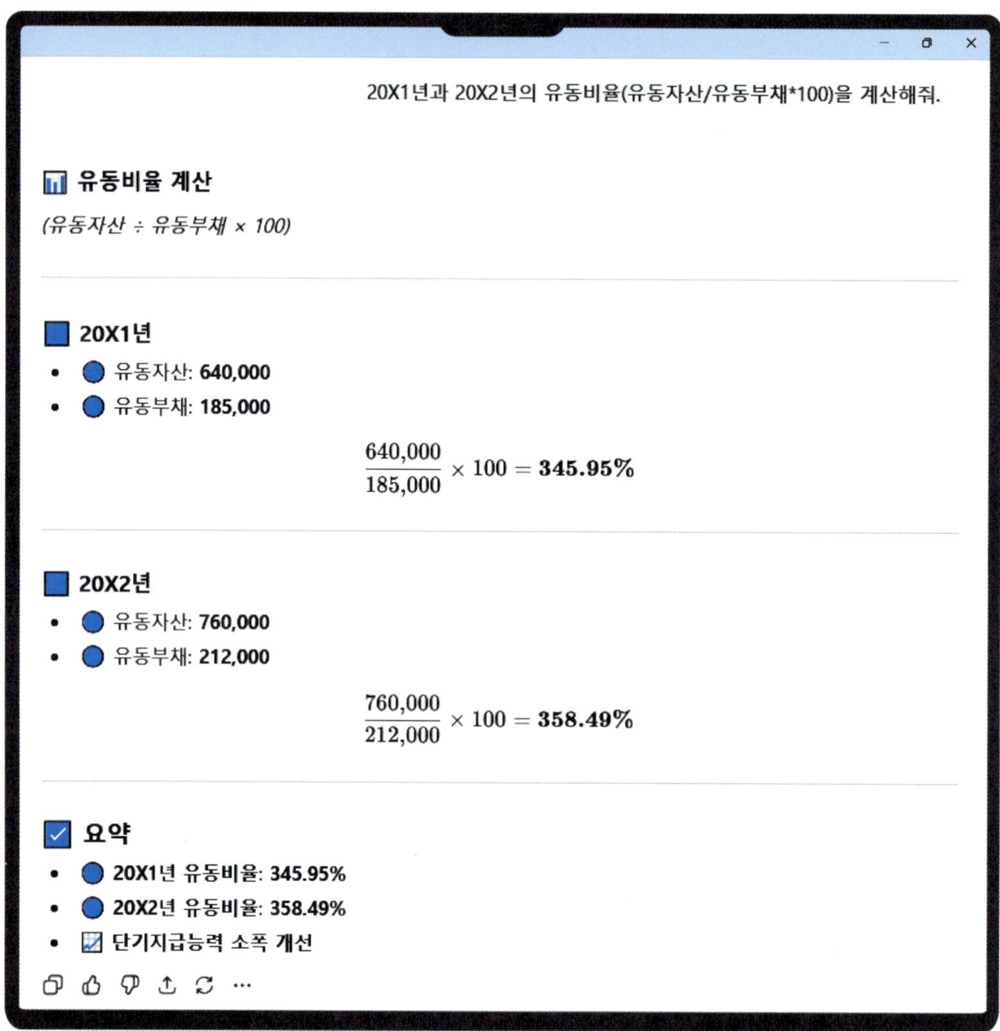

　　20×1년 유동비율은 약 346%이고, 20×2년 유동비율은 약 358%이다. 유동비율이 소폭 개선되었다고 설명하고 있으며, 유동비율이 증가한 이유는 현금및현금성자산과 매출채권이 늘어났기 때문이다.

[2] 당좌비율

ChatGPT 결과

20X1년과 20X2년 당좌비율(당좌자산/유동부채*100)을 계산해줘.

📊 당좌비율 계산

(당좌자산 ÷ 유동부채 × 100)

> 당좌자산 = **유동자산 − 재고자산**

🟦 20X1년

- 🔵 **유동자산**: 640,000
- 🔵 **재고자산**: 220,000
- 🔵 **당좌자산**: 640,000 − 220,000 = **420,000**
- 🔵 **유동부채: 185,000**

$$\frac{420,000}{185,000} \times 100 = \mathbf{227.03\%}$$

🟦 20X2년

- 🔵 **유동자산**: 760,000
- 🔵 **재고자산**: 200,000
- 🔵 **당좌자산**: 760,000 − 200,000 = **560,000**
- 🔵 **유동부채: 212,000**

$$\frac{560,000}{212,000} \times 100 = \mathbf{264.15\%}$$

✅ 요약

- 🔵 **20X1년 당좌비율: 227.03%**
- 🔵 **20X2년 당좌비율: 264.15%**
- 📈 **단기지급능력(재고 제외 기준) 개선**

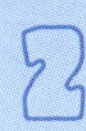

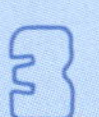

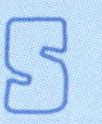

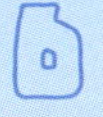

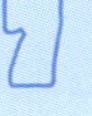

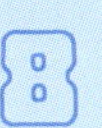

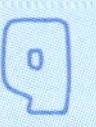

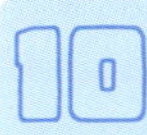

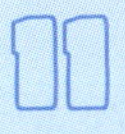

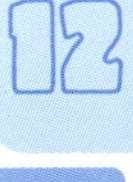

20×1년 당좌비율은 약 227%이고, 20×2년 당좌비율은 약 264%이다. 재고자산을 제외한 단기지급능력이 개선되었다고 설명하고 있으며, 당좌비율이 증가한 이유는 유동비율과 마찬가지로 현금및현금성자산과 매출채권이 늘어났기 때문이다.

[3] 부채비율

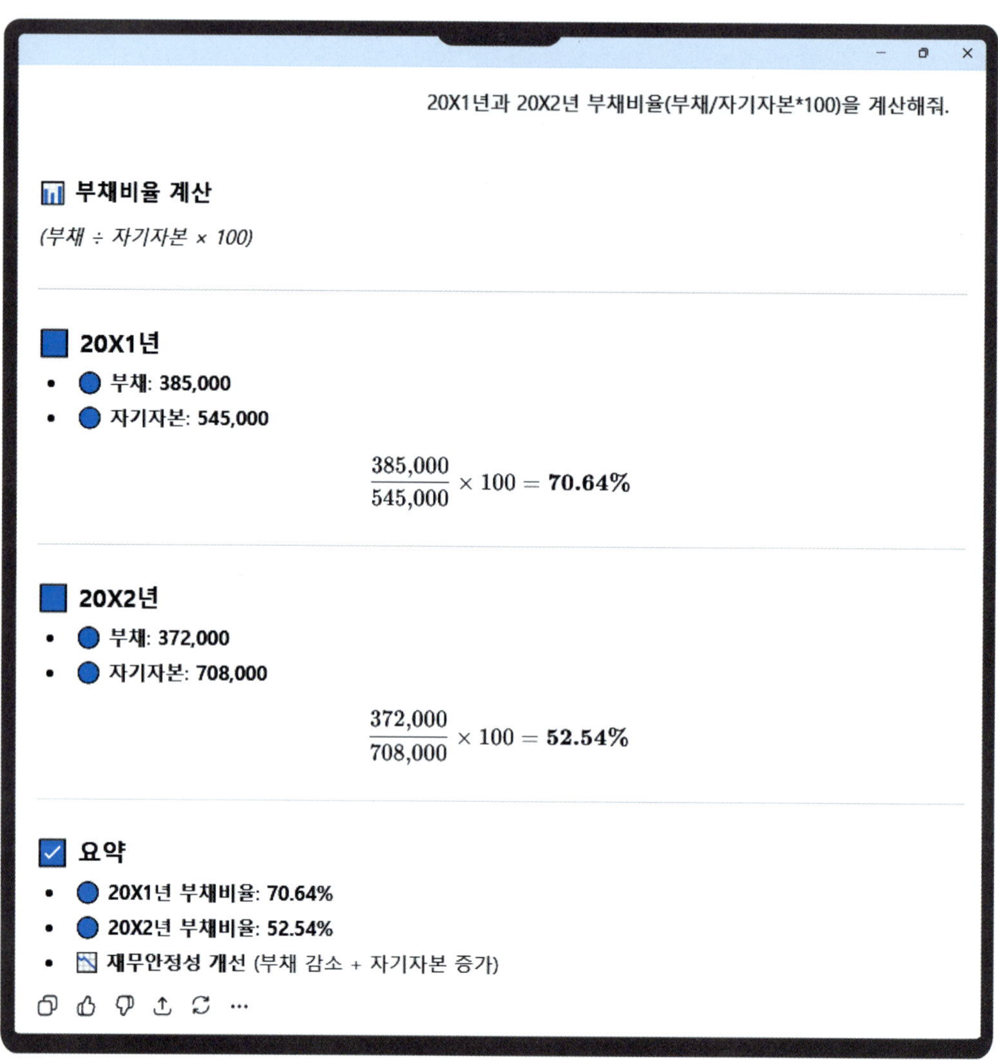

20×1년 부채비율은 약 71%이고, 20×2년 부채비율은 약 53%이다. 부채의 감소와 자기자본의 증가로 20×1년 대비 20×2년 부채비율이 감소하였으며, 재무안정성이 개선되었다고 설명하고 있다.

(4) 성장성비율

[1] 매출액증가율

ChatGPT 결과

20X2년 매출액증가율((당기매출액-전기매출액)/전기매출액*100)을 계산해줘.

☑ 20X2년 매출액증가율 계산

(당기매출액 – 전기매출액) ÷ 전기매출액 × 100)

■ 기초 자료
- 🔵 **20X1년 순매출액: 800,000**
- 🔵 **20X2년 순매출액: 840,000**

▦ 계산

$$\frac{840,000 - 800,000}{800,000} \times 100 = \mathbf{5.00\%}$$

☑ 결과
- 🔵 **20X2년 매출액증가율: 5.00%**

20×2년 매출액증가율은 5%이다. 이 수치만으로는 어느 위치에 있는지 평가할 수 없으며, 매출액이 빠르게 성장하는지는 동종 산업의 평균 매출액증가율이나 경쟁 기업의 매출액증가율과 비교해야 알 수 있다.

ChatGPT를 활용하여 재무제표를 분석하였다. 정확한 재무제표 분석을 위해서는 당해 연도 재무제표뿐만 아니라 전년도 재무제표를 함께 제시하는 것이 중요하기 때문에 비교 재무제표를 제공하였다. 또한, 재무비율 중 성장성비율의 경우에는 비교 기준이 되는 연도의 수치가 필수적으로 요구되기 때문에 기준 연도의 재무제표까지 함께 제시해야 한다.

재무비율의 정의를 명확히 제시하는 것이 재무제표 분석의 정확성을 높이는 또 하나의 방법이다. 예를 들어, 매출액순이익률을 계산하도록 지시하면서 매출액순이익률의 정의는 '당기순이익 ÷ 순매출액 × 100'이라고 명확히 전달하였다.

재무제표 분석의 핵심은 산출된 재무비율이 어떤 수준에 위치해 있는지를 비교·평가하여 기업의 장점과 한계를 파악하는 데 있다. ChatGPT는 이러한 임무도 충실히 수행하였다. 예를 들어, 매출액순이익률에 대한 결과, 20×1년 17.88%에서 20×2년 13.10%로 감소했다. ChatGPT는 20×1년 대비 20×2년 매출액순이익률이 하락한 이유를 매출 증가 대비 이익이 둔화하였기 때문이라고 설명하였다.

마지막으로, 사용자는 ChatGPT가 분석한 재무비율의 적정성과 정확성을 반드시 검증해야 한다. ChatGPT가 제시한 결과에 오류가 포함될 수 있다는 점을 인식하고, 재무제표 수치 및 재무비율 계산 등을 검토하여야만 재무제표 분석의 정확성을 높일 수 있다.

AI 시대의
회계를 위한

찐 실전 Chat GPT

생성형 AI 활용 재무제표 작성과 분석

| 2026년 | 3월 15일 | 1판 | 1쇄 | 인 쇄 |
| 2026년 | 3월 25일 | 1판 | 1쇄 | 발 행 |

지 은 이 : 김 용 식·강 인 옥·최 기 웅

펴 낸 이 : 박　　　정　　　태

펴 낸 곳 : **주식회사 광문각출판미디어**

10881
파주시 파주출판문화도시 광인사길 161
광문각 B/D 3층
등　　　록 : 2022. 9. 2 제2022-000102호
전　화(代): 031-955-8787
팩　　스 : 031-955-3730
E - mail : kwangmk7@hanmail.net
홈페이지 : www.kwangmoonkag.co.kr

ISBN : 979-11-93205-88-4　　03320

값 : 25,000원

실습자료 QR 링크